Kirsten Diekamp
Werner Koch

Eco Fashion

Top-Labels entdecken die Grüne Mode

stiebner

Die Bilder des Umschlags zeigen Arbeiten folgender Designer/Labels:
Ada Zanditon (Umschlag vorne)
Gary Harvey (Umschlag hinten)
Song (Umschlagklappe vorne/oben)
OlsenHaus (Umschlagklappe vorne/unten)
RoyalBLUSH (Umschlagklappe hinten)

DTP-Produktion und Layout: Verlagsservice Peter Schneider /
EDV-Fotosatz Huber, Germering

Bibliografische Information der Deutschen Nationalbibliothek
Die Deutsche Nationalbibliothek verzeichnet diese Publikation
in der Deutschen Nationalbibliografie; detaillierte bibliografische
Daten sind im Internet über http://dnb.d-nb.de abrufbar.

© 2010 Stiebner Verlag GmbH, München
Alle Rechte vorbehalten. Dieses Buch darf nur nach vorheriger
schriftlicher Zustimmung des Verlages vollständig oder teilweise
vervielfältigt werden. Das gilt auch für die Speicherung in einem
Datenerfassungssystem und die Weiterverarbeitung mit elektronischen
oder mechanischen Hilfsmitteln, wie Fotokopierer und andere
Aufzeichnungsgeräte. Insbesondere die Übersetzung und
Verwendung in Schulungsunterlagen bedürfen der Genehmigung.

Gesamtherstellung: Stiebner, München
Printed in Germany
ISBN 978-3-8307-0868-1
www.stiebner.com

Inhaltsverzeichnis

7 Vorwort

Kapitel I
9 Vom Jutesack zur High Fashion:
Grüne Welle oder Wende am Eco-Fashion-Himmel?
Die drei Phasen Grüner Mode.
Vom Beginn der 1970/80er Jahre bis zur Gegenwart.

Kapitel II
18 Grüne Designer erobern den Markt: »Green is the New Black«
Eine Neu-Interpretation von Design und Materialien

Kapitel III
43 Slow Fashion, Refashion, Redesign, Vintage und Second Hand
Kreativer Umgang mit Kleidung

Kapitel IV
54 Baumwolle und Biobaumwolle
Baumwolle ist der am häufigsten verarbeitete Rohstoff, der jedoch
enorme ökologische Probleme verursacht.
Welche Vorteile bietet biologisch angebaute Baumwolle?

Kapitel V
70 Der Stoff aus dem die Träume sind: Naturstoffe versus Chemiefasern
Wer macht das Rennen? – Kunstfasern auf dem Vormarsch
Analyse der einzelnen Stoffgruppen in Hinblick auf ihre umwelt-
schädigenden Auswirkungen entlang der textilen Kette,
vom Rohstoff bis zum Endprodukt.
Faserkunde 84

Kapitel VI
90 Chemie und Farben
Farbige Textilien bringen Chemie auf die Haut.
Alternativen bieten umweltfreundliche und giftfreie Verfahren.

Inhaltsverzeichnis

Kapitel VII
106 Fairtrade
Die neue Grüne Mode ist nicht nur ökologisch korrekt, sondern will es auch ethisch sein. Fairtrade wird zu einem wichtigen Entscheidungskriterium beim Kauf.

Kapitel VIII
118 Zertifizierungen
Über die Schwierigkeiten, einen globalen Standard zu entwickeln. Die wichtigsten Textil-Zertifikate weltweit.

Kapitel IX
129 Zertifizierer, Organisationen, Verbände
Auflistung weltweit tätiger Institutionen, die dafür sorgen, dass ökonomische, ökologische und soziale Bedingungen entlang der textilen Kette eingehalten und transparenter werden.

Kapitel X
137 Messen, Mode-/Hochschulen, Forschungseinrichtungen der Textilindustrie

Kapitel XI
144 Kleines Grünes Lexikon

Kapitel XII
159 Eco-Kriterien
Definierte, durch einfache Symbole gekennzeichnete Eco-Kriterien machen es dem Verbraucher leicht, auf einen Blick zu erkennen, wie »grün« die Label wirklich sind.

Kapitel XIII
162 Die 444 besten Eco-Fashion-Designer
Kurzbeschreibung der angesagtesten Eco-Fashion-Labels weltweit, Bewertung anhand von Eco-Kriterien, Nennung offizieller Zertifizierungen.

220 **Anhang**
Literaturverzeichnis 220
Personen- und Sachregister 222
Bildnachweis 224

Vorwort

In vielen Bereichen des Alltags haben wir schon umgestellt. Unsere Küchenregale sind gefüllt mit Bio-Müslistangen und Dinkelbrot, in unserem Kühlschrank liegt Bio-Gemüse aus kontrolliert ökologischem Anbau und Bio-Fleisch aus artgerechter Haltung bereit, im Badezimmer stehen Naturkosmetika ohne Tierversuche und chemische Zusatzstoffe, doch der Blick in unseren Kleiderschrank fällt ziemlich ernüchternd aus. Welches Kleidungsstück können wir hier als ökologisch, nachhaltig, ehtisch-korrekt klassifizieren oder sollte sich etwa ein zertifiziertes Textil darunter gemogelt haben? – Eher nicht. Das Thema Ökologie/Nachhaltigkeit wird in Alltagsbereichen, in denen eine Umstellung ohne großen Aufwand erfolgen kann und ökonomische Vorteile bietet, umgesetzt. Daneben wird der Bereich Ökologie mit Gesundheit, v.a. Ernährungsweisen und Wellness in Verbindung gebracht und erfolgreich vermarktet. – Kleidung indes umgibt immer noch etwas nebulöses.

Die Autoren untersuchen, warum es im Bereich Kleidung so schwirig ist, ökologische, nachhaltige Gedanken umzusetzen. Dabei gehen sie zurück in die 1970/80er Jahre, als die sozial-politische Bewegung komplette Alltagsbereiche mit ihren Umweltgedanken durchdrang, in deren Zuge neue Kleider- und Körperkonzepte entstanden, die bis in die Gegenwart prägend für das Image ökologischer Kleidung, den sogenannten »Öko-Schlabberlook«, sind. Ökokleidung war alles, nur nicht modisch.

Seit Ende der 1990er Jahre, mit einem weiteren kräftigen Schub im Jahr 2006, entwickelt sich eine neue Eco-Fashion-Szene, die sich vom »Müsli-Look« vergangener Tage verabschiedet und bis in den High-Fashion-Bereich positioniert. Junge Designer und neue grüne Labels erobern den Markt und überzeugen mit modischem Styling, kreativen, experimentellen Ideen von Refashion, Redesign bis hin zu innovativen Materialien.

Das Autorenduo setzt sich mit den unterschiedlichen Parametern und Kriterien Grüner Mode auseinander. Die große Vielfalt umfasst zum einen die Materialseite, Rohstoffgewinnung, -verarbeitung und Anbaumethoden. Als Beispiel wird konventionelle Baumwolle, der am häufigsten verarbeitete, aber entlang der textilen Kette enorme ökologische Probleme verursachende Rohstoff herangezogen und mit nachhaltigen Anbaumethoden von Biobaumwolle verglichen. Die Materialdiskussion wird erweitert durch die Frage, ob nur Naturstoffe ökologische Maßstäbe setzen dürfen oder die in letzter Zeit zunehmend auf dem Markt angebotenen, neu entwickelten »Chemiefasern« durchaus akzeptable Alternativen darstellen. Zum anderen sind es Ausrüstungs- und Veredlungsprozesse in der Textilindustrie, die zwar zu einer stattlichen Auswahl an knalligen Farben, formstabilen Textilien und bügelfreien Hemden führen, aber gleichzeitig die Chemie auf die Haut bringen. Neue umweltfreundliche und giftfreie Verfahren, die dafür sorgen, dass Grüne Mode auf diese Vorzüge nicht mehr verzichten muss, werden vorgestellt. Fairtrade wird für VerbraucherInnen zunehmend kaufentscheidend. Den Fairtrade-Gedanken entlang der textilen Kette von der Rohstoffgewinnung, über die Fertigung bis hin zur Konfektionierung erfolgreich umzusetzen, stellt sich jedoch als sehr viel komplexer und undurchsichtiger dar, als angenommen.

Für interessierte KonsumentInnen, die sich für Grüne Mode entscheiden bzw. entscheiden wollen, ist es recht schwierig, sich bei der beachtlichen Anzahl an unterschiedlichen Labels, Zertifikaten, Organisationen und Verbänden zurechtzufinden, da diese häufig eher zur Verwirrung denn zur Aufklärung beitragen. Die Autoren bringen Transparenz in die Thematik, indem sie die wichtigsten Zertifikate und Institutionen vorstellen sowie eigene Ökokriterien entwickeln und mit Symbolen versehen, die kritischen VerbraucherInnen die Möglichkeit geben, auf einem Blick zu erkennen, wie »grün« die Labels wirklich sind. Eine Liste der 444 besten Eco-Fashion-Labels weltweit, kurz vorgestellt und bewertet, informiert über das breite Spektrum grüner Designer. Wertvolle Hinweise und Wissenswertes rund um das Thema nachhaltige Mode liefert ein übersichtliches »Kleines Grünes Lexikon«.

Kapitel 1

Vom Jutesack zur High Fashion: Grüne Welle oder Wende am Eco-Fashion-Himmel?

Die drei Phasen Grüner Mode. Vom Beginn der 1970/80er Jahre bis zur Gegenwart.

Die Frage, ob Jutesack oder High Fashion, ist die Frage nach Inhalten des in den 1970/80er Jahren als sozial-politische Bewegung beginnenden Ökologiediskurses, in den sich bis zur Gegenwart drei Phasen Grüner Mode einbetten lassen. Die erste der Phasen, die Müsli-Look-Phase beginnt in den 1970/80er Jahren; die zweite, die Eco-goes-Fashion-Phase folgt in den 1990er Jahren. In der dritten, der High-Eco-Fashion-Phase, die Anfang 2000 begann, befinden wir uns gegenwärtig. Nicht nur unterschiedliche Inhalte, Ansprüche, Kriterien und Parameter, sondern damit parallel verlaufende, unterschiedliche äußere Erscheinungsformen prägen die jeweiligen Phasen. Ob das Potential einer Wende vorhanden ist oder die Phasen Höhepunkte und jeweils nur die Spitze einer Welle kennzeichnen, wird hinterfragt und dargelegt: Wo befinden wir uns, was liegt hinter, was vor uns und wie materialisiert sich dies in der Kleidung?

Die sozial-politische Bewegung der 1970/80er Jahre war ein Großdiskurs, unter dem sich unterschiedliche Bewegungen subsumierten wie etwa die Öko-/Umweltbewegung, Studentenbewegung, Frauenbewegung, AKW- und Friedensbewegung. Schon in den 1960er Jahren sind Anfänge solch eines Diskurses sichtbar, der sich kritisch mit dem Verhältnis von Staat und Gesellschaft, der Industriegesellschaft im weitesten Sinne auseinandersetzte. Im Zentrum der Ökobewegung stand eine Konsum- und Kulturkritik, die sich gegen Großtechnologie und Industrialismus wandte. Die Umweltbewegung brachte ihre eigenen Aktionsformen und politischen Stile hervor. Sie polarisierte und positionierte sich politisch-gesellschaftlich und gab sich kämpferisch. Kennzeichnend für die Bewegung war der systemoppositionelle Charakter, der sich gegen Konsum, Großindustrie und das Establishment richtete und mit seinem moralisch-ethischen Impetus die Welt bekehren und verbessern wollte.

Bescheidenheit, Konsumverzicht und Askese stand hoch auf den Fahnen geschrieben. Der Diskurs war Ausdruck einer Geisteshaltung, eines Lebensgefühls, einer Lebensphilosophie einer ganzen Generation und verstand sich als ein Gegenentwurf zur Gesellschaft. Alternative Lebensformen wurden ausprobiert. Das »andere« Leben wurde zu einem zentralen Topos unterschiedlicher, gegenkultureller, subkultureller und oppositioneller Gruppen. Daran gebunden war ein Lebensstil, der sich in spezifischen Essgewohnheiten, Kleidungs-/Geschmackspräferenzen, Umgangsformen, Kommunikationsstrukturen sowie in der Wohnkultur widerspiegelte.

Ihre Blütezeit hatte die Öko-/Alternativ-/Umweltbewegung Ende der 1970er Jahre, bis diese dann abebbte und unterschiedlich intensiv mit verschiedensten Ausprägungen in breite Schichten der Bevölkerung diffundierte und Kreise bis in das Alltagsleben jedes Einzelnen zog. Das Thema Umwelt-Ökologie hat Einzug gehalten in das Alltagsleben und Alltagsbewusstsein der »Allgemeinbevölkerung«, der »Nichtaktivisten«, der »Laien«. Kein politisches Thema drang so tief in die Alltags- und Lebensgestaltung ein wie das Umweltthema. Das Umweltbewusstsein avancierte zu einer neuen sozialen Norm und gehört zum guten Ton einer Political Correctness.

In den 1990er Jahren fand zum einen eine Diffundierung in unterschiedliche breite Bevölkerungsschichten statt, zum anderen machte die Bewegung an sich Veränderungen durch. Sowohl die Erscheinungsformen als auch die Trägergruppen hatten sich geändert. Die Eckpfeiler der sozial-politischen Bewegung lösten sich zunehmend auf und verwischten sich. Die Bewegung verlor an Kontur, aber vor allem an kämpferischem Potential. Sie hatte ihren systemoppositionellen, polarisierend politischen Charakter verloren und sich zunehmend in das System subsumiert und in den Mainstream, in die sozial-politische Landschaft etabliert. Unter dem Strich bedeutet dies, dass die Bewegung von ihren Kernforderungen Abschied genommen hatte, in derem Zuge sie sich selbst einer inneren Revision, gekoppelt an den Vorwurf von »Öko-Heuchelei« und Bigotterie gegenübersah, eigens gestellte Forderungen selber ad absurdum geführt zu haben. Auf der anderen Seite öffnete dies aber auch eine Chance, der Bewegung ein neues Gesicht zu geben, mit innovativen Ideen und Gedanken zu füllen und neu zu besetzen, vor allem, was die Akteure betrifft.

In den 1990er Jahren stellen Konsum und Ökologie keinen Gegensatz mehr dar. Im Gegenteil, Ökologie soll Distinktion ermöglichen und Differenz zeigen, es soll mit Wohlstand und Luxus einhergehen. Waren alternative Lebensstile in den 1970/80er Jahre von Konsumkritik und Konsumverzicht geprägt, so kennzeichnen Begriffe wie »grüner Luxus« oder »Wohlstand light« die nachhaltigen Lebensstile der 1990er Jahre. Die Askese weicht dem Hedonismus. Ökologie soll Spaß machen und genussvoll sein. Das politisch Aufgeladene wird entideologisiert, die Homogenisierung und das stark Abgrenzende weicht der Differenzierung, Pluralisierung und Offenheit.

Die Ökobewegung der 1970/80er Jahre brachte einen eigenen Lebensstil und damit einhergehend einen spezifischen Kleidstil, der im Alltagsverständis als »Öko-Schlabberlook« bezeichnet wird, hervor, der sich gegen Bürgerlichkeit und Spießigkeit abgrenzen wollte. Das, was als Gegenbewegung begann, entfaltete eine Breitenwirkung und integriert sich gegenwärtig in verschiedene Gruppen und Milieus mit unterschiedlicher Ausprägung und Intensität. Seit den 1970er Jahren, als das Grundmuster der industriellen Wachstumsgesellschaft zwar noch nicht zerbrochen, aber aufgebrochen war, setzten Individualisierungstendenzen ein, die gleichzeitig zu einer Pluralisierung der Gesellschaft führten. Dies brachte eine Vielfalt an Lebensformen und Konsumstilen. Gegenwärtige Lebensstile sind ein Patchwork, ein individuelles Arrangement jedes Einzelnen, das mit unterschiedlichsten Sinngebungsmustern und Identitätskonzepten in Zusammenhang steht. Es ist eine Bricolage an Ideen, Wünschen und Vorstellungen. Nachhaltigkeit, als ein möglicher Parameter und Konstitutionselement eines Lebensentwurfs, dockt sich an den jeweiligen individuellen Lebensstil an.

Seit Anfang 2000 schwappt eine neue Lifestyle-Gruppe über den großen Teich: Die LOHAS (Lifestyle of Health and Sustainability), die auch moralische Hedonisten oder Neo-Ökos genannt werden. Sie stehen zwar für Luxus und Genuss, besinnen sich aber auch auf Werte wie Solidarität, soziale Verantwortung und stehen für Eigeninitiative und Kreativität. Sie leben das »sowohl-als-auch«. Sie schälen nicht die Gegensätze heraus und eröffnen einen Ideologie behafteten Diskurs wie in den 1970/80er Jahren, sondern wollen integrieren. Sie wollen Gesundheit, aber nicht auf Genuss verzichten. Für sie stellt sich Natur nicht versus Technik. Sie wollen ihre Individualität ausleben, aber auf die Gemeinschaft nicht verzichten.

Welche Kleidung favorisieren die LOHAS und wie unterscheidet sich diese zur Kleidung der 1970/80er und 1990er Jahre?

Grundlegender Unterschied ist, dass die Kleidung der »Ökos« der 1970/80er Jahre sich vehement gegen das Prinzip und System Mode mit all ihren Implikationen wandte, während die LOHAS durchaus modisch und trendy sein wollen. In den 1970/80er Jahren entstand ein Kleiddesign, das sich von der äußeren Anmutung her von der gängigen Mode unterschied und unterscheiden wollte. Letztlich entstand ein Design, ein Look, der als »Öko-Schlabberlook« oder auch »Müsli-Look« in der Allgemeinheit bekannt wurde. Diese in den 1970/80er Jahren geprägten Bilder, Assoziationen eines »Müsli-Looks«, wirken bis zum heutigen Zeitpunkt fort und versehen »Ökokleidung« mit einem Negativ-Image, das zu durchbrechen für Hersteller und Designer sehr schwierig ist.

Warum dies so problematisch ist, müssten die Hersteller allerdings selbst beantworten können. Denn sie waren es, die zum größten Teil fantasielose, einfallslose, etwas zu bequem wirkende und schlecht geschnittene Kleidung qua Bewusstsein nach dem Motto, »egal wie Du aussiehst, Hauptsache Du tust Dir und der Menschheit etwas Gutes«, auf den Markt warfen. Dabei vergaßen Sie völlig, dass Kleidung ein Bereich ist, in dem zum überwiegenden Teil die Ratio aussetzt und fast ausschließlich Emotionen und Affekte regieren. Kleidung spielt im Leben eines Jeden eine große Rolle als Ideen-, Werte- und Vorstellungssystem sowie als ein Identität konstituierendes Element, was sich in äußerlichen Kleidungsbildern manifestiert. Kleidung bietet eine große Präsentations- und Projektionsfläche, um die individuelle Lebenseinstellung, Lebensphilosophie darzustellen. Der alternative Lebensstil der 1970/80er Jahre brachte einen spezifischen Kleidstil hervor, dessen Charakteristika sich in den Köpfen eines großen Teils der Bevölkerung verankerte. In diesem Alltagsverständnis weist Ökokleidung typische Merkmale wie weit und schlabberig, aus kratzigen, groben Naturmaterialien wie Hanf oder Leinen bestehend, leicht schmuddelig oder gräulich wirkend, auf. Ökokleidung bewegt sich in einer sehr schmalen Bandbreite stilistischer Auswahl- und Variationsmöglichkeiten, wodurch den Trägern nicht die Möglichkeit der Differenzierung gegeben wird. Zudem gilt das Farbspektrum als recht klein, sich auf nur einige, meist blass wirkende Farben beschränkend. Ökokleidung in diesem Sinne ist festgelegt auf einen spezifischen Look und Stil, der handgestrickte Socken und weite Pullover, Latzhosen, Birkenstock-Sandalen, Jesus-Latschen und als Accessoires Holzketten aus dem Dritte-Welt-Laden umfasst. Ökokleidung ist sackähnlich, nicht körperbetont oder enganliegend, nicht formend oder straff, hat keine Passform und ist schon gar nicht sexy.

Die eben beschriebene »Müsli-Look«-Phase der 1970/80er Jahre stellt die erste von drei Phasen für »Ökokleidung« dar. Eine zweite, in den 1990er Jahren folgende, kann als »Eco goes Fashion«-Phase bezeichnet werden. Gegenwärtig erleben wir die »High Eco Fashion«-Phase. Die drei Phasen der »Ökomode« unterscheiden sich sowohl auf einer äußerlichen als auch auf einer inhaltlichen Ebene. In der ersten Phase, den 1970/80er Jahren, war ökologische Kleidung ein absolutes Nischenprodukt. Die sehr stark anthropologisch-anthroposophisch ausgerichtete Ökokleidung konnte und wollte nicht mehr als eine Nische besetzen. Ökokleidung sollte nicht dem Diktat der Mode unterstehen, nicht der dahinter stehenden riesigen Wirtschaftsmaschinerie und dem Kommerz dienen, sollte nicht in den Kanon des gängigen Designs passen und Konventionen bedienen wie etwa die von der Mode immer wieder reproduzierten Bilder von Weiblichkeit und Männlichkeit. Ökokleidung wollte mit all dem brechen und verstand sich als Anti-Mode.

Kleine Serien und ein überschaubares Sortiment wurden produziert. Der Mensch stand im Mittelpunkt, er sollte sich in seiner zweiten Haut, der Kleidung, wohlfühlen. Ergonomische und haptische Aspekte standen im Vordergrund. Kleidung sollte den Körper umhüllen und nicht einengen oder gar einschnüren. Weite Kleidung, die Bewegungsfreiheit für den Körper bringen sollte, wurde kreiert. Der Körper als ganze wahrzunehmende Sinnesfläche sollte gespürt und nicht durch den Schnitt parzelliert, in Einzelteile fragmentiert werden. Weite fließende Stoffe, gedämpfte Farben und Naturmaterialien standen im Mittelpunkt dieses Designs. Das, was auf der einen Seite als Umhüllen, Umschmeicheln und sich wohlfühlen positiv von den Trägern von Ökokleidung aufgenommen wurde, wurde auf der anderen Seite von den meisten als weiter, unattraktiver, nicht sexy wirkender und jegliches »Frau sein« negierender Schlabberlook wahrgenommen und abgelehnt.

Ökokleidung verzichtete auf aufwendige Schnörkel, Ziernähte, Biesen oder gar Polster. Das dekorative Element passte nicht zum Frauenbild der Bewegung, die feministisch durchwachsen war. Ein Bruch mit gängigen, in und von der

Mode immer wieder reproduzierten und geprägten Bildern von Weiblichkeit fand statt. Frauen der Bewegung negierten jegliche aufreißerische, sexy wirkende Kleidungsstücke. Sie verbrannten öffentlich ihre BHs und wollten nicht länger das »Weibchen« für den Mann sein. Dieses »feministische« Phänomen ist nicht so neu wie es scheint, denn es hat Vorläufer in der Reformbewegung des 19. Jahrhunderts. Die Feministinnen der damaligen Reformbewegung entledigten sich des ungesunden, gesundheitsschädigenden Korsetts, sie propagierten und trugen die »bequeme« Hose für die Frau sowie Naturmaterialien und kreierten Schnitte, die Bewegungsfreiheit und Bequemlichkeit brachten. Auch sie wandten sich ganz klar gegen die Mechanismen und Implikationen der Mode, die das »Frauchen« ausstaffieren und zum schmückenden Beiwerk für den Mann machen wollte.

Unabhängig der inneren, ideologisch orientierten Ebene waren es textilökologische Aspekte, die die Hersteller von Ökokleidung in der ersten Phase antrieben. Entlang der textilen Kette konventioneller Produktion häufen sich bis zum fertigen Kleidungsstück Chemikalien und Gifte an, die sich gesundheitsschädigend auf den Körper auswirken. Umweltschädigende und zerstörende Produktionsweisen kamen hinzu. Die nach außen hin schlabberige, etwas schmuddelig wirkende Kleidung war demnach auch produktionstechnisch bedingt. Durch den Verzicht auf Ausrüstungs- und Veredelungsstoffe, Bleich- und Färbemittel, auf jegliche »nicht-Naturstoffe« wie z. B. Elastan oder reißfeste Garne aus Polyester, kam eine spezifische Optik sowie Haltbarkeit und Formbeständigkeit zustande. So gesehen ist ökologische Kleidung auch immer eine Frage der technischen Machbarkeit.

In der zweiten, der Eco-goes-Fashion-Phase wurde die Umweltdiskussion in der Textil- und Bekleidungsindustrie stark forciert. Die sich in der Rezession befindende Textilindustrie entdeckte zunehmend den Bereich Ökologie für sich. Sie bediente sich dem Thema Ökologie als ein marketingstrategisches Instrument, um Kleidung am Markt neu positionieren zu können und sich der wachsenden Konkurrenz auf den internationalen Märkten zu behaupten. Das Augenmerk wurde dabei auf die Bereiche Produktions-, Human-, Entsorgungs- und Gebrauchsökologie gesetzt. Der Zugang zum Bereich Ökologie war technisch und naturwissenschaftlich geprägt. Maßnahmen entlang der textilen Ketten wurden diskutiert, andere Bereiche wie z. B. Stoffmanagement, Umweltmanagement, Umweltaudits oder auch die Einführung von Umweltbilanzen kamen hinzu. Die Textil- und Bekleidungsindustrie versuchte eine Ökologisierung entlang des gesamten Lebens- und Fertigungsweges einschließlich Distribution und Handel vorzunehmen sowie eine größere Informationstransparenz, Verbraucherberatung und Öffentlichkeitsarbeit bezüglich ökologischer Kleidung zu erreichen.

Während dieser zweiten Phase Grüner Mode, der Eco-goes-Fashion-Phase, erkannten Bekleidungshersteller zunehmend, dass über bewusstseins-induzierende, funktionale Aspekte Verbraucher nicht vom Kauf ökologisch optimierter Kleidungsstücke überzeugt werden konnten, sondern dass es notwendig war, eine modischere Ausrichtung der Sortimente vorzunehmen, die den ästhetischen Ansprüchen der unterschiedlichen stilistischen Vorlieben der Verbraucher entsprach. Implizit wurden damit die soziokulturellen, sozialpsychologischen Mechanismen, die mit Kleidung verbunden werden, berücksichtigt. Die Hersteller ökologischer Kleidung in den 1990er Jahren erkannten, dass das Konzept »100% Öko« nochmals durchdacht und besonders bezüglich des Designs einer Revision unterzogen werden musste. Das Design sollte ein neues Konzept hinsichtlich Schnitt, Farbe und Material darstellen, das sich an »Natur« wie z.B. der alleinigen Verwendung von Naturmaterialien wie Seide, Leinen, Hanf, aber auch der Vermeidung von Giften und umweltschädigenden Einflüssen entlang der textilen Kette ausrichtete. Riesige Werbetrommeln wurden gerührt. Während in den 1970/80er Jahren marketingstrategische Maßnahmen ausnahmslos abgelehnt wurden, da diese in keiner Weise in das antikapitalistische Konzept passten, wurde ökologische Kleidung in den 1990er Jahren entweder durch Leitfiguren der Öffentlichkeit oder große Konzerne wie etwa Esprit und H&M beworben. Britta Steilmann brachte während dieser Zeit den Öko-Gedanken im väterlichen Betrieb nach vorne und agierte mit dem Motto »We are One World«. In T-Shirt, Latzhose und Tennisschuhen verbreitete sie diese Idee in der abendlichen »Wetten dass ...?« -Sendung mit Thomas Gottschalk. Der ökologische Gedanke, aber auch weitere Öko-Kollektionen versiegten aufgrund mangelhafter Nachfrage jedoch relativ schnell und hatten keine Chance, neben konventioneller Kleidung zu bestehen. Letztlich bestimmt der Profit, ob Produkte Bestand haben oder vom Markt genommen werden (müssen).

Es zeigte sich, dass »Öko« als strategisches Konzept in der zweiten Phase Grüner Mode nicht zum erhofften Erfolg führte. Dies galt sowohl für Hersteller, die parallel zu ihrer konventionellen Kollektion eigene Ökolinien herausbrachten als auch für Hersteller, die versuchten, sich mit dem Konzept Ökokleidung neu am Markt zu positionieren. Das Bestreben, Ökokleidung als ein neues Marktsegment massenfähig zu machen, scheiterte. Ökolinien wurden eingestellt oder Hersteller von Ökokleidung verschwanden ganz vom Markt. Der zunächst positiv besetzte Begriff Ökologie wandelte sich zu einem Negativ-Image. Um nicht in die Müsli-Ecke gestellt zu werden, gingen Unternehmen verstärkt dazu über, ökologische Gesichtspunkte zwar in den Produktionsprozess und damit letztlich in Bekleidung einfließen zu lassen, dies jedoch nicht explizit zu deklarieren. Die Firma Levis beispielsweise kaufte während dieser Zeit einen großen Teil der weltweit verfügbaren kbA-Baumwolle auf, deklarierte dies jedoch nicht auf ihren Produkten oder warb gar damit.

Ökokleidung machte sich in den 1990er Jahren zum ersten Mal auf den Weg, die Nische zu verlassen, um den Massenmarkt zu erobern. Während des Übergangs der ersten »Müsli-Look«-Phase zur zweiten »Eco goes Fashion«-Phase reagierten die Hersteller auf das Manko, eine gute Idee, aber ein eher langweiliges, nicht modisches Design präsentiert zu haben, mit einer aktuelleren Ausrichtung ihrer Sortimente. Das zunächst stärkere Kundeninteresse führte dennoch nicht zum erhofften Durchbruch im Textilhandel. Auch wenn zu Beginn der 1990er Jahre Ökokleidung mit einem neuen, veränderten Gesicht den Markt erobern sollte, war dies doch eher ein von der Wirtschaft lancierter Hype. Die Akzeptanz in der Bevölkerung war einfach zu gering. Die zweite Phase Grüner Mode, die Eco-goes-Fashion-Phase war somit eher eine ökologische Welle als eine grüne Wende am Eco-Fashion-Himmel. Denn ob ein Produkt am Markt akzeptiert wird und erfolgreich ist, entscheidet letztendlich der Konsument.

Seit Beginn des Jahres 2000 ist abermals die Tendenz zu beobachten, dass im Kleidungsbereich die grüne Idee kraftvollen Zuwachs erfährt. Die verstärkt im Nachhaltigkeitsdiskurs diskutierte Sozialverträglichkeit, angebunden an postmaterialistische Wertvorstellungen der Individuen, rückt forciert in den Mittelpunkt. Der Kauf fairer Ware wird zu einer moralisch-ethischen Verpflichtung, derer sich vor allem die sich stark auf dem Vormarsch befindende Gruppe der LOHAS verpflichtet fühlt und ihr »Gut Mensch sein« auch im Kleidungsbereich Ausdruck verleihen will.

Gegenwärtig erleben wir also eine dritte grüne Fashion-Welle, die »High Eco Fashion«-Phase. Noch nie sind so viele junge Designer auf den Markt gedrungen wie gegenwärtig. Das Design soll aktuell, Produktions- und Herstellungsweisen nachhaltig, das Material textilökologisch einwandfrei und die Kleidung Fairtrade, also ethisch-moralisch korrekt gehandelt sein. Derzeitig wird eine Synthese geschaffen, um ökologisch/nachhaltige Kriterien bei der Herstellung/Produktion zu berücksichtigen sowie den Öko-Müsli-Touch endgültig abzuschütteln und so den Anspruch »Öko« von dem einst fest umrissenen Stil zu entkoppeln. Denn erst in dieser dritten Phase erhalten die Konsumenten die Möglichkeit, sich zwischen unterschiedlichen Kollektionen, einem stark ausgeweiteten Sortiment und damit auch stilistischen Möglichkeiten zu entscheiden. Auch High-Fashion-Designer trauen sich erstmals, ökologische Kleidung zu produzieren. Zum einen sind es etablierte Luxuslabel wie Armani, der ökologische Kleidung in seine Kollektion aufnimmt oder Gucci, der mit aus Holz hergestellten Pumps-Absätzen Furore macht, zum anderen sind es Pioniere wie der Däne Peter Ingwersen, der mit seinem bewusst im High-Fashion-Bereich angesiedelten Label Noir zur Stilikone Grüner Mode wird. Internationale Designer wie Stella McCartney, eine überzeugte Vegetarierin, bringen konsequent ökologische, vegane Kleidung auf den Markt. Pop- und Showbusinessgröße Bono und Ali Hewson zeigen mit ihrem Label Edun eigene Öko-Kollektionen. Hollywoodgröße Julia Roberts und andere tragen bewusst Grüne Mode und stellen dies nach außen dar. Noch nie war Ökomode so prominent wie zur Zeit. Hollywoodstars geben der grünen Idee ein Gesicht und eine Stimme. Sie fungieren als positive Imageträger und als Leitfiguren. Ökokleidung hat demnach die besten Chancen, seinem Negativ-Image Adieu zu sagen und weit in gesellschaftliche Gruppen zu diffundieren.

Ökokleidung, die in den 1970/80er Jahren bewusst auf einen Stil festgelegt war, sich dann der Mode in der zweiten Phase langsam nähern wollte, ist in der dritten Phase, der High-Fashion-Phase, nicht mehr von konventioneller modischer Kleidung zu unterscheiden. Der Ökolook der 1970/80er Jahre bediente ein recht enges Sortiment. Businesskleidung, elegante oder auch modische, trendige Kleidung für junge Leute gab es nicht. Stilvielfalt und stilistischer Variantenreichtum waren sehr stark eingeschränkt und sprach demnach nur einen eingeschränkten Kreis von Konsumenten an. Die dritte Phase hingegen hat den Zenit durchbrochen und bietet eine große stilistische Bandbreite an unterschiedlichsten Kleidungsstücken und -elementen. Designer Grüner Mode trumpfen mit kreativen Design- und Schnittideen auf, verarbeiten innovative Stoffe, lancieren neue Materialzusammenstellungen und setzen neue Prozesse im Bereich Recycling, Refashion und Slow Fashion in Gang.

Vom Jutesack-Image vergangener Tage hat sich die aktuelle High-Eco-Fashion sicherlich verabschiedet. Ob die dritte Phase nur einen alt gedienten Faden wieder aufgenommen hat oder eine Wende hervorrufen kann, bleibt zu beobachten und kann erst in einigen Jahren, in der Retrospektive, beantwortet werden. Ob Grüne Mode den Massenmarkt erobern wird, bleibt zum jetzigen Zeitpunkt offen. Wenn die Masse jedoch kaufen soll, muss Grüne Mode auch verfügbar sein. Zur Zeit findet der Konsument nachhaltige Kleidung oft nur in sich auf Ökotextilien spezialisierten Geschäften, wobei deren Zahl gleichwohl stark ansteigt. Das Internet präsentiert gegenwärtig den Verkaufsraum Nummer eins. Ein Grund dafür ist, dass Ladenlokale in den Innenstädten für viele kleine Öko-Labels, die einen großen Teil der neuen Ökomode-Hersteller ausmachen, einfach zu teuer sind. Es wäre wünschenswert, wenn Grüne Mode vermehrt beim textilen Einzelfachhandel angeboten wird, was jedoch zur Voraussetzung hätte, dass alte Berührungsängste sowie eine gewisse Skepsis und Argwohn überwunden werden.

Es hat sich gezeigt, dass Design ein ausschlaggebender Faktor für die Akzeptanz beim Konsumenten ist. Gefällt das Design und überzeugt die Haptik, entscheidet der Preis, ob ein Kleidungsstück gekauft wird oder nicht. Die Antwort auf die Frage, in welchem Ausmaß Grüne Mode eine Wende und nicht nur hohe Welle hervorruft, bleibt zu beobachten und spiegelt sich letztlich im Kleiderschrank eines jeden von uns wieder.

Kapitel 11

Grüne Designer erobern den Markt: »Green is the New Black«

Eine Neu-Interpretation von Design und Materialien

Grüne Designer erobern den Markt

Grüne Mode ist angesagt wie nie zuvor und erfährt aktuell einen gewaltigen Boom. Neue Designer und Label schießen wie Pilze aus dem Boden. Sie lösen sich vom Ökomuff der letzten Jahre und überzeugen durch modisches Styling, kreative, ausgefallene Ideen und neue Materialien. Sie richten sich gegen die Missstände in der Textilindustrie, setzen sich für Fairtrade ein und engagieren sich in den unterschiedlichsten sozialen Projekten. Seit dem Jahr 2006/07 steigt die Zahl der Eco-Fashion-Designer überproportional. Ende der 1990er Jahre war ein leises Aufkeimen dieser neuen Bewegung festzustellen, die Designer weltweit unabhängig voneinander einläuteten.

Die bekannte britische Menschen- und Umweltaktivistin Katharine Hamnett war federführend in dieser Bewegung. Selbst viele Jahre in der Textilindustrie tätig, stellte sie bei eigenen Recherchen fest, wie viele umweltschädigende Auswirkungen und Menschenrechtsverletzungen mit der Herstellung von Bekleidung verbunden sind. Sie entschied sich, der konventionellen Textilindustrie den Rücken zu kehren und eigene, ökologisch und moralisch einwandfreie Kleidung zu kreieren. Kleidung ist für sie ein Medium ihrer Meinungsäußerung. Bekannt ist ein 1984 mit der Premierministerin Margaret Thatcher entstandenes Foto, auf dem sie gegen die Stationierung von Pershing-Raketen demonstriert.

1989 begann Deborah Lindquist in Los Angeles mit dem designen von Vintage-Kleidung. Aus alten Kleidungsstücken entstehen neue, individuelle Ensembles. Vor allem ihre Cashmere-Pullover avancierten zum Kultstatus bei Hollywoodgrößen wie Demi Moore, Gween Stefani, Paris Hilton und Charlize Theron. 1991 brachte Safia Minney, Gründerin des englischen Kultlabels People Tree, Fairtrade-Kleidung nach Tokio. Ihre Kleidung aus Organic Cotton (Biobaumwolle), verknüpft mit altem traditionellem Handwerk, lässt sie von Frauengruppen in Bangladesch herstellen. Unter dem Motto »Hilfe zur Selbsthilfe« unterstützt sie gegenwärtig 50 unterschiedliche Kooperationen in 15 Ländern, baut Kindergärten und Schulen auf. Aufgerüttelt durch die Umweltproblematik in der

Katharine Hamnett protestiert während eines Besuchs bei Premierministerin Thatcher gegen die europaweite Stationierung von Pershing-Raketen und Marschflugkörpern.

Textilindustrie stellte Öko-Pionier Yvon Chouinard, Chef des Outdoor-Herstellers Patagonia, in den 1990er Jahren seine Produktion von konventioneller Baumwolle auf Biobaumwolle um. 1996 wird zum ersten Mal der Begriff »ECOfashion®« von der Amerikanerin Marci Zaroff verwendet, die damit ihre erste ökologisch, ethisch korrekte Kollektion »Under the Canopy« beschreibt. Die Idee der Grünen Mode ließ nicht nur neue Designer am Fashion-Himmel auftauchen, sondern inspirierte auch konventionelle Hersteller und Unternehmen, umzudenken. Esprit brachte 1992 unter dem Namen »Ecollection« seine erste nachhaltige Kollektion auf den Markt. Auch in der jetzigen Boomphase inspiriert die Bewegung Grüne Mode konventionelle Designer. Innerhalb der Non-Profit-Organisation »Earth Pledge and Barneys New York Future Fashion Initiative« experimentierten im Jahr 2008 Designer wie Calvin Klein, Marc Jacobs oder Jil Sander mit auf ökologischen Kriterien basierenden Materialien. Ihre Entwürfe fanden großen Anklang. Sergio Rossi/Gucci entwarf einen neuen »Eco Pump«, der elegant, ausgefallen und chic ist sowie einen weiteren Pluspunkt zu bieten hat: Er besteht aus nachwachsenden Rohstoffen. Sein Absatz ist aus flüssigem Holz gefertigt, dem sogenannten ARBOFORM®-Material, das Forscher des Fraunhofer-Instituts für chemische Technologie ICT und der Fraunhofer Ausgründung Tecnaro GmbH entwickelt haben. Es zeigt sich, dass sozial gerechte und nach ökologischen Kriterien hergestellte Kleidung auch von den Großen der Branche nicht mehr ignoriert werden kann. Nachdem in den 1990er Jahren blind Marken gekauft wurden, die auch bei schlechter Textilqualität vom Konsumenten akzeptiert wurden, hat sich der Anspruch derer, die gerade im höherpreisigen Segment shoppen und durchaus Wert auf Luxus legen, geändert. Das Klientel möchte wieder einen gewissen Gegenwert bekommen und keine sinnentleerte Hülle kaufen. Qualität und vor allem Authentizität sind gefragt. Kunden wollen wissen, was sie sich mit dem Kleidungsstück anziehen und überstreifen. Exklusive, angesagte und Trends setzende Kaufhäuser wie Colette, Selfridge, Barneys und Saks in der New Yorker Fifth Avenue, präsentieren großzügig auf ihren Verkaufsflächen ökologisch und sozial korrekte Kleidung.

Anfang der 1990er Jahre ging die grüne Idee von innovativen, gegen den Mainstream schwimmenden Designern aus, welche die mit der Herstellung von Kleidung einhergehenden Umweltzerstörungen sowie ungerechte Arbeitsbedingungen nicht akzeptieren wollten. Sie waren von der »grünen Idee« überzeugt, sie wollten andere, neue Akzente in der Design-Modebranche setzen und sich gegen die in der Modeindustrie inhärenten Mechanismen stellen. Lag der Schwerpunkt von Ökomode in den 1970/80er Jahren bei textil-humanökologischen Kriterien, erweiterte sich der Kriterienkatalog in den 1990er Jahren um globale, mit der textilen Kette verbundene Umweltprobleme. Anfang 2000 bekam die Bewegung einen nochmaligen, enormen Schub. Fairtrade rückt ins Zentrum der Aktivitäten. Fand die Bewegung der 1990er Jahre, aber sicherlich die der 1970/80er Jahre, abseits der gängigen gefeierten Designer, Laufstege und Show Rooms statt, berührt der gegenwärtige Nachhaltigkeitsdiskurs den Modebereich und -betrieb und steht nicht mehr isoliert als eine spinnerte Idee da. Neue Designideen werden global über das Internet ausgetauscht. Die Bewegung wird hinsichtlich ihrer Verschiedenartigkeit und Komplexität zunehmend größer. Das, was unter Ökomode/Grüner Mode verstanden wird, welche Parameter und Kriterien angelegt werden, ist zunehmend breit gefächert. Der Anforderungs-/ Kriterienkatalog Grüner Mode gestaltet sich sehr viel differenzierter und umfasst Aspekte aus den unterschiedlichsten Bereichen. So lässt Grüne Mode gegenwärtig ein breites Spektrum an Kriterien und Parametern entstehen, die sowohl produktions-, human-, entsorgungs- und gebrauchsökologische als auch sozial-ethische Aspekte einschließen. Waren es in den 1970/80er Jahren vor allem Naturstoffe wie Leinen, Seide, Baumwolle, Hanf und Brennnessel, die zum Einsatz kamen, verwenden Designer der Grünen Mode heute auch neue Fasern, die durch verschiedene mechanische und chemische Prozesse aus Bambus, Kapok, Kokos, Soja, Mais, besonderen Bäumen und anderen Pflanzen gewonnen werden. Grüne Label wie die kanadische Modefirma Ology oder das japanische Unternehmen Ecomaco setzen beispielsweise Ingeo- oder Biophylprodukte aus Mais als Material für ihre Kollektion ein. Aber auch konventionelle Bekleidungshersteller wie das Berliner Wäschelabel Wundervoll und Bruno Banani nutzen die Faser für ihre Unterwäsche, Bademode und Sportbekleidung.

Das holländische Kultlabel Kuyichi, das als eines der ersten Modeunternehmen nach ökologischen Kriterien hergestellte Denim-Jeans auf den Markt brachte, experimentiert ferner mit Soja, Bambus, Leinen, Hanf oder recycelten PET-Flaschen für seine Jeans.

Kontrolliert biologischer Anbau ist ein zentrales Thema, das zur Zeit vor allem im Bereich Baumwolle erfolgreich umgesetzt wird. Einige Designer verbinden die Verwendung biologischer Baumwolle in ihrer Kollektion mit dem Anbau und der Produktion des Rohstoffes unter eigener Regie oder arbeiten direkt vor Ort mit Produzenten zusammen. Dies bedeutet zum einen die Kontrolle des Anbaus, zum anderen kann die Situation der Baumwollpflücker verbessert werden, indem eine zumindest existenzsichernde Bezahlung erfolgt. Einhergehend damit werden häufig soziale Projekte ins Leben gerufen oder unterstützt, wie der Bau von Kindergärten, Schulen und Krankenstationen. Die Verwendung von Organic Cotton, verbunden mit Fairtrade und sozialen Projekten, sind die zentralen und gegenwärtig von Designern am häufigsten praktizierten und somit Grüne Mode definierenden Parameter.

Für das Label People Tree stehen sowohl soziale Verantwortung als auch die Verwendung von Organic Cotton im Vordergrund. Wenn Prominente wie Emma

Als einer der Pioniere für nachhaltig produzierte Denims begann das niederländische Kultlabel Kuyichi im Jahr 2001 mit der Produktion seiner Jeans- und Streetwear-Mode aus Biobaumwolle, Hanf, Leinen, recycelten PET-Flaschen, recycelten Stoffresten, Lenpur und aus Kartoffeln gegerbtem Leder.

Emma Watson, das neue Gesicht des englischen Modelabels People Tree, entwarf 2010 Teile der Frühjahrs- und Sommerkollektion. Wie kaum ein zweites Modelabel hat People Tree soziale Verantwortung, Umweltbewusstsein, fair gehandelte Naturfasern und giftfreie Farben in das Zentrum seiner Firmenphilosophie gestellt.

Watson eine eigene Kollektion für das Label entwerfen und sich für die Idee Grüne Mode engagieren, so hilft dies auf alle Fälle, Grüne Mode populärer zu machen.

Das französische Label Monsieur Poulet verwendet ebenfalls ausschließlich GOTS und Fairtrade zertifizierte Organic Cotton aus Biobaumwollprojekten in Afrika und Asien. Peter Ingwersen, Stilikone Grüner Mode und Macher des dänischen Fashion-Labels Noir bringt unter dem Namen Illuminati II eine eigene Stoffkollektion heraus, deren Rohstoff Biobaumwolle von einem Partnerunternehmen im Norden Ugandas stammt. Gewebt und genäht wird in türkischen Produktionsstätten. Der große deutsche Modeversender Hessnatur, Hersteller giftfreier und naturbelassener Kleidung, lässt die Biofaser in eigenen Projekten anbauen, ebenso wie der Schweizer Textilhändler Remei. Der Konsument erhält sogar die Möglichkeit, Produktionsstätten zu besuchen, um sich selber ein Bild darüber zu machen, unter welchen Bedingungen und mit welchen Methoden Kleidungsstücke hergestellt werden.

Fairtrade ist gegenwärtig das am höchsten gehandelte »Verkaufskriterium« und dies nicht nur explizit bei Grüner Mode. Im Zuge der Globalisierung, in welcher der Konsument zunehmend seine Mündigkeit entdeckt und als »Gut Mensch« sozial-ethische Kriterien beim Kauf, so nun auch bei dem eines Kleidungsstückes, in den Mittelpunkt rückt, wird die soziale Verantwortung kaufentscheidend. Moral und soziale Verantwortung sind »in«, so dass auch konventionelle Hersteller sich gerne damit schmücken, aber auch zunehmend unter Zugzwang stehen. Menschenunwürdige Arbeitsbedingungen werden immer wieder angemahnt und gehen durch die Presse. Global Player im textilen Bereich wie Nike, GAP oder Tommy Hilfiger reagieren darauf auf die eine oder andere Weise. Greenwashing ist das Stichwort, wobei Hersteller sich einen Wettbewerbsvorteil durch einen »grünen« PR-Schachzug erhoffen, indem sie sich ein umweltfreundliches, sozial und ethisch verantwortungsbewusstes »grünes Image« und damit eine weiße Weste zulegen. Oft entspricht jedoch das,

Kapitel II

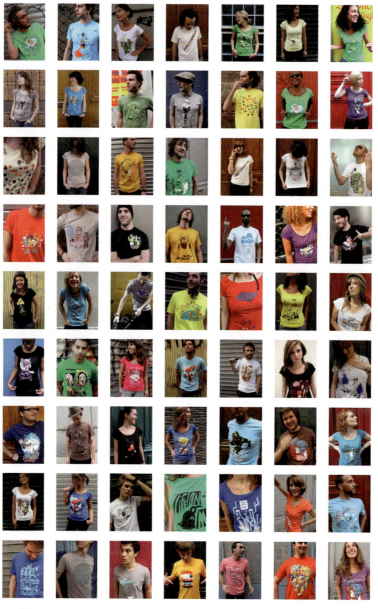

Die coolsten T-Shirts mit den flippigsten Prints kommen von Monsieur Poulet aus Paris. Das Label bezieht seine Fairtrade zertifizierte Baumwolle von Kleinbauern und Kooperativen aus West- und Zentralafrika. Hergestellt werden die Textilien in Marokko. Alle Motive auf den T-Shirts entstehen durch monatliche Designwettbewerbe, an denen jeder teilnehmen kann.

was Produzenten nach außen hin propagieren nicht dem, was tatsächlich praktiziert wird. Werden Skandale wie die Fertigung von Fußbällen durch Kinderarbeit in China aufgedeckt, wird nicht das Übel an der Wurzel gepackt, indem die Unternehmen versuchen, gegen die katastrophalen Produktions- und Arbeitsbedingungen, die entlang der textilen Kette herrschen, anzugehen, sondern es werden beispielsweise Gelder für Regenwald- und andere Umweltprojekte bereitgestellt, um sich so ein »gutes Gewissen« zu erkaufen. Gegen die verheerenden, menschenunwürdigen Produktions- und Arbeitsbedingungen wird unter dem Strich nichts unternommen.

Die komplexe und in sich verwirrende, undurchsichtige Struktur der textilen Kette wird nur in seltenen Fällen hinterfragt und schon gar nicht geändert. Dennoch gibt es immer wieder Projekte und Bemühungen, die versuchen, das unübersichtliche Geflecht der textilen Kette durch mehr Kommunikation, Information und Transparenz zwischen den einzelnen Stufen und Beteiligten zu entwirren. Hessnatur, Remei oder auch Otto sind hierbei im Bereich Supply Chain Management (SCM) federführend. Darunter versteht man die systematische Vernetzung von Lieferanten, Produzenten und Kunden. Es ist die ganzheitliche, integrierte Planung und Steuerung der Prozesse über die gesamte Wertschöpfungskette mit dem Ziel der optimierten Bedürfnisbefriedigung des Kunden.

Hatte man in den 1970/80er Jahren Ökomode vom »Begin of the Pipe«, vom ökologischen Ausgangsmaterial her bestimmt, so wird gegenwärtig Ökologie zusätzlich vom »End of the Pipe« definiert. Recycling bildet einen wichtigen Parameter im Kriterienkatalog Grüner Mode. Dabei wird der Recycling-Gedanke von den Designern unterschiedlich ausgelegt. Es gibt beispielsweise textile Stoffe, die in Hinblick auf ihre Recycling-Möglichkeit entwickelt werden, im Bereich der Öko-Effektivität treffend beschrieben durch das »Cradle to Cradle®«-Prinzip (von der Wiege bis zur Wiege). Der deutsche Chemiker Prof. Dr. Baumgart sowie der US-amerikanische Architekt William McDonough haben dieses Konzept im Jahr 1998 entworfen. Das Cradle-to-Cradle-Prinzip ahmt dabei die biologischen Kreisläufe der Natur nach. Während in gängigen Produktionsweisen die Materialströme häufig ohne Rücksicht auf die Erhaltung der Ressourcen errichtet werden und Hersteller versuchen, die linearen Stoffströme heutiger Produkte und Produktionsweisen zu verringern, sieht das Cradle-to-Cradle-Prinzip deren Umgestaltung in zyklische Naturkreisläufe vor, so dass einmal geschöpfte Werte für Mensch und Umwelt erhalten bleiben. Das Sortiment des Kieler Sportbekleidungsherstellers Pyua besteht ausschließlich aus Textilien, welche mit einem zwei Drittel reduzierten CO_2-Ausstoß und erheblich verringertem Energiebedarf aus recycelten Materialien gefertigt sind und auch wieder vollständig recycelt werden können. Ein abgetragenes Bekleidungsstück wird durch Pyua vom Kunden abgeholt und an den Produzenten zurückge-

Jedes Produkt der Herren-Freizeitbekleidung bei Patagonia kann, wenn es nach jahrelangem Einsatz ausgedient hat, im Common Thread Recycling Programm, dem weltweit ersten Recycling-Programm für Bekleidung, wiederverwertet werden. Von Kunden kostenlos zurückgeschickte abgetragene Kleidung wird unter Anwendung eines innovativen Verfahrens zu Polyesterfasern recycelt, um daraus neue Kleidungsstücke herzustellen.

schickt. Im Prozess der Wiederaufbereitung zu Polyestergarn wird es zerkleinert, granuliert, aufgespalten und gereinigt, bis das Rohmaterial die gleiche Qualität und Funktionalität erreicht wie neuwertiges Polyester. Daraus werden dann neue, hochwertige Textilien gefertigt.

Patagonia initiierte mit seinem Common Thread Recycling Programm solch ein Kreislaufsystem weltweit als erstes Bekleidungsunternehmen.

Andere Designer verstehen unter »Recycling« das Zerschneiden von alten Postsäcken, LKW-Planen, Altpapier, Fahrrad- oder Feuerwehrschläuchen und arrangieren daraus neue Accessoires. Das israelische Fashion-Label Bagir arbeitet wie Dutzende grüner Design-Kollegen auch mit Stoffen aus recycelten PET-Flaschen. Bagir steht in zweierlei Hinsicht für neue Trends in der Grünen Mode.

Zum einen ist Bagir ein klassischer Herrenausstatter, ein Segment, das lange Zeit überhaupt nicht von Ökomode bedient wurde. Zudem arbeitet das Label für seine Anzüge mit Materialien aus Biobaumwolle, Bambus oder recycelten Kunstfasern, die nicht als typisch, spezifisch für einen klassischen, konventionellen Herrenausstatter gelten. Im November 2009 stellte Bagir außerdem einen maschinenwaschbaren und trock-

Das israelische Modeunternehmen Bagir ist einer der wenigen Herrenausstatter, der elegante Businessanzüge aus Organic Cotton, alten PET-Flaschen oder reiner Schurwolle anbietet. Der Clou ist die patentierte 100% Washable Technologie »You just Wash, Dry & Go«, die eine bügelfreie Reinigung des Anzugs in der eigenen Waschmaschine ermöglicht.

Der neue Shootingstar der britischen Eco-Fashion-Szene heißt Christopher Raeburn. Alles was er entwirft, stammt aus alter militärischer Kommissionsware wie hier die aus Militärfallschirmen gefertigten Parkas, Jacken und Accessoires.
Selten sieht recycelte Mode so gut aus.

nerbeständigen Businessanzug vor, dessen innovatives Material aus einem Biobaumwollgemisch besteht.

Christopher Raeburn verwendet für seine Kollektion, bestehend aus Jacken, Parkas und Accessoires, ausgemusterte militärische Kommissionsware unterschiedlicher Länder. Zum einen ist das Material funktional und wasserdicht, zum anderen ist die Materialbeschaffung relativ leicht, da militärische Streitkräfte oft auf im Überschuss produzierten Textilbergen herumsitzen. Für ihn sind der Recycling-Aspekt und die ethische Vertretbarkeit sehr wichtig. So werden seine Parkas, Jacken und Accessoires aus alten Militärfallschirmen mit viel Handarbeit im Osten Londons genäht. 2009 gewann Raeburn den »Ethical Fashion Forum Award«, einen Preis zur Förderung einer neuen Generation nachhaltiger Designer.

Das kalifornische Label Ekosteps bietet Einmalschuhe aus recyceltem Papier an, die wie Flip Flops geschnitten sind. Die Schuhe sollen sich laut Firmenchef Orin France besonders für den Einsatz bei Flughafenkontrollen, in Hotels, Krankenhäusern oder Laboren eignen. Obwohl aus Papier, muss der Träger Feuchtigkeit nicht meiden, denn die mehrtägig haltbaren Schuhe sind wasserfest, rutschfest und zu 100% biologisch abbaubar. Beim Imprägnierschutz wird auf schädliche Chemikalien verzichtet.

Eine ähnliche Idee hatte 2005 die taiwanesische Designerin Colin Lin, die Ballerinas aus Zeitungspapier herstellt. Gebrauchtes chinesisches Zeitungspapier wird in schmale Streifen geschnitten, gefaltet und zu einer Art Gittermuster verwebt. Um die Schuhe witterungsbeständig zu machen, werden diese in flüssiges Kunstharz getaucht. Fertigen lässt sie in China in Handarbeit, wodurch jeder Schuh einzigartig wird.

Hochkreativ sind Designer bei der Verwendung recycelter Materialien im Accessoire-Bereich. Das Label Feuerwear stellt Taschen, Gürtel und Portemonnaies aus alten, ausgedienten Feuerwehrschläuchen her. Auf der Suche nach Materialien, die eine hohe Haltbarkeit und Langlebigkeit aufweisen und nach ersten unbefriedigenden Versuchen mit gebrauchtem Segeltuch, LKW-Planen und Kaffeesäcken, entschieden sie sich für die roten und weißen Druckschläuche aus Deutschland. Durch das hochfeste Polyestergarn außen und eine Gummierung im Innern ist das Material äußerst widerstandsfähig. Jedes Feuerwear-Produkt ist ein Unikat und hat seine eigene, individuelle Geschichte.

Das Schweizer Label Freitag stellt seit mehr als 15 Jahren Taschen aus LKW-Planen her, die mittlerweile auf der ganzen Welt vertrieben werden und Kultstatus erreicht haben.

Die Trageriemen der Taschen bestehen aus gebrauchten Sicherheitsgurten, als Einfassung dienen alte Fahrradschläuche. Jede Tasche ist ein Unikat in individuellem Design. Ein wichtiges Ökokriterium ist die Fertigung vor Ort. Freitag gehört zu den letzten Betrieben, die noch mitten in Zürich produzieren.

Aus dem Leder recycelter Sportgeräte

Das Kölner Label Feuerwear näht seine stylischen und zugleich funktionalen Umhänge-, Schulter- oder Laptoptaschen aus alten Feuerwehrschläuchen in kleinen europäischen Familienbetrieben. Durch individuelle Spuren, die der Schlauch trägt, wird jedes Produkt zu einem Unikat.

Grüne Designer erobern den Markt   29

Aus alten Lastwagenplanen schneidert das Schweizer Unternehmen Freitag pro Jahr über 120.000 belastbare, funktionale und wasserabweisende Taschen, jede in individuellem Design.

wie Bock, Kasten, Pferd und Turnmatten fertigt das Mühlheimer Kultlabel Zirkeltraining, nicht nur für Sport-Asse, seine gefragten Hand-, Sport- und Reisetaschen, Messenger- und Laptop-Bags. Handgefertigte, widerstandsfähige Einzelstücke, deren Geruch und individuelle Gebrauchsspuren sichtbar an die Zeiten des Turnunterrichts erinnern.

Claire Watt-Smith, Gründerin des Taschenlabels BoBelle, veredelt das Abfallprodukt Aalhaut zu luxuriösen Handtaschen, Clutches und Portemonnaies.

Einen Schwenk vom konventionellen Bereich hin zur Grünen Mode hat Ilaria Venturini Fendi gemacht und ihr Unternehmen Carmina Campus gegründet. Lange Zeit war sie kreativer Kopf des Luxuslabels Fendi, bevor sie einen Hof vor den Toren Roms kaufte und Biolandbau betrieb. Heute realisiert sie ihre nachhaltigen Taschen-Unikate aus ungewöhnlichen Recycling-Materialien und traditioneller italienischer Handarbeit. Sie verwendet Materialien wie dünne Aluminiumstreifen, einst Elemente venezianischer Jalousien sowie Außenvorhänge, Fahrzeugplanen, Lampenschirme, Teppichläufer oder Fußmatten. Die Auflagen der Taschen sind streng limitiert oder Unikate. Mit 50 Euro pro verkaufter Tasche werden verschiedene Hilfsprojekte unterstützt.

Die Künstlerin und Umweltaktivistin Ann Wizer, die seit mehr als 23 Jahren in Asien lebt, verarbeitet in dem von ihr ins Leben gerufene XSProject aus nicht mehr recycelbaren Dosen und Verpackungen die

Diese Handtaschen aus superweicher und strapazierfähiger Aalhaut gibt es nicht auf dem Hamburger Fischmarkt zu kaufen. Als Abfallprodukt der südkoreanischen Lebensmittelindustrie wird sie aufwändig gereinigt und zu einer Art Leder veredelt. Dabei sind für das Taschenlabel BoBelle faire und ethisch korrekte Arbeitsbedingungen Grundvoraussetzung für ihr Handeln.

unterschiedlichsten Artikel wie Taschen oder Windräder. In Jakarta leben allein 350.000 »Pemulung« (Müllsucher). Über 80.000 Tonnen nicht recycelbares Plastik werden dort jährlich entsorgt. Wizer kauft den Müllsuchern aus den Müllbergen zusammengetragenes Material ab und ermöglicht so vielen ein angemessenes Einkommen. Ferner sammelt sie den Müll von 30 Unternehmen direkt vor Ort. Seit 2002 hat sie durch ihr Projekt über 40 unterschiedliche Produkte designt, 23.000 Artikel verkauft und 14.000 Kilogramm Müll weiterverwertet. In ihre Projekte werden die unterschiedlichsten Institutionen und Organisationen integriert.

Ein ähnliches Projekt startete die ehemalige Schmuckdesignerin Nina Raeber aus Lausanne, als sie bei einem einjährigen Aufenthalt in Kambodscha entdeckte, dass die Säcke, in denen Fischfutter oder Reis verpackt waren, nach Gebrauch meist achtlos am Straßenrand entsorgt werden. Die bunten Farben, das leichte Gewicht und die große Reißfestigkeit der Leinensäcke machen diese zu einem erstklassigen Material für ambitionierte Mode-Accessoires, Badetaschen, Handtaschen, Umhängetaschen und Portemonnaies. Ihr Label Coll.part vertreibt gegenwärtig über 30 unterschiedliche Modelle. Zudem wird unter fairen Bedingungen gefertigt, in unterschiedlichen Projekten Frauen und Kinder unterstützt und ihnen eine Berufs-/Schulbildung sowie Anstellung ermöglicht.

Während biologischer Anbau, Fairtrade und Recycling die am stärksten berücksichtigten Kriterien Grüner Mode sind, stellen andere Designer Handarbeit, lokale Produktion oder vegane Herstellung in den Vordergrund.

25.000 Artikel pro Jahr verlassen die Nähwerkstätten in Pnom Penh, hergestellt aus bunten Leinensäcken, die als Verpackung für Fischfutter oder Reis dienten. Die Schweizer Designerin Nina Raeber mit ihrem Label Coll.part entwirft daraus eine erstklassige, ausgefallene Accessoire-Kollektion, die Recycling und Design verbindet. Die Nähwerkstätten erfüllen die Bedingungen der fairen Produktion, sie geben Dutzenden von Frauen und ihren Kindern Rehabilitation und Ausbildung.

Grüne Designer erobern den Markt

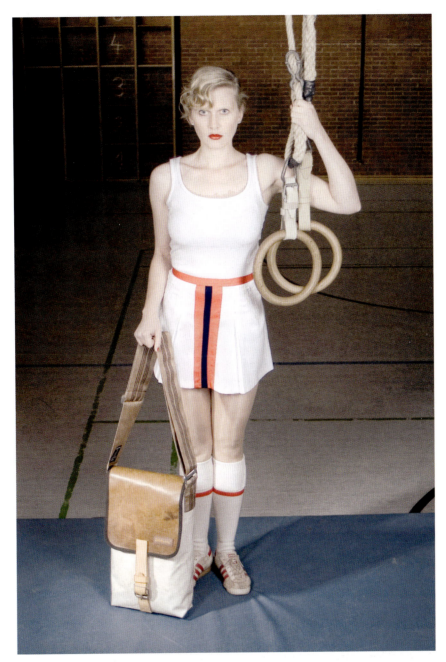

Zirkeltraining ist aufgrund der nachvollziehbaren Materialknappheit streng limitiert und kann nur in ausgewählten Taschengeschäften in Europa und Japan erworben werden.

Das kleine Berliner Modelabel Slowmo steht für Nachhaltigkeit und Qualität. Produziert wird vor Ort. Außergewöhnliche, detailverliebte Schnitte und hochwertige, GOTS zertifizierte Materialien laden zum Wohlfühlen ein.

Handgefertigte Ware richtet sich zum einen gegen die immer gleich aussehende Massenproduktion, zum anderen sorgt sie auch für eine Entschleunigung der Mode. Alte traditionelle Handwerkstechniken werden weitergeführt und gepflegt. Kleinere Produktionszusammenschlüsse, Werkstätten, Heimarbeit und Kooperativen können so gefördert werden. Zudem hat der Käufer die Möglichkeit, ein individuell gefertigtes und nicht aus der Massenproduktion stammendes Produkt zu erwerben, da nicht im Akkord immer wieder die gleichen Nähte, Verzierungen gesetzt werden, sondern individuell und jedes Mal ein wenig anders in Handarbeit Kleidungsstücke oder Accessoires entstehen. Unikate, die Dank ihrer besseren Qualität und Haltbarkeit länger getragen werden können.

Die Philosophie des 2006 in Berlin gegründeten Modelabels Slowmo ist, in der Schnelllebigkeit unserer Zeit, auf Ruhe und Beständigkeit zu setzen.

Beim angesagten Eco-Fashion-Label Ica Watermelon der Berliner Designerin Julia Knüpfer sind traditionelle Handarbeitstechniken wie Handstrick und Häkeln ein immer wiederkehrendes Element ihrer hochwertigen Mode aus ökologischen Stoffen wie Baumwolle, Seide, Wolle und Leinen. Produziert wird sozial und verantwortungsvoll ausschließlich in Deutschland, gefärbt mit ungiftigen Naturfarben, alles wichtige Bestandteile ihrer unternehmerischen Verantwortung. 2009 gewann Knüpfer den »Designer For Tomorrow Award« anlässlich der Mercedes-Benz-Fashion-Week in Berlin.

Stella McCartney ist es, die vegane Mode populär machte. In der Modebranche zunächst als Außenseiterin belächelt, traf sie mit ihrer Kollektion den Nerv der Zeit und gab wichtige Impulse für die Eco-Fashion-Szene. Vegane Mode trifft man vor allem im Schuhbereich, der mit seinen stylischen, extravaganten und sexy wirkenden Modellen geradezu explodiert. Galten High Heels oder Pumps früher als Verrat an der Ökoszene, so machen diese nunmehr Furore. Frischen Wind in den Sneaker-Bereich bringt das kalifornische Label Keep, das nicht auf klassische Elemente setzt, sondern grelle Farben, Bommel und Obstmuster bevorzugt. Das Obermaterial ist aus Biobaumwolle genäht, die Sohlen werden aus vulkanisiertem Naturgummi gefertigt.

Atemberaubend und mit nichts mehr an latschige Schuhe erinnernd sind die Kreationen von Cri de Coeur.

Elizabeth Olsen, Gründerin des veganen amerikanischen Schuhlabels olsenHaus, designte für Nike, Calvin Klein, Tommy Hilfiger, Nissan und IBM, bevor sie sich vor einigen Jahren selbstständig machte. In ihrer aktuellen Kollektion verwertet sie vor allem recycelte Bildschirme und Elektroschrott.

Wie sich zeigt, sind die für Grüne Mode angelegen Kriterien sehr facettenreich. Designer entscheiden jeweils selbst, was sie mit Grüner Mode verbinden und welche nachhaltigen Parameter für sie entscheidend sind. Unabhängig davon

Ica Watermelon, das aufregende Label der Berliner Modedesignerin Julia Knüpfer, steht für traditionelle Handarbeitstechniken, in Verbindung mit ökologischen Stoffen.

»Niemals zuvor waren ökofreundliche Schuhe so stylisch«, sagt Gina Ferracaccio, Designerin und Gründerin des angesagten französischen Labels Cri de Coeur. Sie verbindet Ästhetik, Performance und Nachhaltigkeit. Aus veganen Materialien wie recyceltem Polyester gefertigt. Chice Heels für den Cocktail-Dress wie auch für skinny Jeans.

sind es die unterschiedlichen Kollektionen, die große Sortimentsbreite von DOB, über Haka bis zu Kinder- und Babykleidung, vom Streetlook, Businesslook, Freizeitlook bis zur High Fashion sowie ihre stilistische Vielfalt, die Grüne Mode kennzeichnen. Noch nie hat es solch ein umfangreiches und verschiedenartiges Angebot gegeben wie gegenwärtig. »Respect for Nature and Human Rights« lautet der Wahlspruch der Schweizer Modefirma Switcher, die Basics für die ganze Familie in ihrer Kollektion anbietet und nachhaltige Entwicklung sowie ökologische Verantwortung, gepaart mit sozialem Engagement, auf ihre Firmen-Fahnen geschrieben hat.

Das Wiener Label Göttin des Glücks verarbeitet Organic Cotton und ist mit dem Fairtrade-Siegel zertifiziert. Zu ihrem Sortiment gehören raffiniert geschnittene, farblich kombinierbare Oberteile, Röcke, Hosen, Shirts und Mützen mit klarem Design, die durch kleine, individuelle Details aufgepeppt werden. Ergänzt wird das Sortiment durch eine Sportkollektion.

Der schöpferische Schwerpunkt des 2009 gegründeten Hamburger Labels Julia Starp liegt auf High-Fashion-Mode für Frauen. Die Mäntel, Jacken und Kleider werden gerne von Prominenten wie Katja Flint, Sarah Besgen, Tokessa Martinius, Marion Kracht oder Sarah

Leinen ist fad, Plastik billig, Lack verpönt? OlsenHaus aus New York räumt durch Kreativität und cooles Design mit dem Vorurteil auf, man könne ohne Leder keine stylischen Schuhe produzierten.

Grüne Designer erobern den Markt

Connor getragen. Die Produktion erfolgt ausschließlich in Europa. Julia Starp gewann zahlreiche Mode-Wettbewerbe wie den »Concours International im Carroussel du Louvre« in Paris sowie den Nachwuchs-Designer-Preis von Burda, Pfaff und Catwork.

Das 2007 in Weimar gegründete Grüne Label Vilde Svaner verbindet anspruchsvolle Mode mit ökologischen und ethischen Kriterien. Eine geradlinige, zurückhaltende Kollektion.

Viele grüne Kinderbekleidungs-Hersteller legen großen Wert darauf, ihre Kollektionen nach strengen ökologischen und ethischen Kriterien anzufertigen. Ein junges, auch für die Kleinsten modisches Design, bietet das Dasinger Label Katrinelli. Das Färben, Bedrucken und die Näharbeiten erfolgen ausschließlich in Deutschland. Die Textilien sind mit dem GOTS-Standard zertifiziert.

Die spanische Eco-Fashion-Marke Skunfunk produziert frische, unkonventionelle und

Die »göttliche Kollektion« des österreichischen Labels Göttin des Glücks weht erfrischend und luftig wie der Wind im Segel. Fairtrade zertifiziert.

»Mode ist Kunst zum Anziehen«, umschreibt die Hamburger Designerin Julia Starp ihr gleichnamiges Modelabel. Ihre extravaganten Mäntel, Jacken und Kleider aus hochwertigen und ökologischen Materialien werden von Hand gewebt und gefärbt.

Schadstofffreie, GOTS zertifizierte Kindermode für die LOHAS von morgen zeigt das Dasinger Kindermode-Label Katrinelli. Die bezaubernden Kollektionen werden durch süße Applikationen und Aufnäher aufgewertet.

Zurückhaltende Extravaganz aus Biobaumwolle, Brennnesselstoffen und recycelten Herrenhemden. Alle Materialien des Weimarer Öko-Labels Vilde Svaner werden von deutschen Unternehmen bezogen und stammen aus ökologischem Anbau und fairem Handel. Genäht und gefärbt wird in der Region.

Aus Soja, Biobaumwolle, Bambus, Hanf und recycelten PET-Flaschen kreiert das spanische Eco-Label Skunkfunk eine lässige, hippe Streetwear für Sie und Ihn.

individuelle Kleidung aus fair gehandelter Biobaumwolle und anderen Naturfasern sowie recycelten PET-Flaschen.

ThokkThokk steht für stylische Shirts, Fairen Handel, ökologische Herstellung und 100% organische Materialien. Die Mitgliedschaft bei der Fair Wear Foundation garantiert eine lückenlos zertifizierte Lieferkette.

Wie sich zeigt, bietet Grüne Mode zum ersten Mal ein sehr umfangreiches und differenziertes Sortiment mit verschiedensten Stilvari-

Die zertifizierten T-Shirts aus türkischer Biobaumwolle des Münchner Grüne-Mode-Labels ThokkThokk zeichnen sich durch markante, minimalistische und energiegeladene Grafikdesigns aus. Es werden ausschließlich wasserbasierende und umweltfreundliche Druckfarben verwendet.

Noir, eine atemberaubende Designerkollektion, die sich im High-Fashion-Bereich positioniert. Der dänische Erfolgs-Designer Peter Ingwersen paart dabei Purismus mit Sophisticated Upper Class Chic.

anten an, so dass den vielfältigen Bedürfnissen der Interessierten Rechnung getragen werden kann.

Grüne Mode hat es in die Etagen der High Fashion geschafft. Der dänische Designer Peter Ingwersen führt die grüne Revolution in der Modebranche an. Sein Luxuslabel Noir bringt Mode auf den politisch korrekten Weg und beweist gleichzeitig, dass Ökokleidung durchaus sexy sein kann.

Hochwertige Designermode zeigt das dänische Modelabel Camilla Norrback. Seit 2002 produziert sie ihre Kollektionen aus ökologischen Materialien. Die Biobaumwolle stammt aus der Türkei, gefärbt und gestrickt werden die Stoffe in Schweden, geschneidert wird in Estland. Ihre Kleidungsstücke sind nicht nur im ökologischen Sinne nachhaltig, sondern auch Klassiker, die lange getragen werden können.

Die britische Avantgarde-Modedesignerin Ada Zanditon begeistert mit ihren extravaganten Kostümen und opulenten Outfits aus Naturfasern und recycelten Materialien.

Sensible Designer-Luxusmode ohne chemische Farbstoffe und Pestizide aus Bioseide und Biobaumwolle zeigt die Modeschöpferin Olcay Krafft mit ihrem grünen Fashion-Label AvantgardeGreen. Ein vibrierender Mix aus Eleganz, nachhaltigen Innovationen und ökologischen Trends, der das Herz eines jeden echten LOHAS höher schlagen lässt.

Beschäftigt man sich mit Grüner Mode, so ist es unumgänglich, das Phänomen Mode und dessen Prinzipien und Funktionsweisen zu hinterfragen. Grundsätzlich unterschieden wird zwischen Mode und Kleidung, also zwischen Emotion und Funktion. Während es sich bei Kleidung vornehmlich um eine textile Produktion handelt, ist Mode eine symbolische Produktion. Es gibt Kleidung, Mode und modische Kleidung. Nicht jede Kleidung ist Mode. Mode ist ein System, das in komplexen soziokulturellen, sozialpsychologischen, gesellschaftlich-politischen und auch identitätskonstituierenden Zusammenhängen steht. Über Mode werden Bedeutungen produziert und reproduziert, werden Zeichen und Zitate gesetzt. Der Träger ist Betrachter, sowie der Betrachtete Träger ist. Die Individuen lernen in einem kulturellen Prozess, Zeichen und Zitate zu setzen, genauso wie sie lernen, diese von ihrem Gegenüber zu dechiffrieren. In diesem Sinne ist Kleidung, wie der Schriftsteller und Philosoph Umberto Ecco sagt, eine riesengroße Kommunikationsmaschine.

In den 1970/80er Jahren war Ökomode eine Anti-Mode, mit der man sich bewusst gegen das System Mode, aber vor allem gegen die übermächtige dahinterstehende Wirtschaftsmaschinerie stellte. Modekritik war gleichzeitig Konsumkritik, mit der man sich gegen die Konsumspirale der Mode wandte. In den 1990er Jahren waren es Umweltskandale, vor allem in der Chemie-Industrie, die zunächst nur vereinzelt einige in der Textilbranche aufrüttelten und zu einem Umdenken und praktischen Handeln veranlassten, sich für »saubere Kleidung« und gegen »Chemie auf der Haut« einzusetzen. Die gegenwärtige Grüne Mode impliziert zwar zuvor genanntes, nimmt jedoch inhaltliche Verschiebungen sowie Erweiterungen durch zusätzliche Kriterien und Parameter vor. So steht Grüne Mode nicht mehr für Anti-Konsum, Askese und eine grundsätzliche antikapitalistische Grundhaltung wie in den 1970/80er Jahren. Im Gegenteil. Mitte der 1990er Jahre hat »Öko« die Alternativ-Ecke und das damit spezifisch verbundene subkulturelle Milieu verlassen und diffundierte in unterschiedliche gesellschaftliche Gruppierungen.

Feminine, hochwertige Designermode präsentiert das 1999 gegründete schwedische Fashion-Label Camilla Norrback mit seiner Ecoluxury™ Kollektion.

Zunächst waren es die Bobos (Bourgois, Bohemians), die im Bereich der Nahrungsmittel, Kosmetikprodukte und Inneneinrichtungen auf ökologische, authentische, oft in Handarbeit gefertigte Produkte setzten, der typische Manufaktum-Kunde. Damit interessierte sich das bürgerliche, gut situierte und verdienende Lager für eine Idee, die zuvor dem subkulturellen Milieu zugeschrieben wurde. Öko verlor zunehmend seinen Müsli-Touch und hielt Einzug in das obere Preis- und Luxussegment. Der systemoppositionelle Charakter, dem »Öko« innewohnte, verlor immer mehr an Kontur und subsumierte sich still, langsam und leise in das gesellschaftliche System.

Öko ist schon lange keine Idee einer systemoppositionellen Gruppe mehr. Öko ist Trend und setzt Trends. Während ökologisch, ethisch-sozial hergestellte Kleidung dem Bio-Boom, verglichen mit anderen Bereichen des alltäglichen Lebens, immer ein bisschen hinterher hinkte, hat der textile Bereich nun schlagartig aufgeholt. Dank innovativer, hochmotivierter, talentierter Designer schüttelt ökologische Kleidung zunehmend sein Negativ-Image ab. Kein Lifestyle-Magazin oder Trendladen kann es sich noch erlauben, das Thema Grüne Mode nicht aufzugreifen und zu präsentieren. Die Gruppe der LOHAS, die Anhänger in den unterschiedlichsten gesellschaftlichen Milieus findet, vom Hollywoodstar wie Julia Roberts oder Leonardo DiCaprio bis zum Familienvater am Prenzlauer Berg, forciert und lebt die Idee, was sie vestimentär in ihrer Kleidung zum Ausdruck bringt.

Mit Grüner Mode wird nicht nur Mode an sich hinterfragt, sondern der Designgedanke, das gesamte Designkonzept muss neu überdacht werden. Dies ist kein neues Phänomen. In den 1990er Jahren haben Designer wie

Bevor Ada Zanditon im Jahr 2009 unter gleichem Namen ihr eigenes Fashion-Label gründete, arbeitete sie bei Stardesignern wie Alexander McQueen, Gareth Pugh und Jonathan Sunders. Ihre ethisch hergestellten, ausgefallenen und skulpturalen Outfits verbinden gutes Gewissen mit gutem Geschmack. Siehe auch Cover.

Ein Hauch von Tüll und Chiffon, elegant und sinnlich. Öko kann so sexy sein. AvantgardeGreen by Olcay Krafft Fashion verfolgt klare ethische Richtlinien bei der Herstellung seiner Designerkollektion aus naturbelassenen Materialien.

Issey Myake, Comme de Garcon, Yohi Yamamoto, Martin Margelia oder auch Hussein Chalayari den Modebetrieb mit provozierendem Design in Unruhe, wenn nicht gar in Entsetzen versetzt, weil sie den Modebetrieb an sich in Frage stellten. Sie experimentierten mit technischen Herstellungsverfahren, innovativen Materialien oder auch Körperproportionen. Sie wendeten Nähte sichtbar nach außen, verschoben Körperproportionen, nähten Ärmel und Hosenbeine an nicht dafür vorgesehene Bereiche an oder vernähten diese Öffnungen, um dafür an anderer Stelle neue, unübliche entstehen zu lassen. Sie stellten das Konzept der Schönheit in Frage und den damit einhergehenden, dem jeweiligen Zeitgeschmack und Schönheitsideal entsprechenden, perfekten, makellos zu erscheinenden Körper, indem sie Buckel in die Kleidungsstücke nähten und damit das Hässliche zum Schönen stilisierten. Designer Grüner Mode sind im Gegensatz dazu nicht an einer Änderung der Mode per se interessiert, im Gegenteil, nach außen soll grünes Design gerade modisch wirken, dieses soll jedoch nach textilökologischen, ethisch-moralischen Kriterien ausgerichtet sein. Grüne Mode wartet zwar mit innovativen, neuen Designkonzepten auf, die sich jedoch nicht gegen den Mainstream der Mode von seiner äußeren Anmutung her unterscheiden soll. Im Gegenteil, Grüne Mode will gerade modisch sein, die dahinterstehenden Inhalte sollen aber genauestens hinterfragt, überprüft werden und vor allem transparent für die Käufer sein. Grüne Mode zeichnet sich durch moralisch-ethische Vorstellungen aus, die nicht durch das äußere Design nach außen getragen werden sollen, sich jedoch im Design als eine innere Botschaft materialisieren. Grüne Mode bedeutet nicht primär Designaktivitäten nur der Schönheit Willen zu bedienen, sondern sie soll zum Promotor sozialer Veränderungen und damit zum Medium ökologischer Inhalte werden. Die Widersprüche von Konsum, Business und Nachhaltigkeit müssen neu durchdacht und zu lösen versucht werden. Nachhaltigkeit bedeutet letztlich, einen neuen Blick auf Mode zu werfen.

Auch wenn die Freude darüber durchaus groß ist, dass die nach ökologischen, sozial-ethischen Kriterien gefertigte Kleidung gegenwärtig die besten Chancen hat, dauerhafter Bestandteil des Textilmarktes zu werden, bleibt ein etwas schaler Beigeschmack, da die Widersprüchlichkeit, die Paradoxie, die sich durch die Verbindung von Mode und Ökologie ergibt, nicht aus dem Weg geräumt werden kann. Mode und Ökologie bilden eine Antinomie. Sie stehen, wenn nicht in einem Widerspruch, dann aber auf alle Fälle in einem Spannungsverhältnis zueinander. Es ist immer ein Balanceakt, Öko und Mode zu vereinen. Somit fordert Grüne Mode geradezu ein erneutes Nachdenken über das Phänomen Mode an sich, sowohl auf Designer-, Produzenten- als auch auf Konsumentenseite.

Letztlich gibt es eine große Bandbreite, was Designer, Produzenten und auch Konsumenten mit Grüner Mode verbinden. Grüne Mode bedeutet häufig, einen Spagat und Kompromisse machen zu müssen und zwischen den unterschiedlichen Kriterien und Parametern abzuwägen. Der Konsument muss letztlich für sich entscheiden, was er mit Kleidung tragen und nach außen darstellen möchte. Kauft er sich z.B. ein Kleid, das in Afrika unter fairen Bedingungen hergestellt wurde und schafft damit einen zumindest kleinen Beitrag, den dort lebenden Menschen eine Grundexistenz und Perspektive zu geben, steht diesem, ökologisch gesehen, der hohe CO_2-Ausstoß des Transports entgegen.

Nicht alle für Grüne Mode angesprochenen und erhobenen Kriterien und Parameter finden sich gleichzeitig in einem Kleidungsstück. Der Konsument muss abwägen, was ihm wichtig ist und was er mit der Kleidung für ein Gefühl einkaufen, was er unterstützen, wogegen er sich wenden möchte. Mode ist immer ein Statement, ein Spiegel der Gefühle, Emotionen und Einstellungen, der gesellschaftlichen Positionierung und des Lifestyles eines jeden. Durch Grüne Mode kommen ökologische, nachhaltige, sozial-ethische Ideen und Gedanken hinzu. Die Entscheidungsmacht liegt beim Konsumenten. Er bestimmt, welche Philosophie er einkaufen will, was er mit Mode generell und mit Grüner Mode im speziellen ausdrücken und darstellen möchte.

Sollte sich der Konsument für Grüne Mode entscheiden, so fordert dies immer ein Umdenken und eine veränderte Einstellung zum Bekleidungskonsum, was sich vom Kauf der Kleidung bis zum Entsorgen, Ausrangieren der einzelnen Kleidungsstücke zieht. Auf der Seite der Designer wäre es wünschenswert, wenn diese ökologische, nachhaltige, sozial-ethische Kriterien mit einer Selbstverständlichkeit in ihr Design integrieren würden, nach dem Motto: »Green will not be the New Black, it will be the New Invisible«.

Kapitel III

Slow Fashion, Refashion, Redesign, Vintage und Second Hand

Kreativer Umgang mit Kleidung

Refashion, Redesign, Vintage und Second Hand stellen weitere wichtige Parameter Grüner Mode dar. Ein ehemals getragenes Kleidungsstück wird nicht achtlos entsorgt, sondern einer Wieder-/Weiterverwendung oder Weiterverarbeitung und damit einer weiteren Nutzung zugeführt. Bei Second-Hand- und Vintage-Kleidung wechselt ein von einer Person ausrangiertes Kleidungsstück seinen Besitzer. Es wird von einer anderen Person erworben, in den eigenen Bekleidungsbestand integriert und weitergetragen. Unter Redesign und Refashion versteht man dagegen eine Umgestaltung unterschiedlicher, abgelegter Kleidungsstücke, die zu einem Neuen zusammengesetzt werden. Recycling, also die Wieder-/Weiterverwendung von Kleidung beschreibt in diesem Zusammenhang ein vestimentäres Kreislaufsystem, das sich vom Kauf bis zum Ausrangieren/Entsorgen zieht. Recycling verlängert die Nutzungsdauer eines Textils und wirkt sich positiv auf die Umwelt aus, da die Kleidung nicht auf dem Müllberg landet.

Der Handel mit Second-Hand-Kleidung ist kein Phänomen der Gegenwart, ihn gab es schon im Mittelalter und in der Renaissance. Er muss immer unter dem Aspekt des Ökonomischen und Kulturellen betrachtet werden. Ab den 1970er Jahren wurden zunehmend Second-Hand-Geschäfte in den Innenstädten eröffnet. Second-Hand-Kleidung stand für Hippie-Mode und Anti-Mode. Dabei gibt es unterschiedliche Motivationen, diese zu tragen. Es kann einerseits eine alternative, konsumkritische Einstellung sein, für andere ist es interessanter und vor allem kreativer, Second-Hand-Kleidung zu kaufen, da sie zwischen unterschiedlichen Stilrichtungen ihren ganz persönlichen, individuellen Stil zusammenstellen können oder der ökonomische Aspekt spielt eine Rolle.

Unter Vintage verstand man ursprünglich den Retro-Look der 1930er bis 1970er Jahre sowie Second-Hand-Kleidung des gehobenen Segments. Julia Roberts sorgte bei der Oscar-Verleihung 2001 für Furore, als sie in einem Vintage-Kleid von Valentino auftrat. Seither hat sich Vintage wie ein Lauffeuer ausgebreitet. Immer wieder sieht man Hollywoodstars in Designer-Vintage. Bei den unterschiedlichsten Events trug z. B. Kelly Clarkson Kleider von Travilla, Jessica Biel von Valentino und Hervé Léger, Jacquetta Wheeler trug Vivienne Westwood und Sarah Jessica Parker Comme des Garcons.

Auf der immer währenden Suche nach Individualität, Einmaligkeit und dem Besonderen, dem nicht untergehen in der Masse bietet sich Vintage-Kleidung geradezu an. Vintage tragen bedeutet, verschiedenste Kleidungsstücke, die unterschiedlichster Herkunft sind und Geschichten beherbergen sowie Gebrauchsspuren tragen, geschickt mit anderen Teilen des Kleiderschrankes zu kombinieren, um so einen ganz individuellen, eine persönliche Handschrift tragenden Stil zu kreieren. Der Begriff Vintage umfasst schon lange nicht mehr nur »alte« Kleidung des gehobenen Second Hand, er beschreibt einen Stil. Mit dem Tragen von Vintage-Kleidung stellt man geschmackliche und stilistische Kompetenz unter

Beweis. Man outet sich als Kenner der Szene, in der es nicht immer einfach ist, Bezugsquellen zu finden. Die Fähigkeit der Zusammenstellung von Einzelteilen zu einem Ensemble ist kein Phänomen der Gegenwart. Schon die Moderne forderte solche Kompetenz, die nochmals verstärkt in den 1970er Jahren mit dem Beginn der »Anything goes Mode« eingefordert wurde. Das Tragen und individuelle Zusammenstellen unterschiedlichster Kleidungsstücke scheint uns eine Alltäglichkeit. Aus einem Repertoire an Einzelkleidungsstücken wählen wir aus und kombinieren diese Teile miteinander. Auf der einen Seite eignen wir uns in einem subtilen kulturellen Prozess die Kompetenz der Darstellung, also das Setzen von Zeichen und Symbolen über das Medium Kleidung an, auf der anderen Seite müssen wir lernen, diese zu dechiffrieren, zu entschlüsseln.

Vintage avanciert in letzter Zeit zu einem beachtlichen Markt. Viele Textilproduzenten greifen diesen Trend auf und produzieren Vintage-Kollektionen als eine stilistische Moderichtung, in denen unterschiedliche Materialien und Muster miteinander kombiniert werden. Originalgetreu nachgeschneiderte Vintage-Kleider vergangener Kollektionen kommen auf den Markt oder fast verschwundene Labels wie Lanvin oder Rochas versuchen wieder ins Geschäft zu kommen, indem sie alte Designentwürfe entmotten und neu auflegen.

Vintage-Kleidung bekannter Designer sind »in« und ein »Must Have«. Die Modezeitschrift InStyle spricht in ihrer Ausgabe August 2008 von »Luxus-Recycling«. Neuaufgelegte Kleider aus dem Jahr 1971 von Missoni waren heiß begehrt. Die US-Stylistin Rachel Zoe, Nicole Richie sowie Margherita Missoni selber trugen den prachtvollen Fransen-Kaftan. Auch das ehrenwerte Auktionshaus Christie's London konnte sich diesem Trend nicht entziehen und versteigerte im November 2004 mit Erfolg eine große Anzahl Designer-Vintage-Kleider.

Hochkarätige Designer wie Karl Lagerfeld sind ebenfalls Vintage-Käufer. Didier Ludot, der seit mehr als 30 Jahren in Paris einen Vintage-Shop betreibt und wahre Raritäten in seinem Sortiment bereithält, zählt ihn zu seinen Kunden. Second-Hand-Kleidung, Vintage, aber auch Refashion und Redesign hat in einer Zeit zunehmender Individualisierung, Pluralisierung, Patchwork und Bricolage eine große Chance, Käufer zu finden, die den individuell zusammengewürfelten Lifestyle über diese stilistischen Mittel vestimentär zum Ausdruck bringen wollen.

Während unter Vintage und Second Hand Kleidung verstanden wird, die in ihrem originären Zustand weitergetragen wird, impliziert Redesign und Refashion die Veränderung an Kleidungsstücken durch Auftrennen, Zerschneiden und Zusammensetzen verschiedenster Kleidungsteile zu einem Neuen, einem unverwechselbarem Unikat. Viele Grüne-Mode-Designer setzen ihre außergewöhnlichen und interessanten Ideen in diesem Bereich um.

Der in London lebende Star der Redesign-Szene Gary Harvey, Ex-Kreativdirektor von Levi's Europa, verlängert mit seinen sexy geschnürten Öko-Couture-Klei-

Achtzehn Trenchcoats in unterschiedlichen beigen Farbtönen wurden von dem Multimedia-Designer Gary Harvey an ein »Burberry« gemustertes Korsett drapiert.

Slow Fashion, Refashion, Redesign, Vintage und Second Hand

Gary Harvey. Ein atemberaubendes Ballkleid, gefertigt aus Hunderten verschiedenen Süßigkeitsverpackungen und Plastiktüten, kunstvoll von Hand zu einem bonbonfarbenen Traum vernäht.

dern das Leben alter, getragener Kleidung und gibt dieser eine neue Bestimmung. »Ich nehme eine Ikone des Alltags wie etwa Jeans und setze sie in einen Kontext mit Haute-Couture-Kleidung«, so Gary Harvey, der mit seinen Werken die Modebranche selbst und deren immensen Verbrauch an Kleidern anprangert.

High Heels, Ballerinas, Sandalen und Pumps, die Schuhe von Hetty Rose sind in großer Vielfalt zu haben. Das Obermaterial besteht aus Vintage-/Second-Hand-Kleidung. Die Flagship-Collection »Kimono« wird aus wiederverwerteten, kostbaren japanischen Kimonos hergestellt, die Absätze bestehen aus recyceltem Holz, die Sohlen aus pflanzlich gegerbtem Leder. Alles unter ethisch korrekten Bedingungen vor Ort handgearbeitet. Die Preise der High Heels beginnen bei 300 britischen Pfund.

Die österreichische Designerin Anita Steinwidder wählt als Ausgangsmaterial für ihre Kollektionsreihe »Shape« hauptsächlich gebrauchte Kleidung, die zerschnitten und neu arrangiert, in einen themengebundenen Kontext transportiert wird. Als Grundmaterial dienen z. B. Socken, die aneinandergereiht und in Form gebracht, strukturbildend eingesetzt werden. Dabei entstehen relieffartige Oberflächen, die das ursprüngliche Material nur bei genauer Betrachtung erkennen lassen. Jedes Teil dieser Serie ist ein Unikat. In einer Weiterführung des Projekts erarbeitete sie eine Basiskollektion, bestehend aus zehn farblich einheitlichen Modellen aus neuwertigen Materialien, die in Kombination mit anderen Kleidungsstücken das ganze Jahr getragen werden können und auf unbegrenzte Zeit fixer Bestandteil des Repertoires bleiben.

Das Londoner Label Hetty Rose verarbeitet Second-Hand-/Vintage-Ware, zum Teil alte japanische Kimonos, zu stylischen und hippen Schuhen.

Jennifer Ambrose, Gründerin des britischen Lingerie-Labels Enamore, entwirft wunderschöne, verspielte Kleider und Unterwäsche aus unterschiedlichen, nachhaltigen Biofasern und Vintage-Kleidung. Zur Unterstützung des lokalen Arbeitsmarktes lässt sie die zauberhaften Stücke in London und Wales produzieren.

Osteuropäisches Vintage-Design zeigt ein junges Fashion-Label aus Tallin. »Reet Aus« beginnt dort, wo schnelle Mode und Serienfertigung endet. Aus recycelten Materialien werden in limitierten Kollektionen durch Upcycling nachhaltige und ökologische Kleidungsstücke gefertigt.

Tauschen statt Shoppen ist ein neuer, aus England kommender Trend. Privat gibt es sie auch in Deutschland schon viele Jahre, nun finden »Klamottentausch-Partys« ihren Platz in Cafés, Kneipen und auf Modemessen. Für die einen sind die Veranstaltungen ein Element bewussten und nachhaltigen Konsums, für die anderen die Billigvariante an Mode zu kommen. Die Idee ist alt. Jeder bringt aus seinem Kleiderschrank Textilien, Schuhe oder Gürtel mit (ordentlich, sauber, gewaschen), die er nicht mehr braucht, aber für brauchbar hält. Alle Kleidungsstücke werden nach Größe und Geschlecht sortiert und auf Tischen oder Kleiderbügeln präsentiert. Nun darf sich jeder der Anwesenden gratis tolle Klamotten von anderen aus den Stapeln aussuchen und wieder mit nach Hause nehmen. Kleidung, die keinen Abnehmer findet, wird an Kleiderkammern verschenkt oder über Altkleidersammlungen entsorgt. 2008 wurden die ersten Kleidertausch-Partys mit Erfolg durchgeführt. Mittlerweile finden in Deutschland über 50 Aktionen pro Jahr statt. Der Internet-Blog »klamottentausch.net« informiert auf seiner Webseite ausführlich, wo und wann im deutschsprachigen Raum Tauschbörsen veranstaltet werden.

Der Griff zu Schere, Nadel und Faden, um Kleidung entweder selber zu nähen, Einzelteile umzugestalten oder individuelle Kleidungsstücke, die dem persönlichen Stil und Geschmack entsprechen, zu kreieren, ist ein weiterer zu beobachtender

Slow Fashion, Refashion, Redesign, Vintage und Second Hand

Für Frauen, die provozieren wollen. Die Kollektionen des englischen Labels Enamore werden aus Biobaumwolle, Seide, Hanf, Soja oder aus Vintage-Kleidung hergestellt.

Seit 2007 beschäftigt sich Anita Steinwidder mit diversen Transformationsprozessen von Kleidung des selben Typs wie Socken, Strümpfen und anderen Strumpfwaren. Das Ergebnis ist Kleidung, die quasi am Körper gebaut wird.

Aus textilen Abfallstoffen kreiert das aus Estland stammende Eco-Fashion-Label »Reet Aus« Neues. Es redesignt Dinge, die keiner mehr haben will, in luxuriöse Kleidung. Dabei werden Biobaumwolle und andere Naturmaterialien verarbeitet.

neuer Trend. Selber machen ist angesagt. Frauen gehen nicht nur in Baumärkte, sondern fangen wieder an zu nähen, was eine steigende Anzahl von angebotenen Nähkursen, Ratgebern über Vintage-Mode oder privat organisierten Treffen zeigt.

Wie schon in Kapitel II thematisiert, fordert Grüne Mode ein Nachdenken über das System Mode an sich. Auch Redesign, Refashion, Vintage und Second Hand fordern dies ein. Das System Mode wird hierbei in Bezug auf den die Mode bestimmenden raschen Wechsel, schneller Austauschbarkeit und symbolischer Entwertung hinterfragt. Der Begriff »Slow Fashion« steht für diese Bewegung innerhalb Grüner Mode. Wie der deutsche Soziologe Werner Sombart im 19. Jahrhundert schon sagte, ist die Mode des Kapitalismus liebstes Kind. Als der Schritt durch die Erfindung der Webstühle hin zur Massenproduktion getan war, bedeutete dies zunächst eine Demokratisierung der Mode. Kleidung, vor allem modische Kleidung, war kein Privileg mehr der oberen Schicht, sondern auch die unteren Schichten, vor allem die Gruppe der Angestellten im großstädtischen Milieu, bedienten sich der Konfektionsware, die in den neuen, großen Warenhäusern angeboten wurde. Medien unterstützten die rasant schnelle Entwicklung und halfen der Ausbreitung der Idee des letzten modischen Schreis. Mode ist die Produktion des ewig Neuen, wobei sie sich ständig selbst entwertet. Das, was in diesem Augenblick noch begehrenswert erscheint und zum Must Have hochstilisiert wird, gilt in nächster Sekunde als alt, überholt, nicht hipp, nicht trendig und macht Platz für das nächste Kleidungsstück, das ebenso schnell den kleinen Modetod stirbt.

Der Begriff »Fast Fashion« charakterisiert treffend die gegenwärtige Mode- und Textilindustrie. Damit gemeint ist die wirtschaftliche Schnelligkeit, die Umsetzungsgeschwindigkeit von der Insichtnahme eines Trends auf den großen internationalen Laufstegen hin zur Produktion, Fertigung, Konfektionierung bis zum letztendlichen Angebot im Einzelhandel. Kleidung ist in den letzten Jahren immer günstiger geworden, so dass wir zum einen immer mehr konsumieren, zum anderen es sich kaum mehr lohnt, Kleidung zu flicken oder gar im Vorfeld zu pflegen und zu schonen. Ein T-Shirt tragen wir ca. sieben Mal, ehe es ausrangiert und weggeschmissen wird. Eine Reparatur ist in den meisten Fällen nicht nur ökonomisch wenig sinnvoll, es ist uns auch die kulturelle Fähigkeit verloren gegangen, zu stopfen, zu flicken oder gar zu nähen. Was früher als Selbstverständlichkeit von Müttern an ihre Töchter weitergegeben wurde und zur häuslichen Tätigkeit einer Frau gehörte, ist im Zuge der Emanzipation verloren gegangen. Zum Glück, kann man auf der einen Seite sagen, entledigten und befreiten sich die Frauen endlich ihrer tradierten Rolle. Auf der anderen Seite können Frauen (und auch Männer) sich heute diesem typischen Frauenthema aus einem ganz anderen Blickwinkel wieder annähern.

Slow Fashion bedeutet eine Entschleunigung der Mode. Slow Fashion setzt sich in Beziehung zum Kreislauf der Kultur, der Ökonomie, des Kommerzes und der Mode. In diesem Zusammenhang ist Slow Fashion nicht das Gegenteil von Fast Fashion, sondern beinhaltet eine andere Annäherungsweise an die Designkonzeption, die Produktion, Fertigung, Konfektionierung, an den Käufer und Verkäufer sowie deren Verhältnis zueinander.

Der Ausdruck »Slow Fashion« tauchte zum ersten Mal im Dezember 2006 in einem Artikel von Sharon Astyk online im Groovy Green Magazin auf und lehnt sich an die Slow-Food-Bewegung an.

Ein zentrales Element für die Slow-Fashion-Bewegung ist der Qualitätsanspruch an das Material. Dies umfasst seine Herstellung sowie weitere Verarbeitung durch alle Stufen der textilen Kette, was nachhaltige, sozial-ethische Kriterien impliziert.

Der Konsument ist es gewohnt, unreflektiert in die Modespirale, in die immer kürzer werdenden Zyklen der Modewelt einzutauchen und Trends in den Trends hinterher zu laufen.

Auch wenn Fast Fashion eine Art Demokratisierung der Mode bedeutet, da Leute mit kleinem Budget die Möglichkeit haben, abgekupferte High-Fashion-Kreationen der Edeldesigner sehr schnell in minderer Qualität in verschiedenen Modeketten kaufen zu können, sollte der Konsument damit anfangen, sein Einkaufsverhalten zu ändern. Die Slow-Fashion-Bewegung fordert nicht nur ein Umdenken bei Herstellern und Designern, sondern auch beim Konsumenten. Verbraucher sollten ihr eigenes Konsumverhalten in Bezug auf Kleidung reflektieren und darüber nachdenken, ob die Lust am Kauf des ewig Neuen und schnell Austauschbaren nicht durch Kleidung ersetzt werden kann, deren Design und Qualität überzeugt, die ein Wohlgefühl hervorruft, sich durch eine gute Passform und ein angenehmes Trageverhalten auszeichnet und deren Fertigung und Produktion nach ökologischen, ethisch-sozial korrekten Kriterien erfolgt. Die Tragedauer wird sich verlängern, der Kleidermüllberg entlastet.

Slow-Fashion-Kleidung, die nicht mit der schnellen Nadel und unter unfairen Bedingungen genäht wurde, hat durchaus ihren Preis. So kostet ein handgefertigter Alpaka-Pullover des amerikanischen Labels Kusikuy locker über 185 Dollar, ein recyceltes Männer T-Shirt beläuft sich schnell auf 345 Dollar und ein maßgeschneidertes Kathie-Sever-Oberteil, das die Käufer mit Motiven aus ihrem Leben in Handarbeit individuell besticken lassen können, geht nicht unter 400 Dollar über den Ladentisch. Es ist der ökonomisch hohe Anschaffungswert, der sehr wahrscheinlich verhindern wird, dass das T-Shirt auf der Mülldeponie landet, sondern eher an die nächste Generation weitervererbt wird. Letztlich geht es um eine quantitative Reduzierung des Kleidungskaufs zugunsten von Qualität, längerer Haltbarkeit und gutem Tragekomfort. Das Textil lässt eine Beziehung und damit eine Bindung zwischen Träger und Kleidungsstück (Lieblingsstück) entstehen. Slow Fashion ist eine Entscheidung gegen die Modespirale und die riesige, dahinterstehende Wirtschaftsmaschinerie sowie letztlich gegen die Konsum- und Wegwerfmentalität, die sich bis ins Unendliche hochzuschrauben droht.

Slow Fahsion ist kein Begriff, den die Grüne Mode ins Leben gerufen hat, denn diesen Gedanken hat es schon in den 1990er Jahren gegeben, als die Diskussion um Long-Life-Kleidung in Gang war. Auch Long-Life-Kleidung stellt sich gegen raschen Konsum, steht für bewahren, schonen und pflegen. Das 1997 in Bolivien gegründete Label Kusikuy, mit heutigem Firmensitz in den USA, gehört zu den Gründern der Slow-Fashion-Bewegung. Für Kusikuy war es von Anfang an wichtig, in der gesamten Produktionskette, vom Anbau der Organic Cotton oder Gewinnung der Alpaka-Wolle bis zum fertigen Produkt, ethisch korrekt und verantwortungsvoll zu handeln. Die limitierten Kollektionen und Einzelstücke des kleinen Slow-Fashion-Labels Ana Livni aus Uruguay, das hochwertige Designermode aus recycelten oder lokal bezogenen Naturmaterialien wie Wolle und Baumwolle herstellt, werden zum Teil vor Ort handbemalt.

Auch die amerikanische Designerin Zoica Matei hat sich der Slow Fashion verschrieben. In ihrer Damenkollektion bietet sie feminin geschnittene, elegante, leicht wirkende Kreationen an. Vom Anbau der Naturfasern bis zum fertigen Kleidungsstück finden alle Arbeitsschritte sozial verträglich in den USA statt.

Das japanische Label Minä Perhonen der Designerin Akira Minagawa ändert nicht jede Saison das gesamte Styling des Sortiments, sondern häufig nur Nuancen. Minagawa präsentiert ihre Kleidung nicht in Fashion-Shows, sondern lädt Gäste ein, die Kleidungsstücke zu befühlen, mit der Absicht, dass diese eine Beziehung zu den Textilien aufbauen. So werden die Kleider zu Geschichtenerzählern. Der Designer Jürgen Lehl mit seinem gleichnamigen Modelabel ist bei uns nur Insidern bekannt, in Japan wurde er zum erfolgreichsten ausländischen Stoffkünstler gewählt. Sein Design zeichnet sich durch hohe Qualität, aufwendige Schnitttechniken, viel Handarbeit und lange Haltbarkeit aus. Er selber sagt, dass die Leute, die bei ihm kaufen, gerade auf diese Dinge Wert legen.

Slow Fashion kann als eine Art »Sustainable Luxury« verstanden werden. In einer gehetzten Welt, in der sich alles schnell und schneller dreht, ist das Innehalten und das »Zeit haben«, sich »Zeit nehmen«, ein Luxus. Grüne Mode, die Entschleunigung sucht, Handarbeit und Handwerk wieder aufleben lässt, individuelle Einzelanfertigung bevorzugt, gibt dem Konsumenten Authentizität und Unikate, etwas Unverwechselbares und Individuelles im Zeitalter von Massenproduktion und Gleichschaltung. Francois Henri Pinault, Chef des französischen Luxuskonzerns PPR vertritt die Ansicht, dass auch das Luxussegment im Wandel begriffen ist. Waren es früher hochmodische, schnell und immer wieder neu auf den Markt geworfene Entwürfe von Kleidung und Accessoires, fragen Konsumenten zunehmend nach Werten wie Qualität, Zeitlosigkeit, Handarbeit, Authentizität und fairer Produktion.

Slow Fashion bedeutet, in einen kommunikativen Prozess zwischen Designer/Produzent und Konsument zu treten und eine Beziehung zwischen diesen aufzubauen. Zum anderen sieht sich der Konsument der Frage gegenüberstehen, welche subjektive Beziehung er zu seiner Kleidung hat, welche Rolle diese in seinem Leben spielt, welchen Raum, welchen Sinn, welche Bedeutung er ihr gibt und was er mit der Wahl seiner Kleidung ausdrücken bzw. darstellen möchte. Letztlich hat Kleidung immer mit Bewusstsein zu tun, auch wenn einem dies gerade nicht bewusst ist, da wir uns täglich eher beiläufig das Eine oder Andere überstreifen. Entscheidend für den Lebensweg, den einzelne Kleidungsstücke vom Kauf bis zum Ausrangieren/Entsorgen nehmen, ist die affektive Anbindung an diese. Der Besitzer eines Modegeschäfts in England startete einen interessanten Versuch. Bei ihm konnte man für einen begrenzten Zeitraum keine Kleidungsstücke kaufen, sondern seine eigenen Kleidungsstücke gegen andere, im Geschäft ausliegende, eintauschen. Bevor man sich jedoch ein Kleidungsstück aussuchen durfte, verlangte er, dass die Käufer zunächst aufschreiben sollten, was ihnen an ihrem mitgebrachten Kleidungsstück gefällt und warum sie dieses eintauschen wollten. Erstaunlicherweise behielten die Leute zum überwiegenden Teil ihre eigene Kleidung.

Kapitel IV

Baumwolle und Biobaumwolle

Baumwolle ist der am häufigsten verarbeitete Rohstoff, der jedoch enorme ökologische Probleme verursacht. Welche Vorteile bietet biologisch angebaute Baumwolle?

Baumwolle und Biobaumwolle

In mehr als 70 Ländern wird heute Baumwolle angebaut. 2009 produzierten weltweit über 90 Millionen Menschen 24,2 Millionen Tonnen des »weißen Goldes«, davon allein die fünf größten Baumwollproduzenten (China 32%, Indien 22%, USA 12%, Pakistan 8% und Brasilien 6%) zusammen 80% der beliebtesten Naturfaser. Die jährliche Ernte entspricht umgerechnet der Menge von 75 Milliarden T-Shirts. Afrika ist nach den USA zweitgrößter Baumwollexporteur der Welt. Vor allem für Länder dieses Kontinents ist die Baumwolle ein unverzichtbarer Wirtschaftsfaktor. Mali, Tschad, Burkina Faso, Sambia oder Benin erwirtschaften bis zu drei Viertel ihrer Devisen mit dem agrarischen Rohstoff, über 90% der Menschen leben dort vom Baumwollanbau. Die Exporteinnahmen dieser Sahel-Staaten durch Baumwolle betragen allein 1,5 Milliarden Dollar pro Jahr. Doch die verhängnisvollen Folgen, die hohe Subventionen der reichen Länder für die Dritte Welt haben, machen die Krise des Baumwollanbaus in Westafrika und anderswo deutlich. Die Zahlungen heizen die Produktion auf dem Weltmarkt künstlich an, was zu einem Überangebot führt und die Preise drückt. Der Erlös aus dem Verkauf der Faser bietet für die ärmsten Länder weltweit kaum eine Chance, die Armut zu bekämpfen. Obwohl die afrikanischen Bauern ihre handgelesene Baumwolle sehr kostengünstig herstellen, sind sie aufgrund der verteilten staatlichen Gelder westlicher Länder kaum wettbewerbsfähig.

Vier Milliarden Dollar Subventionen spendiert allein die USA jährlich ihren 25.000 Baumwollfarmern, China an seine Bauern ca. eine Milliarde Dollar. Die EU gehört im internationalen Vergleich zwar zu den kleineren Baumwollproduzenten, zahlt aber im Verhältnis an Spanien und Griechenland die höchsten Subventionen weltweit. Der WWF schätzt, dass allein Spanien jährlich etwa 800 Millionen Euro für eine Anbaufläche von nur 80.000 Hektar Baumwolle erhält. Bei einem in den letzten Jahren schwankenden Weltmarktpreis in Höhe von 0,30–0,70 Dollar pro Kilogramm Baumwolle wird dort der Anbau der Faser mit weiteren unakzeptablen 1,40 Dollar/kg gefördert. Spanien verhinderte 2007 die geplante Abschaffung der Baumwollsubventionen in der EU mit einer erfolgreichen Klage vor dem Europäischen Gerichtshof. Afrikanische Staaten haben weder das nötige Geld, ihre Baumwollbauern zu unterstützen, noch dürfen sie es, weil Auflagen der Weltbank und des Internationalen Währungsfonds (IWF) dies verbieten. Der in Washington DC ansässige Baumwollverband International Cotton Advisory Committee (ICAC) schätzt, dass ohne diese Subventionen der Weltmarktpreis für Baumwolle um 26% stiege, wodurch sich die Einkommenssituation der Bauern in der Dritten Welt schlagartig verbessern würde. Die o. g. afrikanischen Staaten haben sich deshalb mit Brasilien verbündet und gegen die USA und deren Förderung der eigenen Baumwollfarmer eine Klage bei der Welthandelsorganisation WHO eingereicht. Über deren Wegfall soll 2013 ent-

Kapitel IV

 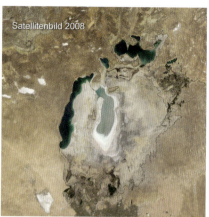

Auswirkungen der intensiven Bewässerung beim Baumwollanbau auf den Aralsee.
Vergleich 2000–2008

schieden werden, so dass nicht subventionierte Baumwolle auf dem Weltmarkt wettbewerbsfähig werden kann.

Die Baumwollpflanze (lat. Gossypium) gehört zur Familie der Malvengewächse. Aus der reifen Fruchtkapsel werden die von der Sonne getrockneten Faserhaare geerntet. Je nach Sorte variiert die qualitätsbestimmende Länge der Fasern zwischen 1,5 und 5 cm. Nach einer Wachstumszeit von ca. 175 Tagen platzen die Baumwollkapseln auf und die Fasern können geerntet werden. Zum Reifen benötigen die anspruchsvollen Pflanzen frostfreies, warmes Wetter, viel Sonne und vor allem viel Wasser. Baumwolle gehört zu den dreißig durstigsten Pflanzen der Natur. Für die Herstellung von einem Kilo konventionell erzeugter Baumwolle werden bis zu 26.000 Liter Wasser benötigt. Knapp 60% der weltweiten Baumwollanbauflächen müssen künstlich bewässert werden, das sind rund die Hälfte aller bewässerten Agrarflächen auf der Erde. Dafür werden 6% des globalen Süßwasserverbrauchs benötigt. Bodenversalzung und sinkende Grundwasserspiegel sind daher in den Hauptanbaugebieten ein gravierendes Problem.

Als eine der größten von Menschenhand verursachten ökologischen Katastrophen gelten z. B. die Folgen des Baumwollanbaus für den Aralsee in Usbekistan. Mit einer Fläche von 66.900 km² war er 1960 noch einer der größten Binnenseen weltweit, so groß wie Baden-Württemberg und Nordrhein-Westfalen zusammen. Die Hauptzuflüsse Amurdarja und Syrdarja speisten den Aralsee früher mit 67 km² Wasser pro Jahr. Seit 1960 wurde unter der sowjetischen Regierung die Baumwoll-Anbaufläche vervierfacht, mit entsprechend hohem Wasserverbrauch und gewaltigem Einsatz von künstlichen Düngemitteln und

Pestiziden. Der Bewässerungsanbau geschieht über ein ausgedehntes Kanalsystem, das den Zuflüssen mehr als vier Fünftel ihres Wassers entzieht. Dies führt zu einem dramatischen Verlandungsprozess und zu fortschreitender Austrocknung des Sees. So endet der Syrdarja seit 1976 etwa 160 km von den Ufern entfernt in der Wüste. Heute hat der Aralsee nur noch eine Fläche von unter 20.000 km² und mehr als 80% seines Wasservolumens verloren. Er ist mit einem Salzgehalt von 10–15% biologisch nahezu tot. Die starke Abnahme der Wassermenge führte zu einer klimatischen Veränderung in der Großregion, einhergehend mit der Versalzung und Vergiftung der Böden. Die Bevölkerung leidet an verseuchtem Trinkwasser und vergifteten Nahrungsmitteln. Epidemische Erkrankungen und Mangelerscheinungen, Tuberkulose, Krebs und Missbildungen bei Neugeborenen stiegen um mehrere hundert Prozent an. Experten schätzen, dass der Aralsee in 20 Jahren völlig ausgetrocknet sein wird.

Wegen ihrer langen Reifeperiode ist Baumwolle besonders anfällig für Schädlinge. In den 1960er Jahren sollte in den Ländern der Dritten Welt die »Grüne Revolution«, ein Projekt der Weltbank und Entwicklungshilfe-Organisationen, mit neuem Saatgut und vielversprechenden Anbaumethoden, Millionen Menschen vor dem Hungertod bewahren. Tatsächlich gelang es den Bauern innerhalb kurzer Zeit, den zwei- bis dreifachen Ertrag auf den Feldern zu erzielen. Aber die Kehrseite der Medaille offenbarte sich bereits nach wenigen Jahren. Die Hälfte der Baumwolle wird heute konventionell in Monokulturen mit Hochleistungssorten angebaut, die bis zur Ernte 20 bis 25 mal mit Pestiziden gespritzt werden. Zusätzlich müssen zwischen 200 bis 600 kg Mineraldünger pro Hektar eingearbeitet werden. Lediglich 2,5% der verfügbaren landwirtschaftlichen Nutzfläche unseres Planeten werden für den Baumwollanbau genutzt, aber 24% aller Insektizide und 11% der Pestizide versprüht. Für jedes gekaufte Baumwoll-T-Shirt landen dafür 150 g Schadstoffe auf dem Acker. Die Chemie führt nicht nur zur Vernichtung von Schädlingen, sondern auch von Nützlingen, die für die Bodenfruchtbarkeit wichtig sind, ferner zur Auslaugung der Böden, Verringerung des Humusanteils und zur Abnahme der Wasserhaltefähigkeit verbunden mit hoher Erosionsanfälligkeit. Dies hat zur Folge, dass wiederum verstärkt gespritzt werden muss.

Für die fünf führenden Agrochemiekonzerne Bayer (Deutschland), Syngenta (Schweiz), Monsanto (USA), BASF (Deutschland) und Dow Chemical (USA), die 75% des Weltmarktes abdecken, ist es ein 2,5 Milliarden Dollar-Geschäft.

Die meisten Landarbeiter werden von den Pestizid-Riesen jedoch nicht über die Risiken eines Gifteinsatzes informiert und besitzen auch keine Schutzbekleidung, bzw. können diese unter den gegebenen klimatischen Bedingungen nicht tragen. 90% der Bauern sind Analphabeten und so nicht in der Lage, die Sicherheitswarnungen auf Chemikalienbehältern zu lesen oder die Bildtafeln mit

Piktogrammen richtig zu deuten. Die WHO (World Health Organization) schätzt, dass sich jährlich über eine Million Menschen bei Unfällen mit Spritzmitteln vergiften, durch Pestizideinsatz im Baumwollanbau allein über 20.000 Menschen pro Jahr sterben. Fast die Hälfte der Chemikalien ist so giftig, dass die WHO sie als sehr gefährlich klassifiziert.

Seit Jahren setzt sich PAN (Pesticide Action Network), eine internationale Organisation, die Mensch und Umwelt vor Pestiziden schützen und Alternativen fördern will, gemeinsam mit anderen Gruppierungen für ein weltweites Verbot des meist gespritzten Insektenvernichtungsmittels Endosulfan in der Dritten Welt ein, welches großflächig auch im Baumwollanbau verwendet wird. Das seit vielen Jahren in westlichen Nationen verbotene Pestizid bringen Mediziner nicht nur mit Vergiftungen, sondern auch mit Geburtsschäden, Autismus und männlichen Reproduktionsschäden in Verbindung. Angeführt wurde diese Kampagne gegen die Chemikalie durch das angesagte, schon häufig mit ungewöhnlichen Aktionen gegen die Armut auf sich aufmerksam machende Modelabel aus Großbritannien, Pants to Poverty, das seit 2005 ökologisch produzierte und fair gehandelte Unterwäsche aus Biobaumwolle verkauft. Das preisgekrönte Unternehmen rief am Vortag des G8-Gipfels im Jahr 2009 weltweit Menschen dazu auf, bei der »Global Pants Amnesty« alte (gewaschene) Unterhosen aus herkömmlicher Produktion zu sammeln und an die Bayer-Vertretungen ihres Landes zu senden, mit der Forderung, Endosulfan endlich vom Markt zu nehmen. Bayer reagierte auf diese medienwirksame Aktion unter anderem mit der Aussage, die Vermarktung dieses Wirkstoffes bis zum Jahresende 2010 einzustellen. Doch das neue Insektizid Tihan des Chemie-Riesen wird von der WHO als nicht minder gefährlich eingestuft, die amerikanische Zulassungsbehörde EPA spricht von Hinweisen auf möglicherweise krebserregende Wirkung des Pflanzenschutzmittels. Mit großem Ärger und Unverständnis reagierte PAN Germany, das in seinem englischsprachigen landwirtschaftlichen Ratgeber »How to grow crops without Endosulfan« beschreibt, welche nichtchemischen Alternativen es gibt.

Da die Farmer oft mehr als die Hälfte ihrer Einnahmen für Pestizide, Dünger und Saatgut aufwenden müssen, sind sie von einer guten Ernte abhängig. Bleibt diese aus, sind sie ruiniert.

Denn ohne Geld gibt es kein Saatgut für die nächste Saison, Zinsen können nicht zurückgezahlt werden. Die indische Regierung räumte vor drei Jahren ein, dass mehr als zehn Millionen Landwirte verschuldet in Armut leben, 160.000 Farmer sich im letzten Jahrzehnt aus Verzweiflung das Leben nahmen. Da musste es vielen Bauern in Indien wie ein Geschenk des Himmels vorgekommen sein, als im Jahr 2002 der amerikanische Chemiekonzern Monsanto werbewirksam versprach, der Einsatz seines gentechnisch veränderten Baumwollsaatguts führe zu weniger Pestizidverbrauch und zu reichen Ernten für glückliche Familien.

Zwei positive Eigenschaften besitzt das viermal teurere High-Tech-Saatgut gegenüber konventioneller Baumwolle. Durch den Einbau von Genmaterial des Bodenbakteriums Bacillus thuringiensis (BT) ist die Pflanze widerstandsfähig gegen den Baumwollkapselbohrer und andere Insekten, durch weitere Veränderungen resistent gegen verschiedene Herbizide. Ökonomisch betrachtet lohnt sich BT-Baumwolle aber nur, wenn Pestizideinsparungen und Ertragszugewinn die Mehrkosten ausgleichen. Häufig vermehren sich jedoch andere Schädlinge, deren natürlicher Feind der verschwundene Kapselbohrer ist, mit großer Geschwindigkeit, so dass wiederum Pestizide gespritzt werden müssen. Somit stehen höheren Gewinnen am Anfang Mehrkosten am Ende entgegen. Weltweit existieren nur wenige Untersuchungen über langfristige Schäden der Biodiversität durch BT-Baumwolle.

In den USA konnte aber nachgewiesen werden, dass in einigen Bundesstaaten der Kapselbohrer selbst gegenüber dem BT-Gift resistent geworden war. Wissenschaftler der Universität Georgia errechneten, dass auf lange Sicht der Anbau von BT-Baumwolle keine ökonomischen Vorteile bringen werde.

Und so gerieten in den letzten Jahren wegen schlechter Ernten und sinkender Weltmarktpreise immer mehr indische Bauern in die Schuldenfalle und wählten als letzten verzweifelten Ausweg den Suizid. Die Selbstmordrate nahm dramatisch zu, so dass die indische Regierung beschloss, wenigstens die Hinterbliebenen mit einer Zahlung von 2.000 Dollar zu unterstützen. Groteskerweise sehen einige der Verschuldeten gerade in dieser Staatshilfe eine letzte Möglichkeit, ihren Familien Geld zukommen zu lassen.

Seit der ersten Zulassung einer BT-Baumwollsorte in den USA 1996 wurden im Jahr 2008 gentechnisch veränderte Sorten in zehn Ländern auf über 16 Millionen Hektar angebaut. In der Europäischen Union ist die Aussaat derzeit noch verboten, entsprechende Anträge des US-Konzerns Monsanto liegen jedoch vor.

Die negativen Auswirkungen des intensiven Baumwollanbaus sind unübersehbar. In dem von der Unesco und der Weltbank in Auftrag gegebenen Weltagrarbericht 2008 wurde festgestellt, dass die Gentechnik mehr Probleme als Lösungen für einen verbesserten Lebensstandard der Bauern bringt und man empfahl, zu traditionellen Anbaumethoden wie dem Biobaumwollanbau zurückzukehren.

Als interessanten Kompromiss auf diesem Weg wurde am 1. Juli 2009 der Verein »Better Cotton Initiative« (BCI) von führenden Textilkonzernen wie H&M, IKEA, Marks & Spencer, Nike und Migros sowie dem WWF und vielen weiteren Umwelt- und Entwicklungsorganisationen gegründet. Die Firmen bestätigen durch ihre Teilnahme ihr Interesse am Einkauf von »besserer Baumwolle«. BCI ist ein internationales Programm, welches sich zum Ziel setzt, die weltweite Baumwollproduktion für Menschen und Umwelt nachhaltiger zu machen. Fairtrade- und Biobaumwolle decken heute noch weniger als 1% der globalen Produktion ab. Die BCI sieht sich als umfassende Lösung, welche diese beiden Ansätze ergänzt und verstärkt. Vamshi Krishna vom WWF und Anna Bexell von IKEA konnten in durchgeführten Vorprojekten in Indien und Pakistan aufzeigen, dass sich der Wasser- und Pestizideinsatz mit einfachen Mitteln um bis zu 75% reduzieren lässt und gleichzeitig das Einkommen der Bauern um 70% gesteigert werden kann. Um Dünger zu sparen, wird selbstgemachter Kompost eingesetzt, der durch Lockerung der Erdkrume die Böden wieder mehr Wasser aufnehmen lässt. Die Samen werden in jeweils zwei Reihen eng aneinander ausgesät, dann muss nur in der Mitte der Pflanzenreihen gewässert werden. Uralte, wiederbelebte Methoden wie das Anlegen von Wasserrückhaltebecken, die während der Überschwemmungen des Monsunregens große Wassermengen speichern, lassen den Inhalt langsam in das Erdreich versickern und den Grundwasserspiegel anheben. Nachdem die Anbaukriterien, Marktzugang und Kontrollmechanismen definiert waren, realisierte die BCI im Jahr 2009 zusammen mit lokalen Partnern erste Pilotprojekte in Brasilien, Pakistan, Indien und West-Afrika. Diese Baumwolle wird 2010 erstmals auf dem Markt verfügbar sein.

Einen ähnlichen Ansatz geht die »Cotton made in Africa Initiative« (CMIA). Sie will eine Nachfrage-Allianz unter Handelsunternehmen nach afrikanischer Baumwolle schaffen, die von über 100.000 Kleinbauern und ihren Familien in Benin, Burkina Faso und Sambia erzeugt werden. Die Bauern werden in umweltschonendem Anbau von Baumwolle (keine BT-Baumwolle) geschult. Sichere Einkommen durch Abnahmegarantien zu normalen Weltmarktpreisen und die optimierte Anbaupraxis verbessern so die Lebensverhältnisse dieser Menschen. Das Projekt Cotton made in Africa wird von der Stiftung Aid by Trade Foundation getragen, die im Jahr 2005 von Dr. Michael Otto gegründet wurde. Zur Umsetzung der ambitionierten Ziele gingen die Unternehmen Otto Group, REWE, Tom Taylor und Tchibo mit dem WWF, der deutschen Welthungerhilfe (DWHH), dem Naturschutzbund Deutschland (NABU), dem Bundesministerium für wirtschaftliche Zusammenarbeit und Entwicklung (BMZ) und anderen eine nicht alltägliche PPP (Public Private Partnership) ein.

Die strategischen Partner unterstützen das Projekt sowohl durch finanzielle Mittel als auch durch inhaltliche und technische Beratung, mit dem gemeinsamen Ziel, zur Armutsbekämpfung und Umweltschutz in den Projektgebieten beizutragen. Dabei geht es ihrer Ansicht nach nicht um die Etablierung eines weiteren Nischenproduktes wie sie es bei der Biobaumwolle sehen. Das Projekt will einen breiten Markt bedienen, die Qualität der afrikanischen Baumwolle soll kostenneutral erreicht werden und in der gesamten Wertschöpfungskette transparent und identifizierbar sein. CMIA soll afrikanischer Baumwolle ein Gesicht geben, sie kann gezielt nachgefragt und so ihre Chance auf dem Weltmarkt verbessert werden. Die Initiative verfolgt einen ganzheitlichen Ansatz, der einen nachhaltigen Anbau verlangt, aber einen kontrollierten Pestizideinsatz zulässt. Es gelten Mindeststandards bei den Arbeitsbedingungen, Kinderarbeit ist auszuschließen, die Bauern werden pünktlich bezahlt. Aufgrund der klimatischen Verhältnisse wird die Baumwolle im Regenfeldbau in Fruchtfolge beispielsweise mit Mais oder Hirse angepflanzt, künstliche Bewässerung ist nicht notwendig. Aufgrund der in Schulungen vermittelten Maßnahmen wie rechtzeitiges Pflanzen, sorgfältige Vorbereitung der Felder, gute Pflege der Pflanzen und stark reduzierter, aber zielgerichteter Einsatz von Pflanzenschutzmitteln, konnte der Ertrag um durchschnittlich 85% auf 788 kg Baumwolle pro Hektar gesteigert werden. Ausgewählte, gut geschulte und zuverlässige Lead-Farmer, die andere Bauern betreuen, erzielten im Schnitt sogar beachtliche 1.413 kg/ha. Langfristig soll der nachhaltige Anbau auf 200.000 Tonnen oder 10% der afrikanischen Baumwollernte ausgeweitet werden. 70% des Umsatzes wird derzeit in Deutschland erzielt. Hier ist die Vermarktung schon selbsttragend, CMIA wird aber noch eine Weile von öffentlichen Geldern und Spenden abhängig sein. Seit Ende 2008 unterstützt auch die Bill & Melinda Gates Stiftung »Cotton made in Africa« mit 24 Millionen Dollar.

Als nachhaltigste Lösung gilt die Entscheidung für den Anbau von Biobaumwolle. »Das Gras wächst nicht schneller, wenn man daran zieht«, lautet ein afrikanisches Sprichwort und appelliert an die Geduld.

Der kontrolliert biologische Anbau verbietet den Einsatz von chemischen Pestiziden und Düngemitteln, er setzt auf nachhaltige Methoden in einem sich selbst stabilisierenden System. Dabei ist im Bioanbau das wichtigste Prinzip die Vorsorge, wobei Maßnahmen ergriffen werden, die verhindern sollen, dass Schaderreger überhaupt aufkommen. Um eine einseitige Nutzung des Bodens zu verhindern, folgt man beim Biobaumwollanbau meist in einem dreijährigen Zyklus einer Fruchtfolge mit anderen Pflanzen, um die natürliche Bodenfruchtbarkeit nicht zu schädigen. Häufig pflanzen die Bauern Mais, Hirse, verschiedene Bohnensorten und Erdnüsse in Rotation an. Es werden aber auch Fruchtfolgen mit Gewürz- oder Gemüsepflanzen wie z. B. Chili und Zwiebeln praktiziert. Bei der »Push and Pull«-Methode vertreiben bestimmte Pflanzen Schädlinge aus den Feldern (Push), andere locken sie an den Feldrand (Pull). Sonnenblumen oder Augenbohnen werden beispielsweise als Fangpflanzen für verschiedene Schmetterlinge an den Rand des Feldes gepflanzt. Die Okrapflanze, eine Hibiskusart, lockt den Baumwollkapselbohrer an, Neembaumextrakte werden als natürliche Fraßhemmer und Insektizid eingesetzt. Baumwollanbau in Fruchtfolge mit Nahrungspflanzen unterbricht die Lebenszyklen der Schädlinge. Dagegen versorgen Mischkulturen wie Erdnüsse, die auf den gleichen Feldern wachsen wie die Naturfaser, den Boden mit Nährstoffen.

Zudem können auch natürliche Feinde eine Ausbreitung von Schädlingen verhindern. Als Fraßfeind der Blattlaus hält der Marienkäfer diese auf den Feldern in Schach. Das Bodenbakterium Bacillus thuringiensis, dessen Wirkstoff auch in genveränderter Baumwolle eingebaut wurde, kann mikrobiologisch gegen Schädlinge eingesetzt werden. Diese, auch im Bioanbau zugelassene natürliche Bekämpfungsmethode, die für Menschen, Pflanzen und Nutztiere völlig unschädlich und für die Natur weitgehend unbedenklich ist, hat mit Gentechnik allerdings nichts zu tun. Mit dem Klima und den Bodenbedingungen harmonisierende lokale Baumwollsorten werden ausgesät, statt Kunstdünger verwenden die Bauern nach alter Tradition Kompost und Mist. Der Humusanteil im Boden wird dadurch gesteigert, seine Fähigkeit, Wasser und Nährstoffe zu binden und den Pflanzen bei Bedarf zur Verfügung zu stellen, erhöht. Biobaumwolle besitzt die beste Ökobilanz (niedrigster CO_2-Emissionswert und geringster Energieverbrauch bei der Herstellung) aller Textilfasern. Der bei konventionellem Baumwollanbau signifikant hohe Wasserverbrauch reduziert sich durch intelligente Wässerungsmaßnahmen wie die Tröpfchenbewässerung der Biofasern um bis zu zwei Drittel.

Ende der 1980er Jahre wurde Biobaumwolle erstmalig in der Türkei angebaut, inzwischen schon in über 24 Ländern. Bedeutendste Produzenten sind Indien, Türkei, Syrien, Tansania, China, USA und Uganda. Lag die Anbaumenge 2001 noch bei knapp 6.500 Tonnen, waren es laut dem vierten »Organic Cotton Farm and Fiber Report 2009« von Organic Exchange – Dank gesteigerter Nachfrage – 2007 schon 65.000 Tonnen und im Jahr 2009 bereits 175.000 Tonnen. Dennoch erreicht die von 220.000 Farmern weltweit angebaute Biobaumwolle derzeit nur einen geringen Anteil von 0,76% an der globalen Baumwollproduktion.

Wird auf Chemie verzichtet, verbessert sich die Gesundheit der Bauern deutlich. Vor allem Frauen profitieren von der Umstellung auf Biobaumwolle, die Zahl der von Frauen geleiteten Anpflanzungen hat deutlich zugenommen. Zum einen müssen sie keine Fehlgeburten oder Schädigungen ihrer Kinder während der Schwangerschaft durch Pestizide mehr befürchten, zum anderen sind Dünger oder natürliche Schädlingsbekämpfungsmittel auf dem Hof verfügbar oder können lokal erworben werden. Denn wie im konventionellen Anbau üblich, sind die Gemeinschaften der Kleinbauern, über die Dünger und Pflanzenschutzmittel ausgegeben werden, eine reine Männerdomäne, Frauen haben in der Regel keinen Zugang. Da Frauen in große Biobaumwollprojekte aber von Anfang an miteingebunden und geschult werden, eröffnen sich ihnen ganz neue Perspektiven auf ein eigenes Einkommen. So steigerte sich in mehreren Ländern Westafrikas der Frauenanteil im Biobaumwollanbau in den letzten zehn Jahren von unter 4% auf teilweise über 40%.

Hessnatur steht seit 1975 für giftfreie und fair produzierte Mode. Ein Highlight ist die Designerkollektion ihres Stardesigners Miguel Adrover, aus zertifizierter Biobaumwolle und anderen hochwertigen Naturfasern gefertigt.

Seit über 25 Jahren arbeitet die Remei AG in Rotkreuz an einer ökonomisch, ökologisch und sozial vorbildlichen Textilkette und erhielt dafür mehrere internationale Auszeichnungen. Die Schweizer Firma wird zu Recht als einer der Pioniere im Biobaumwollbereich bezeichnet. Anfang der 1990er Jahre gründete sie unter dem Namen bioRe® Baumwollunternehmen in Indien, drei Jahre später in Tansania. Im Jahr 2008 produzierte die Remei AG bereits 4.320 Tonnen dieser biologischen Naturfaser und gehört damit zu den größten Biobaumwollhändlern weltweit. Sie kontrolliert und koordiniert vom Anbau über das Spinnen, Stricken, Färben und Konfektionieren der Kleidungsstücke die textile Kette nach ihrem eigenen hohen bioRe® Sozialstandard. Inzwischen arbeiten mehr als 11.000 Bauern für das Unternehmen, denen die Zusammenarbeit eine Menge an Vorzügen wie die Verbesserung der Bodenfruchtbarkeit, Verlassen des Schuldenkreislaufs, gesundheitliche Vorteile oder geringere Produktionskosten bietet und eine Abnahmegarantie ihrer Ernte zu einem erhöhten Weltmarktpreis garantiert. »Man muss sehr streng sein und auch immer wieder einen Bauern ausschließen. Wir müssen ständig fordern und Grenzen setzen. Bio darf in der Qualität nicht schlechter sein. Man muss ständig das ganze Netzwerk prüfen, das ist sehr komplex«, sagt Patrick Hohmann, Geschäftsführer der Remei AG. Kontrolliert wird durch den unabhängigen Schweizer Zertifizierer Bio-Inspecta. Jedes Kleidungsstück aus bioRe® Baumwolle trägt einen Zahlencode, der es ermöglicht, seinen Weg über alle Produktionsstufen bis zur Anbauregion zurückzuverfolgen. Der Focus der firmeneigenen bioRe® Stiftung besteht darin, vor Ort gezielt die Bereiche Bildung, Gesundheit, Ernährung und Landwirtschaft zu unterstützen. Sie vergibt beispielsweise zinslose Darlehen zum Ausbau der Infrastruktur wie Biogas- oder Kompostanlagen. Zu den Kunden der Biotextilien zählen u. a. COOP, REWE, Greenpeace-Magazin, Mammut und Monoprix.

Das von dem Umweltaktivisten Heinz Hess 1976 gegründete Modeunternehmen Hessnatur ist heute Marktführer auf dem Naturtextilmarkt im gesamten deutschsprachigen Raum und steht für giftfreie und fair produzierte Mode. Bereits 1990 förderte das Unternehmen das weltweit erste Anbauprojekt für kontrolliert biologische Baumwolle in der Türkei, für das es mit dem »Organic Textil Award« der IFOAM (International Federation of Organic Agriculture Movements), der internationalen Dachorganisation des ökologischen Landbaus, ausgezeichnet wurde. Seit 2005 unterstützt Hessnatur gemeinsam mit der privaten Schweizer Entwicklungsorganisation Helvetas, die schon Anfang des Jahrtausends ähnliche Projekte in Mali und Kirgistan initiierte, den Biobaumwollanbau im westafrikanischen Burkina Faso. Dieses Projekt, das die gesamte textile Kette vom Anbau bis zum fertigen Kleidungsstück überwacht, wurde mit dem »Public Eye Award 2008« geschmückt, verliehen auf einer kritischen Begleitveranstaltung zum Weltwirtschaftsforum in Davos.

Mehrere hundert Tonnen Biobaumwolle ernteten über 2.000 beteiligte Bauern im Jahr 2008 ganz ohne Chemie. Der Anbau in Fruchtfolge und die Verwendung von natürlichen Düngemitteln schont den Ackerboden, zum Jäten wird zum Rechen gegriffen, Duftlockstoffe führen Insekten auf falsche Paarungsfährte und verhindern die Fortpflanzung, die reifen Baumwollbüschel werden von Hand gepflückt. Jeder Bauer darf maximal die Hälfte seiner Felder mit Biobaumwolle bestellen, die übrigen Ackerflächen werden z.B. mit Obst, Gemüse oder Hirse angebaut. Dieses zweite Standbein sichert im Fall einer schlechten Baumwollernte ihre Existenz. Mit »Hilfe zur Selbsthilfe« umschreibt Hessnatur das Projekt. »Wenn man bedenkt, dass alleine ein T-Shirt aus kontrolliert biologisch angebauter Baumwolle ca. 7 m² Boden von Pestiziden und Herbiziden freihält, resultiert daraus ein beachtlicher Schutz für Mensch und Umwelt«, argumentiert Wolfgang Lüdge von Hessnatur. Die Bauern erhalten für ihre Ernte von dem Textilhändler eine Abnahmegarantie und einen Bio-Zuschlag, der 40% über dem Weltmarktpreis für konventionelle Baumwolle liegt. Die Kosten für Anbauberater und notwendige Zertifizierungen werden von Hessnatur übernommen.

In der Regel schließen sich mehrere Bauern in Kooperationen und Anbauprojekten zusammen, die häufig von europäischen Abnehmern initiiert werden. Dabei stellen die Initiatoren Mittel für die Finanzierung des Saatguts zur Verfügung, sorgen für eine entsprechende Anbauberatung, geben eine Abnahmegarantie und organisieren bzw. bezahlen die Überprüfung und Zertifizierung durch unabhängige Prüforgane. Während der Umstellungsphase auf ökologischen Landbau – es dauert drei Jahre, bis der Boden Pestizide und Kunstdünger abgebaut hat und die Baumwolle als biologisch kontrolliert auf den Markt gebracht werden darf – muss ein Bauer in der Regel mit geringeren Ernteerträgen rech-

Außer Bioseide und Biobaumwolle kommen bei AvantgardeGreen keine anderen Materialien in die Kollektion. Keine Pestizide, keine chemischen Farbstoffe. Ein Mix aus Luxus und Eleganz, sinnlich und edel.

nen. Um die Baumwollproduzenten zu unterstützen, verwendet H&M in einigen Kollektionen diese sogenannte Übergangsbaumwolle (Transitional Cotton) zu erhöhten Weltmarktpreisen.

Noch führt Biobaumwolle ein Nischendasein. Andreas Dorner von der Lenzing AG ist sich sicher, erst wenn der Kunde ökologische Produkte in großem Maß fordert, wird ein Umdenken bei konventionell arbeitenden Baumwollbauern stattfinden. Peter Tschannen von der Remei AG meint, dass es vor allem wichtig sei, das Interesse der Einkäufer für die Herstellung ökologischer Waren zu wecken.

Prabha Nagarajan von der Organisation Organic Exchange, Leiterin für die Umsetzung von Entwicklungsprogrammen in Indien, die sich weltweit für die Verbreitung und Förderung des kontrolliert biologischen Anbaus einsetzt, erklärt ebenfalls, Biobaumwolle sei zwar ein Wachstumsmarkt, was auch vor allem ein steigendes Interesse der großen Marken zeige, Verbraucher müssten jedoch noch besser informiert, Biobaumwolle noch transparenter werden. So zeigt sich im aktuellen Organic Cotton Market Report von Organic Exchange bei den größten Abnehmern ein überraschendes Ranking, finden sich doch unter den Top-Platzierten mit Walmart, C&A, Nike, H&M, Zarah, COOP und Otto die Großen des internationalen Textilhandels, deren Weltmarktanteil zusammen über 65% ausmacht.

Und alle setzen in den nächsten Jahren auf Expansion der Biofaser. »Mittlerweile beträgt der Biobaumwollanteil an der gesamten Baumwolle bei H&M ca. 5%. Unser Ziel ist, bis 2020 jede Baumwolle für unsere Textilien aus einer nachhaltigen Produktion zu beziehen. Das kann recycelte oder nachhaltige Baumwolle sein«, sagte Catarina Midby, Trend-Koordinatorin im schwedischen Headquarter von H&M bei der Vorstellung der aus Biobaumwolle, Bioleinen und

Blumenlook bei H&M. Das Label hat sich zum Ziel gesetzt, bis 2020 sämtliche Baumwolle nur noch aus nachhaltigen Quellen zu beziehen (Biobaumwolle, recycelte Baumwolle, Better Cotton).

recycelten PET-Flaschen produzierten »Garden Collection« im März 2010. Tatsächlich macht es die Menge, denn erst mit den Global Playern der Textilbranche wird ökologisch gefertigte Mode massentauglich.

Die Biobaumwollproduktion wuchs von 2007 bis 2009 um über 165% an, die Nachfrage scheint aber in letzter Zeit nicht mithalten zu können. Organic Exchange berichtete, dass sich die Lagerbestände im Frühjahr 2009 auf über 40.000 Tonnen erhöhten und warnt gleichzeitig Bauern davor, die Biofaser anzubauen, ohne feste Abnahmeverträge zu besitzen. »2008/2009 war ein schwieriges Jahr für die Biobaumwolle, aber auch eines, das die Wichtigkeit aufzeigt, genaue Aufzeichnungen zu führen, Prognosen zu stellen, die Preisbildung zu definieren, die Kommunikation zu verbessern und daran zu arbeiten, mehr feste Zusagen zu erhalten und Verträge zu schließen«, so Simon Ferrigno des OE-Verbandes. Die Remei AG beobachtete, dass Biobaumwolle aktuell im Handel mit einem Aufschlag von lediglich 5% offeriert wird. Bioware, die sich nicht verkaufen lässt, wird immer häufiger zu normalen Preisen als konventionelle Baumwolle abgegeben. Vor dieser Entwicklung haben schon vor Jahren Ökonomen gewarnt, die bemängelten, dass der Anbau zu stark gefördert werde, die Nachfrage aber mit dem Wachstumstempo nicht mithalten könne. Zum Schaden der Bauern, denen man durch die Umstellung auf nachhaltigen Anbau ein sicheres Einkommen versprochen hatte.

»Machen Sie Baumwolle sexy«, appellierte der Gründer des dänischen Öko-Luxuslabels Noir, der seine Kollektionen nach strengen ethischen und ökologischen Vorgaben fertigen lässt und vorwiegend Organic Cotton einsetzt, auf dem »World Congress on Organic Cotton« im schweizerischen Interlaken. Er ist der

Unter dem Dach von Peter Ingwersen werden die nachhaltigen Labels Noir, Bllack Noir und Illuminati II geführt. Für Frauen, die das Besondere suchen, aber nicht auf den ersten Blick auffallen möchten.

Meinung, dass Ökomode von den Verbrauchern immer noch mit dem »Schlabber-Look« der 1980er Jahre in Verbindung gebracht wird und Eco-Fashion-Labels noch zu wenig Wert auf Mode und Design legen, was sich unstrittig als verkaufshemmend erweist. Das Projekt Biobaumwolle muss transparenter werden. Eine unverzichtbare Möglichkeit bieten Zertifizierungen und Standards, die sowohl den Anbau als auch die Weiterverarbeitung der Biobaumwolle kontrollieren und dokumentieren. Allerdings tragen eine Vielzahl unterschiedlicher Standards und Siegel auf Unternehmerseite eher zu Verwirrung und hohen Kosten bei. Wichtiges Ziel muss es weltweit sein, diese Standards im Laufe der nächsten Jahre zu harmonisieren, wobei die Biobaumwollbranche mit der Einführung des Global Organic Textile Standards (GOTS) im Jahre 2006 einen ersten Meilenstein gesetzt hat. Ausführlicher wird darüber in Kapitel VIII berichtet.

Doch wie zuverlässig sind Kontrollen und Zertifizierungen? Ein Sprecher der Otto-Stiftung »Aid by Trade Foundation« meint, man könne nicht neben jeden Spinner einen Kontrolleur stellen, um zu gewährleisten, dass die Baumwolle nicht verschnitten ist. Zu 99% könne jedoch garantiert werden, dass, wenn ein Textil ein entsprechendes Siegel besitze, es sich um Organic Cotton handle. Doch die Textilbranche und die Öffentlichkeit wurden im Januar 2010 von groß angelegtem Betrug mit angeblicher Biobaumwolle erschüttert. Bauern der indischen Baumwollprovinzen Madhya Pradesch und Maharashtra hatten im Jahr 2009 Saatkörner gentechnisch veränderter Baumwolle ausgesät und diese als Bioware verkauft. Zwei große Zertifizierungsunternehmen, ECOCERT aus Frankreich und die niederländische Control Union, haben es nicht gemerkt oder die verunreinigte Ware absichtlich falsch deklariert, die daraufhin vermutlich in den Handel gelang und verarbeitet als Ökotextilien angeboten wurde. Der Betrug flog während einer Überprüfung durch die indische Regierungsbehörde Apeda, die für die Ausfuhr landwirtschaftlicher Produkte zuständig ist, bei einer Routinekontrolle auf, woraufhin die beiden Zertifizierer bereits im April 2009 mit empfindlichen Geldbußen und Abmahnungen belangt wurden. Markus Arbenz, Geschäftsführer von IFOAM, der internationalen Dachorganisation des ökologischen Landbaus mit Sitz in Bonn, sieht in diesem Fall bestätigt, dass die Kontrolle des Ökoanbaus durchaus funktioniert. C&A, Tchibo und andere Textilketten sprechen von einem Einzelfall. H&M wusste angeblich von dem Vorfall, da aber nicht von gesundheitlichen Gefahren ausgegangen wurde, hielt der Moderiese es nicht für notwendig, die deutsche Öffentlichkeit zu informieren. Wünschenswert wäre es für den Verbraucher gewesen und die Glaubwürdigkeit hätte weniger darunter gelitten, wenn die Ökotextil-Branche wahre Stärke gezeigt und sofort darüber berichtet hätte.

Verunreinigungen lassen sich in Indien und anderswo kaum vermeiden. Über 50% der Baumwolle weltweit stammt von transgenen Pflanzen. Es gibt vielfältige Möglichkeiten, bei denen es zu einer Vermischung kommen kann. Entkernungs- und Spinnmaschinen, aber auch Lastwagen müssen bei gemeinsamer Nutzung aufwändig gereinigt werden. Biobaumwolle erfordert eine separate Lagerung. Lasche Regelungen der Abstände zwischen konventionellen und Bioanbauflächen führen zu Verunreinigungen durch Pollenflug. Aussagekräftige DNA-Analysen können nur auf dem Acker und den Entkernungsanlagen gemacht werden. Kontaminierungen sind nach jedem weiteren Verarbeitungsschritt komplizierter oder gar nicht mehr nachzuweisen. Führende Handelsriesen reagierten mit der Ankündigung, zusätzliche eigene Gentests in unabhängigen Laboren durchführen zu lassen, denn der Verbraucher braucht Sicherheit beim Einkauf von Naturtextilien.

Bis jetzt handelt es sich um betrügerische Einzelfälle, man darf deshalb nicht den Fehler machen, eine ganze Branche zu verteufeln. Grundsätzlich stellt der Internationale Verband der Naturtextilwirtschaft (IVN) die interessante Frage, wie viel Verunreinigung (z. B. durch Querkontamination) ein Biotextil enthalten darf. Es gibt zwar eine Analytik in diesem Bereich, eine sichere quantitative Erfassung und Bewertung muss aber noch entwickelt werden. Dieser Aufgabe will sich der IVN als Vorreiter-Verband mit Hochdruck annehmen.

Im direkten Vergleich mit anderen Textilfasern nimmt Biobaumwolle sicherlich einen Spitzenplatz ein, ihr Anbau erweist sich als sehr vorteilhafte Maßnahme. Ob und welche adäquaten Natur- oder Kunstfasern auf dem Markt sind, die diesem Stoff das Wasser reichen können, wird im nächsten Kapitel diskutiert.

Kapitel V

Der Stoff aus dem die Träume sind:
Naturstoffe versus Chemiefasern.
Wer macht das Rennen? –
Kunstfasern auf dem Vormarsch

*Analyse der einzelnen Stoffgruppen
in Hinblick auf ihre umweltschädigenden
Auswirkungen entlang der textilen Kette,
vom Rohstoff bis zum Endprodukt.*

In den industrialisierten Ländern steigerte sich der jährliche Pro-Kopf-Verbrauch von Textilien, für Bekleidung und den Wohnbereich, seit 1950 von 5 kg auf heute über 25 kg, wobei der Anteil für Kleidung mehr als die Hälfte beträgt. Allerdings ist bei der Bekleidung und bei Wohntextilien inzwischen eine Art Sättigungsgrad erreicht worden, da es keine weiteren textilen Bereiche gibt, die markttechnisch erschlossen werden könnten. Trotz gutgefüllter Kleiderschränke lassen sich die Deutschen ihre Kleidung einiges kosten, im Schnitt werden monatlich über 50 Euro pro Person dafür ausgegeben. An diesem Trend wird sich wohl in naher Zukunft nichts ändern, denn in immer kürzeren Abständen werfen Modeketten ihre neuen Kollektionen auf den heiß umkämpften Fashion-Markt. Der Kunde hat sich auf mehrfache Modezyklen pro Jahr eingestellt, die Lebensdauer seiner Kleidung hat sich dramatisch verkürzt. Kaum jemand besitzt noch das Geschick oder das Interesse, bei abgerissenen Knöpfen oder kleinen Löchern im Polo-Shirt, mit Nadel und Faden selbst Hand anzulegen, wo man doch oft für wenig Geld textilen Ersatz kaufen kann.

Bei kaum steigender Naturfaser-Produktion in den letzten Jahren kam dieser Zuwachs zum größten Teil der expandierenden Kunstfaser-Herstellung zugute. Von der Weltproduktion aller Fasern im Jahr 2008 in Höhe von über 67 Millionen Tonnen betrug der Baumwollanteil mit 24 Millionen Tonnen ein gutes Drittel. Der Anteil der Chemiefasern lag mit knapp 42 Millionen Tonnen oder 62% Marktanteil an der Spitze, auf Wolle entfielen ca. 2% oder 1,5 Millionen Tonnen, die Produktionsmenge anderer Naturfasern wie Hanf, Leinen, Brennnessel und Ramie waren mit unter 1% eher unbedeutend.

Seit Tausenden von Jahren wurden Naturfasern wie Hanf, Wolle oder Baumwolle zu meist schlichten und unempfindlichen Textilien verarbeitet. Bis zum Anfang des 19. Jahrhunderts bestand die Kleidung eines Mitteleuropäers fast ausschließlich aus Wolle, Leinen und Hanf. In den darauffolgenden 100 Jahren nahm der Flachsanbau stark ab, weil importierte Baumwolle aus Übersee die heimische Naturfaser ersetzte. Im 20. Jahrhundert machten Polyester- und Po-

Weltproduktion von Textilfasern seit 1975 - Angabe in 1000 Tonnen								
	1975	1980	1985	1990	1995	2000	2005	2008
Synthetische Fasern	7.440	10.630	13.120	15.370	19.190	28.400	34.900	38.300
Cellulosische Fasern	3.200	3.560	3.220	3.150	3.010	2.640	3.300	3.500
Chemiefasern gesamt	10.640	14.190	16.340	18.520	22.200	31.040	38.200	41.800
Wolle	1.580	1.600	17.40	1.930	1.490	1.400	1.100	1.200
Baumwolle	11.720	13.840	17.380	19.000	19.960	19.000	24.400	24.300
Textilfaser insgesamt	23.940	29.630	35.460	39.450	43.650	51.440	63.700	67.300

Quelle: IVC e.V.

lyamidfasern der Baumwolle verstärkt Konkurrenz, bis Anfang des 21. Jahrhunderts erstmals mehr Textilien aus Chemiefasern als aus Baumwolle hergestellt wurden. Daraus ergaben sich bedeutende globale, soziale, ökologische und ökonomische Veränderungen.

Baumwolle ist und bleibt aber sicherlich noch für einige Zeit die beliebteste Naturfaser. Ihren angenehmen Tragekomfort, die gute Atmungsfähigkeit und weitere positive Eigenschaften besitzen nur wenige synthetische Fasern und man kann ihr guten Gewissens eine besondere Verträglichkeit durch den Menschen unterstellen. Wie auch für andere Naturfasern geltend, hat sich ihre Tauglichkeit evolutionserprobt.

Großflächige Baumwoll-Monokulturen, deren Grund- und Oberflächenwasser durch enormen Einsatz von Pestiziden und Düngemitteln belastet sind, schaden aber der Umwelt in großem Maße. Durch fehlende Pflege der Humusschicht verringert sich die Wasserhaftungsfähigkeit, der Boden wird weggeschwemmt oder vom Wind abgetragen, was wiederum zu einem größeren Mineraldüngereinsatz führt. Knapp 60% der Anbaufläche muss künstlich bewässert werden, eine Versalzung der Böden und Austrocknung von Flüssen und Seen ist die Folge. In den Baumwoll-Anbaunationen vergiften sich durch gespritzte Pestizide jährlich mehrere hunderttausend Landarbeiter und Bauern, mehr als Zwanzigtausend sterben daran.

Mittlerweile liegt der Anteil genveränderter Baumwolle weltweit bei über 50%, bei den größten Anbauern weitaus höher, so in den USA bei 86%, Indien 76%, China 66%, Tendenz steigend. Die Gentechnik verspricht den Landwirten den Verzicht auf preisintensive Pestizide. BT-Baumwolle beinhaltet eingebaute Resistenzen gegen Pilze, Unkräuter und weitere Schädlinge wie den Baumwollkapselbohrer, der allein in Indien einen Ertragsausfall in Höhe von 300 Millionen Euro verursacht. Der jährliche Insektizideinsatz in den Baumwollfeldern kostet weitere 350 Millionen Euro. Gentechnisch verändertes Baumwoll-Saatgut ist aber viermal teurer als konventionelles. Es kann zu einer ökonomischen Abhängigkeit der Bauern von Saatgut- und Pestizidproduzenten und zu sinkender Biodiversität führen.

Andernorts allerdings wird der Mehrpreis für das Saatgut im Normalfall durch Pestizideinsparungen und Ertragszugewinn wieder gutgemacht. Prominente Kritiker wie die Inderin Vandana Shiva, Vorsitzende der Organisation RFSTE (Research Foundation for Science, Technology and Ecology) bezeichnen den Anbau von BT-Baumwolle jedoch als Desaster, sie habe im Laufe weniger Jahre ihre Resistenz gegenüber dem Baumwollkapselbohrer verloren, neue Schädlinge und Krankheiten seien aufgetreten. Dem halten BT-Baumwollbefürworter entgegen, dass den Pflanzen gegenüber diesen neuen Krankheitserregern keine Resistenzen eingebaut wurden und sie deshalb durch Spritzen wie konventionelle Baum-

Naturstoffe versus Chemiefasern

wolle behandelt werden müssen. Ist die BT-Baumwolle für die einen, Dank ihrer Ertragssteigerung und Einsparpotential (im Moment noch) ein Segen, ist sie für viele andere aus den genannten Gründen ein Fluch.

Als ökologisch sinnvoller Ausweg bleibt der Biobaumwollanbau, der die Nutzung von toxischen und persistenten chemischen Pestiziden und Düngemitteln sowie gentechnisch verändertem Saatgut verbietet. Dessen Vorzüge für Mensch und Natur wurden in Kapitel IV ausführlich beschrieben.

Unter ökologischen Gesichtspunkten fallen beim Anbau von alternativen Naturfasern, richtig betrieben, vor allem die umweltverträglichen Produktionsbedingungen auf. Standortabhängig und bodenspezifisch können die Pflanzen zur Bodenverbesserung und Anreicherung der Fruchtfolge beitragen.

Ein Paradebeispiel hierfür ist der Hanf, eine der ältesten Kulturpflanzen des Menschen, welcher keine besonderen Anforderungen an Boden und Pflege stellt. Die Pflanze, der ein glänzendes Comeback vorausgesagt wird, ist genügsam im Wasserverbrauch und wird vor allem in Osteuropa, Russland, China und seit 1996, nach Änderung des Betäubungsmittelgesetzes, wieder in Deutschland angebaut, wenn auch mit knapp 900 Hektar Anbaufläche im Jahr 2008 nur in sehr kleinem Rahmen. In vielen anderen Ländern, darunter in den USA, gilt Hanf als Drogenpflanze. Obwohl die Faser landwirtschaftlich genutzt, kaum noch Cannabinoide (rauschwirkende Substanzen) enthält, bleibt sein Anbau bis heute verboten. Die Pflanzen beschatten bereits nach wenigen Tagen den Acker vollständig, so dass den Unkräutern wegen des fehlenden Lichts die Möglichkeit fehlt, zu keimen. Hanf gilt als weitgehend resistent gegen Schädlinge und wächst sehr schnell. Bereits nach einhundert Tagen können die bis zu drei Meter hohen Pflanzenstängel geerntet werden. Der Faserertrag ist drei mal höher als bei Baumwolle. Heute werden fortschrittliche technische Mittel eingesetzt, die das händische, mühselige Strippen der Fasern aus den Pflanzen ersetzen. Hanftextilien nehmen Feuchtigkeit gut auf und geben diese schnell nach außen ab, sind hautfreundlich, haltbar und für Allergiker eine echte Alternative. Das Grüneberger Label HempAge hat sich wie einige andere Modefirmen auch auf die ökologisch und ethisch korrekte Herstellung von Hanf-Textilien spezialisiert und bietet ein breites Sortiment an Basics an.

Obermaterial Hanf, Sohle recycelte Autoreifen. Die in Portugal hergestellten Sneakers und Stiefel des kanadischen Schuhherstellers Blackspot Shoes haben innerhalb kurzer Zeit Kultstatus erreicht.

Der kanadische Schuhproduzent Blackspot Shoes verarbeitet als Obermaterial für seine Stiefel und Sneakers Hanf, die Sohlen bestehen aus recycelten Autoreifen. Das französische Label Aranel designt aus Hanf, Leinen und Seide bezaubernde Hochzeits- und Cocktailkleider.

Ebenfalls als sehr schädlingsresistent gilt Ramie (das Leinen des Fernen Ostens), auch Chinagras genannt. Die Faser lässt sich gut färben, ist strapazierfähiger als Leinen, verfügt aber über ähnliche Trage-Eigenschaften, ist lichtbeständig und besitzt eine hohe Saug- und Reißfestigkeit. Das Wittlinger Label Diggers-Garden verarbeitet hochwertige Ramiefasern aus der chinesischen Provinz Hunan zu Tops, Blusen und Jacken.

Zu einer der drei wichtigsten Naturfasern zählt das aus der auch in Europa angebauten Flachspflanze hergestellte Leinen. In Verbindung mit Baumwolle ergibt sich ein optimales Mischgewebe für den Sommer. Fadenverdickungen, Noppen und unregelmäßige Webstrukturen im Gewebe sind keine Fehler, sondern unvermeidbare Merkmale dieses natürlichen und strapazierfähigen Materials. Diese nutzt das niederländische Modelabel Van Markoviec für seine Designer-Damenkollektionen im Kontrast mit Seide, Leinen und Biobaumwolle.

Beste Voraussetzungen eine deutsche Erfolgsstory zu werden, hatte in den letzten Jahren die Brennnessel, deren Vorteile auf der Hand liegen. Sie kann über viele Jahre ohne Nachpflanzen vom selben Feld geerntet werden und ist resistent gegenüber Schädlingen. Noch während des 2. Weltkrieges wurde aus Brennnesselfasern in großem Stil Militärkleidung hergestellt, danach geriet die Verwendung im Textilbereich in Vergessenheit. 1996 entwickelte das Lychower Stoffkontor Kranz eine bahnbrechende Technologie, die es erlaubte, Brennnesselfasern (plattdeutsch = Nettle) ohne die Verwendung von Chemie herzustellen. Unter dem Label Nettle World produzierte das Unternehmen aus diesen Fasern weltweit als Einziger industriell hochwertiges Textilgewebe mit außergewöhnlichen Eigenschaften. Für leichtgängiges Weben wurde Kartoffelstärke statt Chemikalien und zum Vorwaschen nur 100% abbaubare Seife verwendet. Missmanagement und Bilanzfälschungen und daraus resultierende Schulden führten das als Aktiengesellschaft betriebene Unternehmen im Herbst 2009 in die Insolvenz.

Nach Pappelflaum gilt Kapok als die weltweit leichteste Naturfaser und wird aus den Fruchtkapseln des Kapokbaumes gewonnen. Ein großer Vorteil der Ernte liegt darin, dass die tropischen Bäume nicht gefällt werden müssen, sondern der gepflückte Rohstoff jährlich nachwächst und den Regenwaldbewohnern regelmäßige Einnahmen verspricht. Wurde Kapok in der Vergangenheit wegen seiner hervorragenden Wärmeisolierung als Füllmaterial für Futons, Kissen und Matratzen erfolgreich genutzt, zwang die Faser aufgrund einer sie umschließenden

Mit Naturfarben gefärbte Seide, Wolle, Leinen und Biobaumwolle wird sozial verantwortungsvoll in Deutschland verarbeitet. Eine gelungene Kombination aus Nachhaltigkeit und hochwertiger Mode des Modelabels Ica Watermelon.

natürlichen Wachsschicht bisher jede Spinnmaschine in die Knie. Dieses Problem wurde von dem Dietenheimer Unternehmen Gebrüder Otto GmbH mit Hilfe eines innovativen Spinnverfahrens gelöst. Das Mischgarn aus handgepflückter Biobaumwolle und wildgewachsenem Kapok, unter dem Markennamen Piumafil® entwickelt, ist mit dem Oeko-Tex Standard 1000 sowie dem bluesign® Siegel zertifiziert und verfügt bei geringem Gewicht über optimale Klima- und Komforteigenschaften sowie einen bemerkenswert seidigen Griff. Es findet vor allem in Sport- und Funktionswäsche, Shirts und Outdoor-Jacken Verwendung. Das niederländische Modelabel Intoxia verarbeitet diese Trendfaser in seinen Streetwear-Kollektionen neben Bambus, recyceltem Papier und Biobaumwolle.

Kokos ist die einzige Fruchtfaser, die zur Herstellung von Textilien als Beimischung zu Baumwolle verwendet wird. Abaca, aus dem Blattstiel einer der Banane verwandten Pflanze, wird fast ausschließlich auf den Philippinen und in Ecuador produziert. Zusammen mit Jin Sin, einem Material aus Buripalmenfasern, arbeitet Waltraud Reiner, eine der führenden Hutmacherinnen Australiens, die Stoffe in ihre markanten Hut-Kreationen ein.

Mehr als 1,5 Milliarden Schafe lieferten im Jahr 2008 weltweit über 2,2 Millionen Tonnen Wolle, dessen wärmende, klimaregulierende und wasserabweisende Eigenschaften seit Jahrtausenden bekannt sind. Ein Schaf produziert täglich 25 Liter Methan, das um ein Vielfaches schädlicher als Kohlendioxid ist. In Neuseeland verursachen die Grasfresser die Hälfte der gesamten nationalen Treibgas-Emissionen. Häufig werden riesige Weideflächen mit dem Flugzeug gedüngt. Zur Schädlingsbekämpfung, wie z.B. der Schaflausfliege, führt man die Schafe durch Pestizidbäder, Arzneimittel gegen Endoparasiten werden über die Nahrung verabreicht. Der mit Medikamentenreststoffen belastete Kot sowie das ungeklärte Ablassen der Pestizidbäder belasten Boden und Grundwasser. Bei der Produktion von Bio-Schafwolle dagegen wird auf die Verwendung von Kunstdünger und Pestizide verzichtet. Antibiotika werden nicht vorbeugend verabreicht und die weitere Verarbeitung der Wolle erfolgt schadstofffrei. Das traditionsreiche österreichische Textilunternehmen Gottstein verarbeitet seit über 80 Jahren Schurwolle aus kontrolliert biologischem Anbau mit natürlichem Quellwasser zu Walk- und Filzprodukten. Kero Design aus Peru mischt in seinen bezaubernden Kollektionen peruanische Tradition mit aktuellem, internationalem Design und verwendet dabei hochwertige Alpaka-Wolle in Verbindung mit Biobaumwolle.

Das Berliner Label Ica Watermelon färbt seine femininen Designerkleider aus Wolle mit Naturfarben. Insgesamt führt Wolle bei der Mehrzahl der grünen Designer aber eher ein Nischendasein.

In China initiierte die Christoph Fritzsch GmbH die erste zertifizierte, ökologische Seidenproduktion. Das Karbener Modeunternehmen, Spezialist für Seidenwäsche und -kleider, »mit dem besonderen Griff und der auffallenden Optik«, lässt seine Textilien regelmäßig durch unabhängige Labore untersuchen. Die Produktionsstätten entsprechen den sozialen Standards des IVN. Bei der konventionellen Seidenproduktion werden die Maulbeerbäume, von deren Blätter sich die Seidenraupen ernähren, stark gedüngt, die Raupen selbst mit Wachstumshormonen gefüttert, die aus den Kokons gehaspelte Seide oft mit Silikon und schwermetallhaltigen Chemikalien behandelt. Fritsch verzichtet, im biologischen Anbau üblich, auf synthetische Düngemittel und bei der Produktion auf gängige chemische Zusätze wie Formaldehyd oder optische Aufheller und Weichmacher.

Das Hamburger Label Julia Starp verarbeitet ausschließlich Peace Silk. Darunter versteht man Seide, die aus den verlassenen Kokons bereits geschlüpfter Schmetterlinge hergestellt wird.

Der Grundstoff der chemischen Viskosefasern, die sich in den letzten Jahren steigender Beliebtheit erfreuen, besteht überwiegend aus Holz oder anderen nachwachsenden Rohstoffen. Die Hilfsmittel Methanol oder Ethanol lösen Holzbegleitstoffe wie Harze, Wachse oder Eiweiße aus dem Holz. Aus der übriggebliebenen Zellstoffmasse, die vorwiegend aus Zellulose besteht, gewinnt man in einem aufwändigen Verfahren mit Hilfe von Natronlauge und Schwefelkohlenstoff eine breiige Masse, die wegen ihrer Zähflüssigkeit Viskose genannt wird. Die Spinnlösung wird durch feine Düsen gepresst, wodurch sich die gewünschte Viskose als Endlosfaser bildet. Um den Faden von schädlichen Nebenstoffen zu befreien, muss dieser noch gewaschen, getrocknet und gebleicht werden. Haptik und Verwendung von Viskose ähnelt der von Baumwolle. Was

Naturstoffe versus Chemiefasern

Aus Biobaumwolle, Peace Silk und Hanf entsteht eine High-Fashion-Kollektion für Frauen. Zu den prominenten Anhängerinnen des Labels Julia Starp gehören Katja Flint, Sarah Connor und Marion Kracht.

das Material für die Textilindustrie interessant macht, ist die Möglichkeit, Fasermerkmale zu variieren und dadurch Stoffe mit einer Vielzahl von unterschiedlichen Einsatzmöglichkeiten zu erhalten.

Die österreichische Lenzing Gruppe, Weltmarktführer bei cellulosischen Fasern, hat in den letzten Jahren ein innovatives, mit vielen Umweltpreisen wie z. B. der »Euroblume« bedachtes Lösungsmittel-Spinnverfahren entwickelt, dessen Herstellungsprozess die Umwelt bedeutend weniger belastet. Mit Hilfe von ungiftigen Lösungsmitteln und Wasserentzug wird in einem geschlossenen Kreislauf der Zellstoff aus Eukalyptusbäumen gelöst, gereinigt und durch Düsen gepresst. Lenzing erhält die Faser aus Plantagen-Anbau in Südafrika, der pestizidfrei ohne künstliche Bewässerung auskommt. Die Bäume werden auf Grenzertragsflächen gepflanzt, die für den Anbau von Obst, Gemüse und Getreide nicht geeignet sind. Auf der BioFach 2010 in Nürnberg berichtete Ulrich van Gemmeren, Mitarbeiter der Beratungsfirma MADE-BY, dass laut amerikanischen Umweltforschungen die Ökobilanz von Tencel ähnlich gut ausfalle wie die von Biobaumwolle. Die unter den Markennamen Modal® und Tencel® bekannten High-Tech-Fasern mit ihren vielen positiven Eigenschaften wie die bei der Produktion beste CO_2-Bilanz aller Chemiefasern, werden meistens anderen Kunstfasern beigemischt.

Der amerikanische Outdoor-Spezialist Patagonia verwendet Tencel in seinen hochwertigen Funktions-Textilien.

Offensichtlich aus Marketinggründen wird des Öfteren fälschlicherweise behauptet, Bambus-Textilien beständen aus Naturfasern. Die am schnellsten wachsende Pflanze der Welt enthält aber nur 2–3 mm lange Zellulosefasern, die aufgrund ihrer Kürze bis heute nicht in großem Stil industriell spinnbar sind. Zwar kann natürlicher Bambus sehr aufwändig, ohne den Einsatz von Chemie, aus dem Süßwassergras gewonnen werden, in der Regel wird aber das gleiche Viskoseverfahren wie bei Holz angewendet. Ein Viskosefaden hat immer dieselben chemischen und physikalischen Eigenschaften, unabhängig davon, aus welcher Pflanze die Faser gewonnen wird, ob aus einem Eukalyptusbaum, Stroh oder eben Bambus.

Es ist noch viel Öffentlichkeitsarbeit im Hinblick darauf zu leisten und man muss sich immer wieder vor Augen führen, dass alle Viskosefasern zwar aus nachwachsenden Rohstoffen gewonnen werden, es sich aber dennoch um Chemiefasern handelt.

Die Menge an Erdöl, die für die Herstellung der 42 Millionen Tonnen synthetischer Fasern im Jahr 2008 benötigt wurde, entspricht dem jährlichen Verbrauch Belgiens. Polyester, Polyamid, Polyacryl & Co. werden nach dem hochenergetischen Schmelzspinnverfahren hergestellt (nähere Beschreibung siehe im Kapitel Faserkunde). Die Produktion der Fasern benötigt beinah doppelt so viel Energie wie Baumwolle. Giftige Chemikalien können Menschen und Umwelt belasten. Der essentielle Vorteil aller Chemiefasern ist, dass diverse Garnstärken, Beimischungen zu anderen Natur- und Kunstfasern, verschiedene Behandlungen, weitere Zutaten oder intelligente Ausrüstungstechnologien eine unendliche Vielzahl an unterschiedlichen Stoffen mit markanten Eigenschaften entstehen lassen.

Bis zum Jahr 2003 bildeten ausschließlich nicht-nachwachsende Rohstoffe die Basis für synthetische Fasern wie Polyester und Polyamid. Heute gibt es pflanzliche Alternativen aus Mais. Die Stärke aus den Maiskörnern wird isoliert und mit Hilfe von Enzymen in Traubenzuckermoleküle zerlegt. Bakterien wandeln diese in Milchsäure um, die zu langen Ketten verknüpft wird. Das daraus entstehende Polylactid (PLA), ein fester Kunststoff, wird geschmolzen und lässt sich nun mit den gleichen Techniken bearbeiten und wie bei Chemiefasern auf unterschiedliche Erfordernisse einstellen. Unter dem Markennamen Ingeo® produziert die amerikanische Firma NatureWorks LLC jährlich 200.000 Tonnen dieser Kunstfaser. Kritiker bemängeln, dass es sich beim Rohstoff zum Teil um Genmais handelt, der in großen Monokulturen in den USA angebaut wird. »Theoretisch eignet sich jede Pflanze, aus der sich Zucker gewinnen lässt«, sagt der amerikanische Wissenschaftler Eamon Tighe von NatureWorks, »langfristig ist es unser Ziel, PLA aus landwirtschaftlichen Abfallstoffen, zum Beispiel Blättern, herzustellen.«

Mit ähnlichen Verfahren wie der Protein Fiber Extraction Technologie, lassen sich aus Proteinfasern von Soja und Milch synthetische Fasern gewinnen. Das niederländische Kultlabel Kuyichi experimentiert mit Jeans aus Soja, Bambus, Leinen, Hanf und recycelten PET-Flaschen, während die innovative amerikanische Firma ODD (Organic Design Dose) sich auf die Herstellung von Oberbeklei-

Biobaumwolle, recyceltes Polyester und Nylon, chlorfreie Wolle, Hanf und Tencel werden in den Outdoor-Produkten von Patagonia eingesetzt, die unter sicheren, fairen, legalen und menschenwürdigen Arbeitsbedingungen hergestellt werden. Das amerikanische Label ist international für seinen herausragenden Umweltaktivismus bekannt.

dung aus den Proteinfasern von biologisch angebauten Sojapflanzen und biologisch produzierter Milch, in Kombination mit 15% Cashmere, spezialisiert hat.

Das englische Wäschelabel Enamore verwendet für sein aufregendes Lingerie-Sortiment ebenfalls gern die Sojafaser.

Es wäre nicht richtig, Schwarzweißmalerei zu betreiben, Naturfasern in den Himmel zu loben und Chemiefasern zu zerreißen. Natürlich ist es bei der Fülle an neuen textilen Stoffen vor allem wichtig, deren Ökobilanz nicht außer Betracht zu lassen.

Baumwolle und andere Naturfasern haben einen bedeutend höheren Landverbrauch als Chemiefasern aus nicht nachwachsenden Rohstoffen oder Viskose sowie sehr hohe Ökotoxizitätswerte. Bei einem weiter steigenden Weltfaserbedarf in den nächsten Jahren wären die benötigten landwirtschaftlichen Flächen für Baumwolle wahrscheinlich gar nicht bereitzustellen, da diese auf der Erde endlich sind. Für die Herstellung von einem Kilogramm konventionell produzierter Baumwolle werden bis zu 26.000 Liter Wasser benötigt, davon über 95% während der Anbauphase. Polyester verbraucht bis zu viermal mehr Energie als Baumwolle, dadurch bedingt liegen die CO_2-Emissionen um einiges höher. Wolle hat einen geringen CO_2-Ausstoß. Allerdings muss man das von Wiederkäuern produzierte Methan hinzuaddieren, welches Klimaforscher in seiner klimaschädigenden Wirkung als 21 mal so stark einstufen. Bei allen aufge-

Das Grüne-Mode-Label ODD (Organic Design Dose) setzt auf die Proteinfasern biologisch angebauter Sojapflanzen und biologisch produzierter Milch, in Kombination mit 15% Cashmere. Das Ergebnis sieht erfreulich »unökologisch« aus, fühlt sich an wie anschmiegsame Seidenmischungen und liegt dabei angenehm auf der Haut. Eine schonend gefärbte Ready-to-Wear-Kollektion.

Raffiniert geschnittene Oberbekleidung, körperbetonte Kleider und Röcke sowie erotische Lingerie-Wäsche mit passenden Strapsen zu den Pantys zeigt Enamore aus England.

führten Materialien gibt es etliche Möglichkeiten, umweltfreundlicher zu produzieren. Eine sehr gute Wahl ist der Einsatz von Biobaumwolle, senkt sich doch der Wasserverbrauch um mehr als die Hälfte, der CO_2-Ausstoß gar auf ein Drittel, Kunstdünger und Pestizide sind verboten. Innovative Maßnahmen wie geschlossene Kreisläufe, Wiederaufbereitung und Rückführung von Chemikalien oder die Nutzung giftfreier Farben und Chemikalien entlang der textilen Kette (Spinnen, Stricken, Färben, Konfektionieren) können dafür sorgen, dass aus Chemie- und Naturfasern ökologisch korrekte Kleidung gefertigt wird.

Sind textile Fasern erst einmal produziert, muss es bei den weiteren Verarbeitungsschritten bis zum fertigen Kleidungsstück keine signifikanten Unterschiede bei umweltschädigenden Substanzen geben.

Der Carbon-Trust ist eine britische Initiative zur Entwicklung eines einheitlichen Standards für die Messung und Darstellung des CO_2-Gehalts von Produkten. In den letzten Jahren wurde ein Konzept entwickelt, das Unternehmen hilft, CO_2-Emissionen zu reduzieren und in CO_2-reduzierte Produkte und Dienstleistungen zu investieren. Der erreichte Standard wird für den Endverbraucher über das Carbon-Label ausgewiesen. Aktuelle Studien zeigen, dass sich Verbraucher zunehmend über die Auswirkungen des Klimawandels informieren und eher bereit sind, Produkte mit einem niedrigen CO_2-Wert zu kaufen. Das Hamburger

Beratungsunternehmen Systain Consulting hat im Rahmen eines Forschungsprojektes des Bundesumweltministeriums und des Umweltbundesamtes, in Kooperation mit dem Ökoinstitut und der Otto-Group, im Herbst 2009 den Carbon Footprint (Produktion aller Treibhausgase über den gesamten Lebensweg eines Produktes, angefangen von den Rohstoffen über Herstellung, Transport, Distribution, Gebrauch und Entsorgung) für drei Kleidungsstücke genau erforscht.

Es entstanden CO_2-Emissionswerte zwischen 10–13 kg. Wenn der Kunde das Textil kauft, waren bereits 7 kg CO_2 in die Atmosphäre geleitet. Textilien aus synthetischen Fasern weisen einen höheren Carbon Footprint auf als Baumwolltextilien. Der variabelste Teil liegt bei der Nutzung der Kleidung, vor allem beim Waschen, Trocknen und Bügeln. Durchschnittlich wurden bei einer angenommenen Lebensdauer von 55 Waschvorgängen 3,5 kg CO_2 produziert, kommt das Kleidungsstück zusätzlich in den Trockner und wird gebügelt, kann der Wert drei mal höher sein. Beim Transport lag der Emissionswert bei einer angenommenen Strecke von insgesamt 19.000 km mit dem Schiff bei 0,2 kg, mit dem Flugzeug bei etwa bei 3,5 kg. Durch diese veränderlichen Größen konnte der Carbon Footprint zwischen 7 kg und schlimmstenfalls 23 kg liegen. Es lassen sich so oftmals lediglich Tendenzaussagen treffen. Laut Hauptverband des Deutschen Einzelhandels (HDE) soll der Carbon Footprint dazu dienen, Reduktionspotentiale im Lebenszyklus des Produkts aufzudecken und diese aktiv anzu-

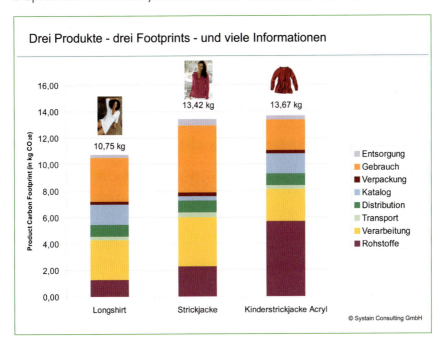

gehen. »Das oberste Ziel muss sein, CO_2 zu reduzieren«, meint Dr. Michael Arretz von Systain Consulting. Es wäre allemal möglich, Einsparpotenziale von Energie auf allen Stufen zu erschließen. Dabei können Verbraucher einen wichtigen Beitrag zur Verringerung des Carbon Footprints eines Textils leisten. Die Continental Clothing Company GmbH aus Berlin präsentiert mit ihrer EarthPositive™ Kollektion das erste (beinah) wirklich klimaneutrale T-Shirt aus Biobaumwolle, mit 90% Reduzierung der CO_2-Emissionen, giftfrei gefärbt und mit Hilfe von dreißig eigenen Windturbinen produziert. Andere Hersteller, die klimaneutrale Produktion propagieren, kompensieren die anfallenden Schadstoffmengen beispielsweise durch Ausgleichszahlungen in Aufforstungsprojekte oder Investitionen in regenerative Energieobjekte. Ein lobenswertes, aber geringwertigeres Mittel, um den Status einer Neutralität zu erreichen.

Es gibt viele positive Beispiele, in denen die Textilindustrie innovative Maßnahmen ergreift, Schadstoffproduktionen zu minimieren. So wurden z. B. Schlichtemittel gefunden, eine Imprägnierflüssigkeit, welche auf textile Fäden durch Sprühen oder Tauchen aufgebracht wird, um diese geschmeidiger und widerstandsfähiger gegen mechanische Belastung zu machen, die in Kläranlagen komplett biologisch abbaubar sind. Die Firma Schwarzkopf in Künzing-Forsthart entwickelte in Zusammenarbeit mit der Bergischen Universität Wuppertal ein System zur Rückgewinnung von Prozesswasser aus unterschiedlichen Färbereiwässern. Ziel war es, in großem Maß Abwasser zu reduzieren und Wärmeenergie einzusparen. Am Deutschen Textilforschungszentrum Nord-West dagegen wird das abwasser- und chemikalienfreie Färben von Textilien erforscht. In einem geschlossenen Kreislauf durchströmt Kohlendioxid, das in einen Grenzbereich zwischen flüssig und gasförmig gebracht wird, die textilen Fasern und löst Verunreinigungen. In einem weiteren Schritt wird das CO_2 in einen Separator geleitet, dort in gasförmigen Zustand versetzt, wodurch die Verunreinigungen ausfallen, abgekühlt und in flüssigem Zustand wieder in den Vorratstank zurückgeführt. Beim Färbevorgang im selben Kreislauf nutzt das Verfahren die gleichen physikalischen Gesetze. Eine Lösung aus Kohlendioxid und Farbstoff zirkuliert in der Anlage bis die Farbstoffaufnahme abgeschlossen ist. Die gefärbten Chemiefasern werden weit weniger angegriffen. Das Institut für Textil- und Kunststoff-Forschung e.V. in Thüringen untersuchte das Wiederverwertungspotential neuartig gewonnener Recyclingfasern aus Altgeweben für den textilen Sektor. Das Gewebe wird sortiert, zerkleinert, Hartteile entfernt, mittels einer modifizierten Mühle aufgetrennt und in einem Anteil von 50% mit neuen Fasern versponnen, was zu einer bedeutenden Material- und Energieeinsparung führt.

Fast alle Textilfasern lassen sich mittlerweile untereinander mischen, wobei die positiven Eigenschaften eines Stoffes oft auf die anderen übertragen werden. Zusätzliche intelligente Ausrüstungstechnologien verhelfen Textilien zu erstaunlichen Eigenschaften, von denen einige kurz vorgestellt werden. Die Rudolstädter Smartfiber AG bringt in ihre SeaCell® Viskosefaser entzündungshemmende Algen als Zusatzstoff ein, die fühlbares Wohlbefinden auslösen. Das Unternehmen Trevira bettet Silberadditive mit einem antibakteriellen Effekt ein. Kritiker bemängeln jedoch, dass antibakteriell ausgerüstete Textilien das natürliche Verhalten der Haut verändern können. Beim amerikanischen Hersteller Outlast speichern winzige, im Gewebe verankerte, paraffingefüllte Kügelchen die Körperwärme und geben sie bei Bedarf ab. Fünf mal stärker als Stahl, extrem abrieb- und reißfest, ist ein neues Material der Firma Schoeller®-Keprotek. Bei dem Gewebe D3O™, das in Hosen und Jacken zum Einsatz kommt, bleibt die Oberfläche im Normalzustand weich und flexibel, bei ruckartigen Schlägen ziehen sich die Moleküle zusammen und bilden eine feste Oberfläche. Andere Ausrüstungen bieten besonderen UV-Schutz, sind winddicht, wasserdampfdurchlässig, kühlend oder besitzen Dank Nanotechnologie, selbstreinigende Lotus-Oberflächen mit Milliarden von Silikon-Filamenten. Wassertropfen bleiben auf diesem Gewebe als sphärische Kugeln stehen und kommen so nicht mit den darunter liegenden Fasern in Kontakt. Schon bei geringster Neigung rollen die Wassertropfen wie Kugeln rückstandsfrei ab. Täglich entstehen neue, faszinierende Wirkstoffe auf Basis mikroskopisch kleiner Partikel in der Dimension eines Nanometers (= ein Milliardstel eines Meters), die durch Materialmix völlig neue Oberflächeneigenschaften haben. Doch zunehmend herrscht bei Handel und Verbraucher Unsicherheit darüber, welche negativen Nebenwirkungen Nanopartikel haben, wenn Sie aus den Textilien z. B. mechanisch durch Reibung, Druck, Schweiß, Hitze oder Materialalterung gelöst und durch die Haut oder Lunge aufgenommen werden. Deshalb werden Sicherheitsprüfungen der Textilien immer bedeutender, wobei die Hautverträglichkeit im Zentrum der Bemühungen stehen muss.

Wie sich zeigt, lässt sich die Frage, ob Naturfasern grundsätzlich ökologischer als Kunstfasern sind, aufgrund der Komplexität beim Durchlaufen eines Textils durch die textile Kette, nicht beantworten. Auch wenn Chemiefasern durchaus ökologische Vorteile bieten können, ist es bislang recht schwierig, eine Offenheit sowohl auf Herstellerseite, vor allem bei den Traditionalisten der Ökoszene als auch auf Verbraucherseite zu finden. Ökologie wird assoziativ mit »Natur« in Verbindung gebracht, also mit Baumwolle, Leinen oder Seide, aber nicht mit »Chemie«. Frei nach Katharine Hamnett, der britischen Vorreiterin und -denkerin der Eco Fashion gilt jedoch: Das ökologischste Kleidungsstück ist jenes, welches man nicht kauft. Dies bedeutet, dass der Kunde vor jedem Kleiderkauf genau abwägen sollte, ob er das neue Textil wirklich braucht.

Faserkunde

Jeder Fasertyp hat ein unverwechselbares Eigenschaftsprofil wie Feinheit, Kräuselung, Verspinnbarkeit, Färbbarkeit, Reinigungsfähigkeit, Reiß-, Scheuer- und Temperaturbeständigkeit, hygienische Eigenschaften und nicht zuletzt einen unterschiedlichen Energieverbrauch bei der Herstellung. Naturfasern bringen diese Merkmale mit, die Eigenschaften synthetischer Fasern können dagegen bei der Produktion beeinflusst werden. Häufig werden unterschiedliche Faserarten in einem Textil verarbeitet. Die so entstehenden Garnmischungen vereinen in sich meist die Vorteile der Ausgangsmaterialien. Sei es nun Wäsche, Strumpfhosen, Bademode, enge Jeans und Röcke, Bekleidung für Sport- und Outdoor-Aktivitäten, überall wird bei körperbetonter Kleidung z. B. Elastan verarbeitet, um einen Stretch-Effekt zu erzielen. Die Fasern dehnen sich bis zum sechsfachen ihrer Länge und verfügen über eine ausgezeichnete Rücksprungkraft. Allerdings kann ein Textil aus Mischfasern wie etwa Baumwolle und Polyamid bei der Entsorgung bzw. Verwertung nur unter großem Aufwand in seine Faserbestandteile zerlegt und deshalb schwer recycelt werden.

Naturfasern

Als Naturfasern werden alle Textilien und Faserwerkstoffe bezeichnet, die ohne chemische Veränderung aus pflanzlichem und tierischem Material gewonnen werden. Sie sind damit von Chemiefasern abzugrenzen, die synthetisch hergestellt werden. Auch die Regeneratfasern, die auf Zellulose als Material aus nachwachsenden Rohstoffen basieren, werden nicht als Naturfasern eingestuft.

Pflanzliche Naturfasern – Samenfasern

Baumwolle Der stetig steigende Faserbedarf – die Weltproduktion aller Fasernarten betrug 67,3 Millionen Tonnen im Jahr 2008 – ist mit Naturfasern allein nicht zu bewältigen. Die Wachstumsraten der letzten Jahre werden vorwiegend durch die Produktion von synthetischen und Zellulosefasern ermöglicht. Die Baumwolle bleibt aber mit einem Anteil von 24,2 Millionen Tonnen oder 36% der Weltfaserproduktion die beliebteste Naturfaser für Textilien. Die größten Produzenten sind die USA, China, Indien, Pakistan, Brasilien, Usbekistan, Westafrika, die Türkei und Australien. Über 56% der Faser ist bereits gentechnisch veränderte BT-Baumwolle. Der Biobaumwollanteil beträgt unter 0,8% des weltweiten Baumwollmarktes.

Baumwolle ist reiß- und scheuerfest und besonders saugfähig. Sie kann bis zu 65% ihres Eigengewichts an Wasser aufnehmen, trocknet allerdings nur langsam. Die Faser ist sehr hautfreundlich, luftdurchlässig, weich und hat ein marginales Allergiepotential. Sie besitzt eine geringe Dehnfähigkeit, gute Waschbeständigkeit und lässt sich perfekt färben und bleichen. Für ein Kilo konventionell produzierten Baumwollstoff, das entspricht etwa vier T-Shirts oder einer Jeans, werden zwischen 7.000–26.000 Liter Wasser benötigt, davon der weitaus größte Teil beim Anbau der Faser. Der Einsatz von Düngemitteln und Pestiziden ist enorm hoch.

Kapok Kapok, auch Pflanzendaunen genannt, wird aus dem Inneren der Kapselfrucht des Kapokbaumes gewonnen. Nach Pappelflaum gilt Kapok als leichteste, natürliche Textilfaser der Welt. Sie wird überwiegend als Beimischung zu Baumwolle verarbeitet, hat einen seidigen Glanz und trägt sich, dank ihrer sehr guten Wärme- und Feuchtigkeitsregulierung, angenehm auf der Haut.

Pappelflaum Die pflanzlichen Samenfasern der Pappelfrüchte werden als Pappelflaum bezeichnet. Die leichteste, natürliche Textilfaser der Welt ist ausgesprochen fein und weist sehr große innere Hohlräume auf, die perfekt die Wärme isolieren. Die Faser findet vor allem in hochwertiger Outdoor-Kleidung Verwendung.

Pflanzliche Naturfasern – Bastfasern
Ramie Seit über 5.000 Jahren werden aus dem Bastteil der Stängel Fasern gewonnen und zu Textilien verarbeitet. Ramie, auch Chinagras genannt, gehört zur Familie der Brennnesselgewächse und benötigt durch seine natürliche Resistenz keine Pestizide. Mit einem Weltmarktanteil an Naturfasern von unter einem Prozent wird sie vorwiegend in Asien, USA und Russland angebaut. Ramie ergibt als reine Faser leichte, seidige Gewebe, die Leinen ähneln. Sie ist knitteranfällig, fusselt nicht, besitzt eine gute Saugfähigkeit, aber geringe Widerstandsfähigkeit und Elastizität und wird daher oft als Beimischung zu anderen Textilfasern verwendet.
Hanf Die Bastfaser wird aus den Stängeln der Pflanze gewonnen. Hanf ist weitgehend schädlingsresistent, künstliche Bewässerung ist in der Regel nicht notwendig. Hauptanbauländer sind China, Indien und Russland, die Pflanze kann aber auch in Europa kultiviert werden. Hanf besitzt ein sehr gutes Verschleißverhalten, hohe Reißfestigkeit, ist luftdurchlässig, aber knitteranfällig. Die Ertragsgröße ist im Vergleich zu Baumwolle bei gleicher Anbaufläche dreimal so hoch.
Leinen Aus den Stängeln der Flachspflanze wird Leinen als Zellulose gewonnen. Gegenüber anderen Bastfasern ist sie gut teilbar und fein verspinnbar, praktisch flusenfrei, wenig anfällig gegen Schmutz und Bakterien, atmungsaktiv, langlebig, fast antistatisch und reißfest. Sie kann viel Feuchtigkeit aufnehmen, aber auch schnell an die Umgebungsluft wieder abgeben, wirkt dadurch kühlend und ist dennoch trocken wärmend. Sie besitzt einen natürlichen Glanz und ist anfällig gegenüber Reibung. Die Eigenschaften von Leinen als Zellulosefaser, die beim Färben keine chemische Verbindung ermöglicht, sorgen für Probleme beim Bleichen und Färben. Nach Baumwolle und Jute ist Leinen mit weniger als zwei Prozent Weltmarktanteil die drittwichtigste pflanzliche Naturfaser. Ihr Hauptanbaugebiet erstreckt sich von China, Russland über Tschechien, Polen bis nach Irland.
Jute Als Bekleidungsfaser hat die preiswerteste Pflanzenfaser eine vernachlässigende Bedeutung. Jute wird hauptsächlich als Verpackungsmaterial von Rohstoffen oder als industrielles Gewebe eingesetzt. Sie hat eine hohe Dehnfestigkeit mit niedriger Dehnbarkeit, ist fäulnisanfällig, riecht streng und wird wegen ihres Glanzes auch die »Goldene Faser« genannt.
Brennnessel Stoffe aus Brennnesseln gab es bereits vor Jahrtausenden. Um 1900 galt Nettle als das »Leinen der armen Leute«. Im zweiten Weltkrieg wurde die Faser in Deutschland verstärkt für Armeekleidung verwendet. Lange Zeit galt die Brennnessel auch als Färbekraut. Wolle kann man damit wachsgelb färben. Der Stoff ist weich, strapazierfähig und langlebig, glänzt wie Seide, hat eine gute Feuchtigkeitsaufnahme und ist für Allergiker bestens geeignet. Die Pflanze ist mehrjährig, bedarf kaum Pflege, wird aber nur in unbedeutenden Mengen in Europa angebaut.

Pflanzliche Naturfasern – Hartfasern
Sisal Als Sisal werden die Fasern aus den Blättern einiger Agavenarten bezeichnet. Es ist eine relativ junge Naturfaser, deren Gebrauch erst im 19. Jahrhundert begann und seine Blüte im frühen 20. Jahrhundert erreichte. Sisal wird vorwiegend zu Tauen, Seilen, Garn und Teppichen verarbeitet, ist aber als Textilfaser nicht geeignet.
Abacá Abacá, auch Manila-Hanf genannt, ist die stabilste Pflanzenfaser und wird aus den Blättern der Faserbanane gewonnen. Im Textilbereich wird sie vorwiegend zu sehr festen Garnen versponnen, durch neue textile Verfahren auch zu Bekleidungsstoffen verarbeitet. Die Philippinen produzieren pro Jahr etwa 50.000 Tonnen der Naturfaser.

Kokos Die Kokosfaser wird aus der Fruchthülle der Kokospalmenfrüchte gewonnen. Sie weist eine große Widerstandsfähigkeit gegenüber Meerwasser auf und wird hauptsächlich zu Seilen, Matten, Netzen, Teppichen und Polstermaterial verarbeitet. Kokos ist die einzige Fruchtfaser, die für die Textilindustrie zur Herstellung von Naturtextilien verwertbar ist. Durch ihren hohen Fettgehalt nimmt sie wenig Schmutz an. Als charakteristisch gilt ihr hohes Wärmevermögen und die Elastizität.

Naturfasern tierischen Ursprungs
Bei Tieren bilden Haarfollikel Fasern. Ausnahmen sind die Seidenfasern von der Verpackung verpuppter Seidenraupen und die Byssusfäden von Muscheln, die sich damit am Meeresboden festhalten können. Im Jahr 2008 betrug die Weltproduktion von Wolle 2,2 Millionen Tonnen. Dies entspricht einem Anteil von 3% an der gesamten Faserproduktion.
Schafwolle Wolle von Schafen wird meist durch das jährliche Scheren gewonnen und auch als Schurwolle bezeichnet. Die Haupterzeugerländer sind Australien, Neuseeland und Osteuropa. Wolle besitzt eine natürliche Thermo-Regulationseigenschaft. Sie kann im Faserinneren bis zu 33% ihres Trockengewichts an Wasserdampf aufnehmen, ohne sich feucht anzufühlen und leitet Feuchtigkeit wesentlich schneller nach außen als Baumwolle; die Oberfläche stößt Wasser jedoch ab. Sie wärmt gut im Sommer, wirkt kühlend im Winter, nimmt Schmutz schlecht auf und knittert kaum, da die Fasern sehr elastisch sind. Aufgenommene Gerüche werden schnell wieder abgesondert. Wolle neigt zum Fusseln und ist mottenanfällig. Ohne weitere Behandlung kann sich Wolle auf der Haut unangenehm kratzig anfühlen. Der Wasserverbrauch für die Herstellung von einem Kilogramm Wolle beträgt bis zu 120.000 Liter Wasser und liegt damit unangefochten an der Spitze aller Naturfasern.
Lamaarten Alpaka, Guanako, Lama oder Vikunja nennt man die Haare von gleichnamigen Lamaarten. Die Haare sind fein, weich, glänzend und wenig gekräuselt, wärmeisolierend und werden oft mit Baumwolle oder Schafwolle gemischt. Die Haare werden abgeworfen, gekämmt oder durch jährliches Scheren gewonnen.
Kamelhaar Im textilen Bereich findet fast ausschließlich das wertvolle, leicht und gut verspinnbare Flaumhaar Verwendung. Die Haare werden weder geschoren noch gekämmt, sondern fallen im Frühjahr büschelweise aus. Bedingt durch die Seltenheit, Weichheit und Feinheit wird das Flaumhaar, oft mit Schurwolle gemischt, verarbeitet.
Angora Durch Auskämmen oder Schur wird Angora aus den feinen, glatten und sehr leichten Haaren des Angorakaninchens gewonnen. Wegen ihrer schweißabsorbierenden und wärmehaltenden Eigenschaften wird die Angorafaser vor allem für Unterwäsche und Strumpfhosen verwendet.
Cashmere Die Haare der Cashmere-Ziege erhält man durch Auskämmen und Sortieren der Flaum- oder Grannenhaare des Unterbauches. Für die Herstellung eines Cashmere-Pullovers benötigt man die Jahresproduktion von bis zu vier Tieren. Cashmere ist besonders fein, leicht, weich, glänzend und gut wärmend. Sie gilt als edelste und teuerste Wolle und wird oft Schafwolle und Baumwolle beigemischt.
Mohair Mohair bezeichnet die Haare der Mohair- oder Angoraziege. Sie sind lang, leicht gelockt und glänzend. Ihre Farbe ist weiß und sie filzen kaum. Mohair ist die spezifisch leichteste tierische Naturfaser und dient häufig als Beimischung zu anderen Textilfasern.
Maulbeerseide Die Zuchtseide wird aus dem Kokon des Maulbeerspinners, der Seidenraupe gewonnen. Seide ist die einzige in der Natur vorkommende textile Endlosfaser. Die wichtigsten Erzeugerländer sind China, Indien und Japan. Vor dem Schlüpfen der Schmetterlinge werden die verpuppten Raupen mit Hilfe von Wasserdampf oder Heißwasser getötet und der Faden in einem Stück abgewickelt (abgehaspelt). Für ein

Kilo Seidenfaden benötigt man bis zu 12.000 Kokons. Viele Bearbeitungsschritte sind nötig, bis diese feinste Faser der Natur ihre charakteristischen Eigenschaften erhält. Seide ist kühlend im Sommer, wärmend im Winter, sehr reißfest, hat eine hohe Formbeständigkeit und isoliert gut. Man unterscheidet verschiedene Seidenqualitäten wie z. B. Bouretteseide, Tussahseide, Haspelseide, Chappeseide oder Fagaraseide.

Tussahseide Diese Wildseide wird aus den von Bäumen und Sträuchern gesammelten Kokons der wildlebenden Tussahspinner hergestellt. Da hier der Schmetterling meist ausgeschlüpft ist, hat der Kokon ein Loch, wodurch die Seidenfäden unterbrochen sind und so ein Abhaspeln unmöglich macht. Eine Zucht des Tussahspinners ist bisher nicht gelungen.

Muschelseide Byssus oder Muschelseide ist eine Bezeichnung für das Sekret aus den Fußdrüsen verschiedener Muschelarten, welches als Haftfäden zur Verankerung am Meeresboden dient. Der textile Werkstoff ist um ein vielfaches feiner als Seide und wegen seiner Haltbarkeit und aufwändigen Gewinnung sehr begehrt und wertvoll.

Chemiefasern

Ohne Chemiefasern wäre der Bedarf an Textilien nicht zu decken. Diese hatten im Jahr 2008 an der weltweiten Faserproduktion einen Anteil von über 60%, mit steigender Tendenz. Sie werden aus nachwachsenden Rohstoffen wie Bäumen und Sträuchern (Zellulosefasern) oder aus nicht-nachwachsenden Rohstoffen wie Erdgas, Erdöl oder Kohle (Polymere) gewonnen. Produktionsverfahren und neue Technologien erlauben es, der Spinnmasse Zusätze beizumengen oder Stoffe mit intelligenten Eigenschaften auszurüsten, die den Fasern spezielle Eigenschaften verleihen wie antibakteriell, pilzvorbeugend, klimaregulierend, schmutzabweisend, kühlend, selbstreinigend oder hautpflegend.

Zellulosefasern, Regenerate
Zur Herstellung dieser Fasern werden zellulosehaltige Rohstoffe verwendet, meist aus Pinienholz, Buche, Fichte, Eukalyptus und Sträucher, von Abfällen aus der Landwirtschaft wie Weizen-, Mais- und Reisstroh oder aus Bambus. Etwa fünf Festmeter Holz ergeben 1.000 kg Zellstoff für 950 kg Viskosefasern. Chemikalien trennen die Zellulose vom Holz, die später mit Schwefelkohlenstoff und Natronlauge gelöst wird. Die zähflüssige Masse wird durch Spinndüsen gedrückt, gereinigt, behandelt und getrocknet. Der Anteil der Zellulosefasern an der gesamten Weltproduktion von Chemiefasern lag im Jahr 2008 bei 8% oder 3,35 Millionen Tonnen.

Viskose Die Verwendung von Viskose ähnelt der von Baumwolle. Durch die Bearbeitung der Zellulose können im Gegensatz zu Baumwolle jedoch die Charakteristika der Fasern wie Aussehen, Faserlänge, Faserdicke und Faserquerschnitt variiert werden. Für die Textilindustrie wird sie zu einem Endlosfaden versponnen. Viskose besitzt eine ausgezeichnete Feuchtigkeitsaufnahme, ist gut färb- und bedruckbar, knitteranfällig, im nassen Zustand wenig zugfest, verfügt über einen fließenden weichen Fall, aber eine geringe Scheuerfestigkeit. Die chemikalienintensive Produktion verlangt einen hohen Energieaufwand.

TENCEL®/Lyocell® In einem geschlossenen Kreislauf wird der Zellstoff in einem untoxischen Lösungsmittel (NMNO = N-Methylmorpholin-N-oxid) durch Wasserentzug ohne chemische Modifizierung gelöst, filtriert und anschließend durch Spinndüsen gepresst. Gegenüber Viskose gilt der Herstellungsprozess als deutlich weniger umweltbelastend. TENCEL® und Lyocel®, beide Markennamen bezeichnen das gleiche Produkt, besitzen eine hohe Trocken- und Nassfestigkeit, sind weich und absorbieren Feuchtigkeit sehr gut. Daraus hergestellte Textilien weisen einen glatten und kühlen Griff mit fließendem Fall auf, knittern wenig, sind atmungsaktiv und strapazierfähiger als Baumwolle.

Modal Der Grundstoff für Modal besteht aus Buchenholz. Durch einen modifizierten Herstellungsprozess erreicht man bei den Modalfasern höhere Faserfestigkeiten und verbesserte Fasereigenschaften. Die Viskose besitzt einen angenehmen Tragekomfort, ist weich, atmungsaktiv und wird oft als Beimischung zu anderen Textilfasern verwendet.

Acetat/Triacetat Textilien aus Acetat sehen ähnlich aus wie Naturseide und fühlen sich ebenso weich an. Der Stoff knittert weniger als Viskose und trocknet schneller, kann aber nicht so viel Feuchtigkeit aufnehmen. Gegenüber Säure und Hitze ist die Faser sehr empfindlich. Acetat und Triacetat entsteht aus einer Reaktion aus Zellulose und Essigsäureanhydrid.

SeaCell® Die SeaCell®-Faser basiert auf dem Lyocell-Verfahren mit hautschützenden und entzündungshemmenden Algen als Zusatzstoff, die fest in die Faser eingebracht werden. Der Stoff bewirkt einen aktiven Austausch zwischen Faser und Haut, der fühlbares Wohlbefinden auslöst und zahlreiche Verarbeitungsmöglichkeiten, auch in Kombination mit anderen Fasern, ermöglicht. Durch die Zugabe von Silber birgt die Faser einen zusätzlichen antimikrobiellen Effekt in sich. SeaCell® lässt sich gut mit weiteren Fasertypen wie Polyester oder Baumwolle mischen.

smartcel® Ebenfalls auf dem Lyocell-Verfahren basieren die intelligenten smartcel®-Stoffe. Die Funktionsfasern erhalten, je nach Zusatzstoff, außergewöhnliche Leistungsmerkmale und Wirkungsgrade wie hervorragende Klimaregulation, Bakterienreduktion oder elektrische Leitfähigkeit. Sie sind gut färbbar, mit anderen Fasern zu mischen und von Oeko-Tex in die Liste der akzeptierten bioaktiven Substanzen aufgenommen worden.

Cupro Cupro, auch Kupferfaser oder Kupferseide genannt, ist eine aus Zellulose aufgebaute textile Faser, deren Eigenschaften mit Viskose vergleichbar sind. Cuprofasern werden vor allem zu Futterstoffen verarbeitet, denn sie sind atmungsaktiv, hygroskopisch und laden sich nicht statisch auf. Der Stoff besitzt einen weichen Griff, ist glatt und glänzend. Ausgangsstoff sind die kurzen Fasern der Baumwollsamenkörner, die sich nicht verspinnen lassen. Aus Kosten- und Umweltgründen wird Cupro in Deutschland nicht mehr hergestellt, in importierten Textilien kann der Stoff jedoch enthalten sein.

Bambus Bambus ist ebenfalls eine Viskosefaser, die in einem chemischen Prozess gewonnen wird. Ein Viskosefaden hat immer dieselben physikalischen und chemischen Merkmale unabhängig davon, aus welcher Pflanze die Zellulose gewonnen wird. Fälschlicherweise wird durch den Handel dem Verbraucher oft suggeriert, es handele sich bei Bambus um eine Naturfaser. Die positiven Eigenschaften, klimaregulierend, sehr weicher und angenehmer Griff, hautfreundlich und knitterarm, sind von der Kritik natürlich nicht betroffen.

Chemiefasern
aus nicht-nachwachsenden Rohstoffen

Synthetische Fasern hatten an der Gesamtproduktion von Chemiefasern im Jahr 2008 mit 38,45 Millionen Tonnen einen Anteil von 92%. Sie werden in aufwändigen Verfahren unter großem Energie- und Wassereinsatz aus Kohle, Erdgas und Erdöl gewonnen. Für die Erzeugung synthetischer Fasern wird jedoch nicht einmal ein Prozent des weltweit geförderten Erdöls genutzt. Chemische Prozesse bilden aus Einzelbausteinen (Monomeren) Riesenmoleküle in Kettenform (Polymere). Geschmolzenes Granulat wird durch Düsen zu Endlosgarnen gedrückt. Unterschiedliche Garnstärken, verschiedene Behandlungen, weiterer Zutaten oder intelligente Ausrüstungstechnologien lassen eine unendliche Vielzahl an unterschiedlichen Stoffen mit markanten Eigenschaften entstehen. Es existieren viele noch bestehende, aber auch ehemalige Handelsnamen, die durchweg bekannter sind als ihre chemische Zusammensetzung. Im Folgenden werden die für die Textilproduktion wichtigsten relevanten Chemiefasern aufgeführt.

Polyester Polyester zeigt vielseitige Eigenschaften und besitzt mit 60% den größten

Anteil am Chemiefaseraufkommen. Die Faser ist sehr reiß- und scheuerfest, knitterarm, elastisch, besitzt eine geringe Saugfähigkeit und lädt sich elektrostatisch auf. Polyester findet sich häufig in Mischgeweben. Im Vergleich mit Baumwolle liegt der Energieverbrauch für die Herstellung von Polyester viermal höher. Bekannte Handelsnamen sind z. B. Diolen®, Trevira®, Dacron®, Vestan, Thermolite, Capilene® oder Nanuk.

Polyamid 13% der Chemiefasern werden aus Polyamid hergestellt. Es ist elastisch und knittert wenig, reiß- und scheuerfest und wird gern zur Verstärkung mit anderen Fasern gemischt. Bekannt u. a. als Nylon, Perlon, Dederon, Timbrelle, Cordura®.

Polyacryl Polyacryl besitzt einen wollähnlichen Griff, ist licht- und chemikalienbeständig. Die pflegeleichte Faser hat eine geringe Wasseraufnahme und ist schnelltrocknend. Handelsnamen sind u. a. Dralon, Orlon, Acrilan.

Polyurethan Elastan ist eine äußerst elastische Kunstfaser, die sich auch nach mehrfacher Belastung auf ihre Ausgangslänge zurückzieht. Mit einem Polyurethan-Anteil von mindestens 85% wird Elastan in Verbindung mit anderen Fasern für dehnbare Gewebe wie Badekleidung und Strümpfe eingesetzt. Bekannt unter Namen wie Elastan®, Lycra®, Spandex®.

Polypropylen Polypropylen ist die leichteste Textilfaser mit sehr guter Scheuerfestigkeit. Das Material ist elastisch, sehr hautfreundlich, nimmt praktisch kein Wasser auf und wird häufig im Sportfunktions- und Unterwäschebereich eingesetzt.

Microfaser Microfaser ist die Bezeichnung aller Chemiefasern aus Polyester oder Polyamid mit einer Filamentstärke von 0,3 bis 1 dTex (1 dTex heißt, 10.000 m Garn wiegen 1 Gramm). Die Feinheit dieser Faser ermöglicht die Herstellung stark abweisender, winddichter und robuster Gewebe, die in der Regel zur Fertigung ultraleichter Funktionskleidung mit hohem Tragekomfort verwendet werden.

Kapitel VI

Chemie und Farben

Farbige Textilien bringen Chemie auf die Haut. Alternativen bieten umweltfreundliche und giftfreie Verfahren.

Regelmäßig erstellt die amerikanische Umweltorganisation Blacksmith Institute eine traurige Rangliste der schmutzigsten Orte auf unserem Planeten. Zu den Top Ten gehört die Stadt Vapi, die am Ende des »Goldenen Korridors«, eines 400 km breiten Industriegürtels im indischen Bundesstaat Gujarat liegt. Mehr als 1.000 Fabriken, die unter anderem Farben für die Textilindustrie, Bleichstoffe und Lederprodukte herstellen, haben diesen Flecken Erde nicht nur reich gemacht, sondern auch krank. Aus den Betrieben fließen die stinkenden Abwässer meist ungefiltert in die Kanalisation, versickern irgendwo oder werden in den Damanganga weitergeleitet, der sich mal rot oder orange färbt. Ein paar Kilometer weiter westlich mündet der Fluss in den Indischen Ozean und die giftige Fracht verteilt sich im Meer. 1.500 km südlich liegt die Stadt Tirupur, einer der weltweit größten Produktionsstandorte für Bekleidung, mit über 2.500 Textilfabriken, 1.000 Färbereien und Bleichereien wie auch vielen weiteren Zulieferbetrieben. Arbeiter hantieren täglich ungeschützt mit giftigen Chemikalien, leiden unter Hautkrankheiten, Atemwegserkrankungen, entzündeten Augen oder werden durch verseuchtes Trinkwasser krank. Täglich leiten allein die Färbereien 120 Millionen Liter teils ungeklärte Abwässer in die Entwässerungsgräben, die mit dem lokalen Fluss verbunden sind. Säuren, Laugen, Peroxide, Chloride, Amine und Schwermetalle machen das Gewässer zu einer Kloake, eine enorme Belastung für die Umwelt. Verschmutztes Grundwasser und verseuchte Äcker sorgen dafür, dass die Bauern sich immer weiter vom Stadtgebiet zurückziehen müssen. Eine Situation wie sie in fast allen Entwicklungsländern, in denen die Textilindustrie eine Rolle spielt, vorzufinden ist.

In der EU zielt die Richtlinie 96/61/EG von 1996 (IVU-Richtlinie = integrierte Vermeidung und Verminderung der Umweltverschmutzung) auf ein hohes Schutzniveau für die Umwelt und für bestimmte industrielle Tätigkeiten, so auch die Textilindustrie. Sie sieht Maßnahmen zur Verminderung und Vermeidung von Emissionen in der Luft, Wasser, Boden und Abfall vor und regelt u.a. die Grundpflichten der Betreiber von Anlagen, Genehmigungsauflagen und -verfahren. Die unterschiedliche Umsetzungspraxis der IVU-Richtlinie in den einzelnen EU-Ländern führt zwar zu einem ungleichen Umweltschutzniveau, aber insgesamt, durch die Verwendung verbesserter Technologien bei Recycling-, Wiederaufbereitungs- und Sparmaßnahmen, zu einem recht hohen europäischen Standard. Da jedoch über 90% der in Europa gehandelten Textilien, durch globale Auslagerungen ganzer Fertigungsstufen, in Entwicklungs- und Schwellenländern produziert werden und es dort häufig keine oder zumindest nicht mit den EU-Standards vergleichbare Umweltvorschriften gibt, geraten diese unter Druck.

In Ländern wie China und Indien ähneln sich die Umweltprobleme. Die Leder- und Textilindustrien gehören zu den größten industriellen Umweltverschmutzern. Kritisiert werden vor allem die starke Wasserverschmutzung, der hohe Wasserverbrauch und der immense Energieverbrauch. Die Stromversorgung der beiden Staaten ist teurer als in Europa, der Wassermangel steigt kontinuierlich, ein nicht unbekanntes Dilemma der chinesischen Regierung. So ist im aktuellen elften 5-Jahresplan eine Reduzierung des industriellen Wasserverbrauchs um ein Drittel festgelegt. Weiter müssen bis 2012 zwei Drittel der Abwässer in Kläranlagen gereinigt werden. Einige große Textilunternehmen, die sich nicht an diese Umweltvorgaben hielten, wurden bereits geschlossen. In beiden Ländern werden aber bestehende Gesetze und Regelungen nur in geringem Maße umgesetzt. Die Kosten der Nichterfüllung sind in Indien deutlich niedriger als die Kosten der Erfüllung. Es gibt erhebliche Vollzugsdefizite, fehlende regelmäßige Kontrollen, kaum ausgebildetes Überwachungspersonal, Defizite in Umweltvorschriften, etwa bei der Begrenzung der erlaubten Verschmutzung in Abhängigkeit von der Produktionsmenge oder fehlende Benchmarks für den Vergleich. Oftmals reicht es nicht aus, eine ARA (Abwasserreinigungsanlage) zu fordern, denn manche Unternehmen ziehen es dann nach Fertigstellung einfach vor, diese nicht zu betreiben.

Das Umweltschutz-Engagement globaler Textilakteure, die als Abnehmer der Endprodukte in den Lieferketten großen Einfluss haben, unterscheiden sich sehr. Nicht alle Unternehmen haben ein Interesse daran, bei ihren Zulieferern »Cleaner Production« voranzutreiben. Sie verlangen zwar vertraglich von ihren Lieferanten Substanzbeschränkungslisten der eingesetzten Chemikalien einzuhalten oder Abwasserbehandlungsanlagen zu installieren, was den Unternehmen erlaubt, Produktverantwortung an die Lieferkette abzugeben. Letztlich geht es aber vorwiegend darum, sich abzusichern und Rückruf-Aktionen zu vermeiden, die wirtschaftliche Nachteile verursachen und dem Image schaden. Zudem unterscheidet sich das Monitoring-Niveau erheblich. Einige Textilriesen verlangen beispielsweise lediglich die Dokumentation einer installierten Kläranlage, andere fordern Analysen unabhängiger Labore oder führen selber Stichproben durch. Werden Umweltforderungen nicht eingehalten, reicht der Maßnahmenkatalog von Unterstützung der Lieferanten über abgestufte Sanktionen bis hin zur Auftragskürzung oder vollständigen Vertragskündigung. Führen die direkten Lieferanten einzelne Produktionsstufen nicht selbst aus, sondern geben diese Arbeiten an Subunternehmen weiter, hat eine Modefirma kaum die Möglichkeit und ist selten auch Willens, die Lieferkette umfassend zu kontrollieren.

Für große Zulieferbetriebe in den Schwellenländern, die über genügend Geld und Kenntnisse verfügen, ist es leicht Technologien zu importieren, die ihnen einen erheblichen Wettbewerbsvorteil verschaffen können. Die meisten Betreiber sind aber kleine und mittlere Unternehmen, die weder das fundierte Wissen noch die Finanzkraft haben, notwendige Umweltschutzmaßnahmen durchzu-

Respekt und Transparenz sind die Kernwerte der Switcher-Philosophie, verbunden mit sozialer Solidarität, ökologischer Verantwortung und ökonomischer Effizienz. Das Schweizer Modeunternehmen vertreibt eine funktionale Bekleidung für Freizeitaktivitäten und Basics für den Alltag.

führen. So werden in vielen Gerbereien und Färbereien noch alte und umweltschädigende Verarbeitungsmethoden, unter üblen Bedingungen für Mitarbeiter und Umwelt, angewendet.

Natürlich gibt es auch einige positive CSR-Ansätze (Corporate Social Responsibility = Unternehmerische Gesellschaftsverantwortung) in der Textilindustrie zu vermelden.

Das Bekleidungsunternehmen Switcher, einer der engagiertesten Hersteller Grüner Mode, will die erste leistungsfähige und rentable Schweizer Textilgruppe werden, welche die nachhaltige Entwicklung weltweit integriert. Dabei konkretisiert sich der nachhaltige Ansatz, den Switcher im Umgang mit seinen Lieferanten pflegt, in dem das Unternehmen zum Beispiel in Tirupur mit seinem Partnerbetrieb Prem in einer Färberei eine effiziente Wasser-Recycling-Anlage mitfinanzierte, durch die der Wasserverbrauch von 700.000 Liter auf 45.000 Liter pro Tag sank. Dank einer zusätzlichen Salzentfernungsanlage konnte der Salzkonsum um 90% reduziert werden. Sieben Windturbinen liefern den Strom für die Spinnerei, in der Färberei wird Reis für 300 Personen auf einem Solarofen gekocht.

Der niederländische Textilhersteller P. Hamers B.V. hat zusammen mit seinem langjährigen indischen Partner Orkayam im Jahr 2009 eine moderne Färberei ebenfalls in Tirupur errichtet. In einer integrierten Wasseraufbereitungsanlage wird das verunreinigte Wasser in Bassins gesammelt, wo ihm Bakterien zugesetzt werden. Diese ernähren sich von den Farbstoffen und Chemikalien, bis sie gesättigt an die Oberfläche treiben. Die Bakterien werden abgeschöpft und zum Trocknen auf Trockendocks in die Sonne gelegt. Danach werden sie mit Lehm vermengt, zu Backsteinen komprimiert und an mittellose Menschen verschenkt, um damit Häuser bauen zu können. Mit über 320 Millionen Liter Wasser spart dieses Verfahren jährlich 95% des Verbrauchs ein, die restlichen 5% verdampfen. Um zwei Drittel reduzieren sich die Heizkosten durch Auffangen und Wiederverwenden des Dampfes aus den Trockentunneln. Es werden vorwiegend Stoffe aus Biobaumwolle in Verbindung mit umweltfreundlichen Färbeprozessen verarbeitet und keine Azofarbstoffe verwendet. Alle Färbemittel und Chemikalien sind frei von Metallen.

Um unsere Kleidung zu färben, bügelleicht, knitterfrei, besonders weich, wind- und wasserdicht zu machen oder dafür zu sorgen, dass das Trainings-Shirt auch nach einem zweistündigen Waldlauf nicht nach Schweiß riecht, benötigt die Textilindustrie jährlich 250.000 Tonnen Farbstoffe sowie 4 Millionen Tonnen Textilhilfsmittel, Laugen und Salze. 20% der Farben und über 80% der genutzten Chemikalien gelangen dabei im Durchschnitt nach Gebrauch in die Kanalisation.

Ein Blick in den Textilhilfsmittelkatalog gibt Auskunft über bis zu 7.500 Zubereitungen von Hilfs- und Ausrüstungschemikalien, die aus 500–600 verschiedenen Wirkstoffen bestehen. In größeren Mengen wirtschaftlich genutzt werden nur ca. 700 Chemikalien. Zusätzlich sind noch etwa 1.500 Farben erlaubt. Dabei lassen sich die Hersteller, teils aus Wettbewerbsgründen, bei den Rezepturen für die Veredelung ihrer Textilien nicht gern in die Karten schauen. In Deutschland sind die Vorschriften für die Kennzeichnung von Textilien wenig aussagekräftig. Hersteller sind nur verpflichtet, Angaben über die Fasern zu machen, aus denen das Kleidungsstück gefertigt wurde wie z. B. 70% Wolle, 30% Polyester. Aber auch die Bezeichnung »100% Baumwolle« auf dem Etikett eines T-Shirts bedeutet nicht, dass das Kleidungsstück nur aus dieser Naturfaser besteht. Rohbaumwolle ist farblos, hart und kaum saugfähig. Erst durch die Textilausrüstung wird sie weich und glatt. So machen Formaldehydharze, optische Aufheller, Weichmacher, Bleichmittel und Farbstoffe einen Gewichtsanteil von bis zu 25% aus. Eine Deklarationspflicht der Inhaltsstoffe wie man sie aus der Kosmetik- und Lebensmittelbranche kennt, muss schleunigst auch für Kleidung eingeführt werden.

Schadstoffe werden in der Kleidung immer wieder nachgewiesen. Denn auch nach mehrmaliger Wäsche verbleiben bis zu 10% der Hilfsmittel und Farben im Textil. Die Herstellung von Pentachlorphenol PCP ist seit 1989 in Deutschland verboten. Einige Länder wie USA, Indien, Taiwan und China produzieren und verwenden PCP aber weiterhin. Durch Importe erreichen so Lederjacken und Textilien mit diesem Konservierungsmittel dennoch den deutschen Handel. Triclosan wird bei der antimikrobiellen Ausrüstung verwendet und gelangt durch Schwitzen direkt auf und durch die offenen Poren in die Haut. Zinnorganische Verbindungen finden sich in Sportbekleidung und stehen im Verdacht, unser Hormonsystem zu schädigen. Quecksilberverbindungen können Ekzeme verursachen.

Wichtig ist, wie hoch die Konzentration der Schadstoffe in den Textilien ist und in welcher Größenordnung diese über die Haut aufgenommen werden. Enthalten Kleidungsstücke beispielsweise mehr als 1.500 mg/kg des krebserregenden Formaldehyds, sind sie kennzeichnungspflichtig. Aber schon ab 400 mg/kg können sie der Gesundheit schaden. Seit Mitte der 1990er Jahre sind die ebenfalls als krebserregend eingestuften Azofarbstoffe in Deutschland verboten. Doch auch andere aggressive Farben wie verschiedene Dispersionsfarbstoffe werden mit Hauterkrankungen in Verbindung gebracht. Immer mehr Menschen, vor allem Kinder und empfindliche Personen, reagieren mit Haut- und Augenreizungen, Allergien und anderen gesundheitlichen Problemen auf diese Hilfsmittel. Exakte gesundheitliche Bewertungen sind kaum möglich, da selten Daten zur Freisetzung der Chemikalien aus den Kleidungsstücken zu deren Aufnahme und zu ihrer Toxizität vorliegen. Auch Spätschäden sind weitgehend unerforscht, da Rückschlüsse auf ein bestimmtes Kleidungsstück nach Jahren nahezu unmöglich sind.

Ein bis heute noch nicht überschaubares, mögliches Gefahrenpotential ist der Einsatz von Nanopartikeln in der Textilveredelung. Diese ermöglichen neue und verbesserte Eigenschaften, sind antibakteriell, wasser- und schmutzabweisend oder bieten UV-Schutz. Die Partikel können mechanisch durch Druck oder Reibung, durch Wasser, Schweiß, Mikroben, aber auch durch Hitze und Materialalterung aus dem Textil gelöst und durch die Atmung und Hautporen an Orte gelangen, die für größere Moleküle nicht durchlässig sind. »Deshalb sind Stabilitätsfaktoren wie die Art der An- und Einbindung in Fasern oder Textilien von herausragender Bedeutung für die Sicherheit der Produkte«, referierte Claudia Som vom Schweizer Forschungsinstitut Empa Materials Sciene & Technology, das die Unbedenklichkeit von Nanopartikeln für Mensch und Umwelt untersucht, auf dem Forum für die Textilindustrie 2009 in Pfäffikon/Schweiz. Das Bekleidungsphysiologische Institut Hohenstein entwickelt zur Zeit erste relevante Testmethoden zur Prüfung der Hautverträglichkeit.

Der Gesetzgeber ist endlich gefordert, sämtliche Stoffe zu verbieten, die zu den Risikochemikalien gehören. 2007 machte die EU mit ihrer Chemikalienverordnung REACH einen Schritt in die richtige Richtung. REACH steht für Registrierung, Bewertung, Zulassung und Beschränkung. Es basiert auf dem Grundsatz der Eigenverantwortung der Industrie. Ihr Ziel ist der optimierte Schutz von Mensch und Umwelt vor Stoffen. Es dürfen nur noch registrierte und unbedenkliche Chemikalien neu in den Verkehr gebracht werden. Außerdem werden allein für die Textilindustrie bis zum Jahr 2018 ca. 3.500 Altstoffe, ab einem Produktionsvolumen von einer Tonne pro Jahr, auf ihre Unbedenklichkeit geprüft. REACH gilt zwar auch für Textilimporte in die EU, personell unterbesetzte Untersuchungsämter können gegenwärtig aber leider nur stichprobenartig kontrollieren. Doch es sind auch erste Erfolge von Eigenverantwortung großer Chemiekonzerne, in der vermehrten Anmeldung neuer und umweltfreundlicherer chemischer Produkte für die Textilindustrie, zu erkennen.

Aufbauend auf der REACH Chemikalienverordnung und Restricted Substances Lists (RSL), freiwilligen Listen mit Substanzbeschränkungen in Produkten meist großer Textilhersteller wie Nike, Adidas, H&M, C&A und Tesco, die Informationen über Einschränkungen bei krebserregenden, erbgutverändernden und nicht biologisch abbaubaren Chemikalien und Substanzen in Textilien, Kleidung und Schuhwerk enthalten, hat sich mit dem unabhängigen bluesign®-Standard ein neues Zertifikat auf dem Markt etabliert.

Mittels eines intelligenten Input Stream Managements wird schon vor Beginn der Produktion festgestellt, ob verwendete Rohstoffe und Komponenten den bluesign®-Standard erfüllen. Anhand einer Bestandsaufnahme vor Ort werden detaillierte Umsetzungsempfehlungen erarbeitet. Eine große Datenbank und eine leistungsstarke Suchmaschine, die ausführliche Informationen über den bluesign®-Standard, entsprechende Rohmaterialien und chemische Komponenten enthält und andere Tools zur Beurteilung von Produkten und Prozessen bereitstellt, bilden ein hervorragendes Werkzeug, Gefahrenpotentiale für Mensch und Umwelt von Anfang an auszuschließen. Durch den ganzheitlichen Ansatz dieses Industriestandards werden Verbraucherschutzkriterien, Arbeitssicherheit und die Gebiete Abwasser und Abluft abgedeckt. Mittlerweile verlassen sich namhafte Brands der Sportartikel- und Modeindustrie wie Patagonia, VAUDE, Maier Sports und Helly Hansen auf dieses Zertifikat.

Im Frühjahr 2010 untersuchte das Forschungsinstitut Swerea IVF für die staatliche schwedische Chemikalienbehörde die Chemiebilanz von fünf Textilgruppen. T-Shirts, Jeans und Arbeitshosen aus Baumwolle sowie Fleece- und Viskosejacken. Das Ergebnis war ernüchternd. Ein normales T-Shirt aus Baumwolle nimmt eine Chemikalienmenge bis zum Vierfachen seines Eigengewichts während seines Lebenszyklus, vom Anbau der Faser, über die Herstellung und Tragen bis zur Entsorgung in der Mülltonne, auf. Die Viskosefasern als größter Chemieschlucker stehen, dank ihres aufwändigen Herstellungsprozesses, mit bis zu sieben Kilo Chemie pro ein Kilo Textil auf dem unrühmlichen Spitzenplatz.

Jeans und T-Shirts liegen zwischen 1,5 und 4 Kilo. Laut Swerea IVF gibt es aufgrund dieser Schwankungen noch ein erhebliches Einsparpotential. Berechnungsgrundlagen der Studie waren die Faserherstellung, bei Baumwolle zusätzlich Kunstdünger- und Pestizideinsatz während des Anbaus. Es folgten bei der Produktion Tenside, Öle, Natronlaugen, Bleichmittel, Farben, Pigmente, Imprägnier- und Waschmittel. Beim Transport Dimethylfumarat gegen Schimmelpilze und Formaldehyd als Konservierungsmittel. Während der Tragephase ging man von 50 Waschgängen aus. Das schwedische Institut kam so auf eine Liste mit 22 unterschiedlichen Chemikaliengruppen in einem T-Shirt. Dabei kann aber die Mengenrechnung allein keine Aussage über die Gefährlichkeit der genutzten Chemikalien liefern. Farbstoffe, Formaldehyd und Pestizide, die nachgewiesene, besonders negative Auswirkungen auf die Gesundheit des Menschen haben, sind zwar nur in kleinen Mengen vorhanden, aber fast alle Chemikalien haben eine toxische Wirkung auf die Umwelt. Mit der Studie will Swerea bei Herstellern und Händlern vor allem das Bewusstsein für maßvollen Umgang mit Chemikalien schärfen. Sie befürworten den Beginn einer Diskussion, in der Verbrauchern die Informationen gegeben werden, die sie für einen nachhaltigen Textileinkauf benötigen.

Wer sicher sein will, dass sein Kleidungsstück giftfrei und ökologisch korrekt produziert wird, greift zu Textilien Grüner-Mode-Labels mit Öko-Zertifikat wie beispielsweise dem GOTS-Siegel. Hier wird nicht nur eine reine Schadstoffprüfung am fertigen Textil vorgenommen. Stattdessen werden aus biologisch angebauten Naturfasern, im gesamten weiteren Produktionsprozess der textilen Kette, umweltverträglich und schadstofffrei Biotextilien hergestellt. Entschlichtet wird nur mit Enzymen, die nicht gentechnisch behandelt, biologisch abbaubar oder recycelbar sind. Baumwolle darf nicht mit Ammoniak mercerisiert werden. Gesundheitlich bedenkliche oder umweltschädigende Stoffe sind ausgeschlossen. Aromatische Lösungsmittel, Phenole, Formaldehyd, halogenierte Lösungsmittel, Schwermetalle und andere Chemikalien sind in allen Verarbeitungsstufen verboten. Ebenso gesundheits- und umweltgefährdende synthetische Farbstoffe wie Azofarben. Abwässer werden über Kläranlagen gefiltert und gereinigt, Schadstoffe dürfen entlang des gesamten Produktionsprozesses definierte Grenzwerte nicht überschreiten. Viele Hersteller bieten mittlerweile überarbeitete und neu entwickelte Farben an, welche die ökologischen Standards der Naturtextilhersteller und Zertifikate erfüllen. »GOTS ist ein sehr hoher Standard, der wirklich das abdeckt, was es abzudecken gilt«, sagt Rolf Heimann, Leiter Innovation und Ökologie von Hessnatur. Das Naturmode-Label gilt in der Branche als Vorbild dafür, dass Eco Fashion auch in größerem Stil funktioniert. In Kapitel XIII werden unter den 444 Modefirmen mehr als 130 Labels gelistet, die mit GOTS-zertifizierter Biobaumwolle arbeiten.

Sind aber Naturfarbstoffe und das Behandeln von Textilien mit Pflanzenauszügen die Alternative für die Zukunft? Das Färben von Textilien mit Pflanzenteilen und Pflanzenextrakten ist eine alte Kunst. Farbe spielte schon vor 5.000 Jahren bei der Bekleidung eine Rolle. In germanischen Siedlungen aus der jüngeren Steinzeit fanden Archäologen zum Färben geeignete Pflanzen- und Samenreste. In altägyptischen Gräbern wurden auf Textilfragmenten und Mumienbändern Spuren pflanzlicher Farbstoffe wie Indigo, Safran oder Krapp gefunden. Während in China und Arabien recht früh färbende Pflanzen angebaut wurden, gelangte diese Kultivierung über Griechenland und das Römische Reich nur langsam nach Mitteleuropa. Im frühen Mittelalter florierte der Anbau und Handel mit Naturfarbstoffen wie dem gelben Farbstoff des Gilbkrauts (Reseda), dem blauen Färberwaid oder dem roten Krapp. Aus dem Orient und Indien kamen mit Sandelholz, Safran, Blauholz und Indigo weitere Farbstoffe zu uns. 1856 stellte der englische Chemiestudent William Perkin durch Oxidation des einige Jahre zuvor entdeckten Anilins den ersten künstlich produzierten Farbstoff her. 1878 gelang dem deutschen Chemiker Adolf von Baeyer die Synthese von Indigo. In der Folgezeit verdrängten die aufkommenden, auf chemischem Wege hergestellten Farbstoffe die Naturfarbstoffe fast vollständig vom Markt.

Im Rahmen der Programmlinie »Fabrik der Zukunft« des österreichischen Bundesministeriums für Verkehr, Innovation und Technologie (BMVIT) wurde in einer mehrjährigen Projektreihe der Einsatz von Pflanzenfarben für die Textilindustrie vom Rohstoffanbieter bis zum Handel durchleuchtet. Es wurden färbetechnische Anforderungen, Umsetzbarkeit auf betrieblicher Ebene und die betriebliche Machbarkeit untersucht. Bisher scheiterte die Verwendung von nachwachsenden Rohstoffen in der Textilfärbung für die Industrie daran, dass es schwierig war, auf unterschiedliche Bezugsquellen zurückzugreifen und mit uneinheitlichen Rohstoffen zu arbeiten. Es fehlten Firmen, die standardisierte Pflanzenfarben herstellen konnten.

Für die Farbstoffherstellung der Projektreihe wurde trockenes Pflanzenmaterial wie Kanadische Goldrute, Färberkamille, Resede oder Krappwurzeln, Reststoffe der Nahrungsmittelindustrie wie Zwiebel-, Trauben- und Walnussschalen, Schwarzteetrester und rote Rüben oder Rindenabfälle von Esche und Erle herangezogen. Ziel war es, die Extrakte als Pulver herzustellen, das in der Textilindustrie wie synthetischer Farbstoff verwendet werden kann. Zahlreiche Textilproben (Wolle, Baumwolle, Zellulosefasern, Polyamid) wurden ausgefärbt und eine umfangreiche Farbkarte erstellt. Die Experten stellten ein Färbepflanzenbaukasten für interessierte Betriebe zusammen, der Pflanzenfarben, Farbkarte, Wolle und Beizen für erste eigene Färbversuche enthält. Ein großer Teil der untersuchten pflanzlichen Rohstoffe weist mit synthetischen Farbstoffen vergleichbare Wasch- und Lichtechtheitswerte auf, reproduzierbare Färbeergebnisse können gewährleistet werden. Das pflanzliche Material wird getrocknet, gemahlen und in wasserdurchlässige Beutel abgepackt. Diese Beutel werden für die Farbbadherstellung in die Lösung eingetaucht und müssen den hohen Temperaturen sowie der mechanischen Beanspruchung des Vorgangs standhalten, ohne zerstört zu werden. Dabei dürfen Schwebstoffe aus dem Beutelinneren nicht in den Extrakt gelangen, da sie das Färbeergebnis beeinträchtigen. Die Kompostierbarkeit der gebrauchten Beutel war das entscheidende Kriterium bei der Wahl dieser neuen technischen Ausführung.

Bei der Anwendung von Naturfarbstoffen wird dem Färbebad in der Färberei nur Eisen- oder Aluminiumbeize zugesetzt, um eine stabile Faser-Farbstoff-Einheit aufzubauen. Hierbei handelt es sich um unbedenkliche Hilfsstoffe, die auch in kommunalen Abwasserreinigungsanlagen eingesetzt werden. Ein erfolgreiches Pilotprojekt wurde unter anderem bei dem österreichischen Wäschehersteller Wolford durchgeführt. Repräsentative Befragungen ergaben, dass der Konsument durchaus bereit ist, pflanzengefärbte Textilien zu kaufen und wegen höherer Produktionskosten auch mehr zu bezahlen. Damit der Stein jedoch ins Rollen kommt, muss die Zusammenarbeit von Anbietern der Rohstoffe (Bauern) und Nachfragern (Farbstoffproduzenten, Färbereien) durch finanzielle Hilfen gefördert werden. Der Landwirt produziert nicht, wenn keine Abnahme garantiert ist, der Betrieb kauft nicht ein, solange das Angebot nicht auf dem Tisch liegt. Öffentliche Förderungen sind notwendig, um diese Anfangsbarriere zu überwinden.

Trotz jahrzehntelanger Forschung auf diesem Gebiet steckt die Herstellung und Vermarktung pflanzengefärbter Textilien noch in den Kinderschuhen. Sie kann als sinnvolle Alternative, aber nicht als Ersatz für chemische Färbeverfahren gesehen werden. Wurde während der ersten Ökowelle in den 1970/1980er Jahren noch mit humanökologischen Aspekten argumentiert, flachte das Interesse der Öffentlichkeit im Laufe der Jahre für diese Inhalte ab. Das mag jedoch nicht verwundern, denn der öffentliche Diskurs über das Thema »Chemie auf der Haut«, vertreten durch Organisationen, Institutionen und Kampagnen, bildet zur Zeit einen blinden Fleck. Während der 1990er Jahre war die durch die Textilindustrie verursachte Umweltverschmutzung, vor allem das unfiltrierte Einlassen von Chemikalien in Gewässer, Thema Nummer eins. Aktuell stehen eher Argumente des Fairen Handels, korrekten Konsums und Wellness im Vordergrund.

Heute wird mit Naturfarbstoffen nur in geringem Umfang gefärbt. Kunstfasern wie Elasthan nehmen gar keinen Pflanzenfarbstoff an, Polyamidfasern wie Perlon und Nylon lassen sich wegen ihrer chemischen Zusammensetzung dagegen sehr gut anfärben. Zudem gibt es Unterschiede in der erzielbaren Farbintensität von tierischen Fasern wie Wolle und Seide zu Baumwolle oder Leinen. Im Vergleich zum Aufbau eines im Labor entworfenen reinen Farbstoffs, werden in

Denim in seiner reinsten Form. Authentische Waschungen sowie eine ökologisch und sozial faire Produktion machen die schwedische Marke Nudie für Insider und Freaks zum absoluten Must Have. Die verwendete Biobaumwolle wird mit Kartoffelstärke gebleicht und mit Indigo gefärbt. Gesponnen, gefärbt und ausgerüstet wird mit rein ökologischen Verfahren.

Pflanzen immer gleichzeitig mehrere Farbstoffe aufgebaut, die dann unterschiedliche Nuancen ergeben. Dieses komplexe Gemisch verschiedener Sekundär-Stoffwechselprodukte lässt keinen Vergleich mit normierten Farbtönen nach Farbskala wie bei der synthetischen Färbung zu. Das Farbspektrum von Naturfarben ist kleiner, knallige Farben sind nicht zu realisieren. Naturfarben sind individuell, exklusiv, Kunden assoziieren diese mit Gesundheit und Hautverträglichkeit, Attribute, die immer häufiger verlangt werden. Wenn noch mehr Modedesigner und Hersteller die Anliegen vieler Kunden so verstehen, dass sie pflanzengefärbte Naturtextilien in ihre Kollektionen einbeziehen, bekäme der Fortschritt eine Eigendynamik, Profiteure wären Mensch und Umwelt.

Einige etablierte und junge Modelabels arbeiten bereits mit pflanzengefärbten Naturstoffen und nutzen weitere chemikalienfreie Verarbeitungsprozesse. Die Hosen des angesagten Göteborger Jeansherstellers Nudie werden aus Biobaumwolle gefertigt, mit natürlichem Indigo gefärbt und mit Kartoffelstärke gebleicht. Spinnerei, Färberei und Ausrüstung arbeiten mit ökologischen Verfahren. Levi Strauss erkannte als erstes Major Denim Label im Jahr 2007 die Zeichen der Zeit und entwickelte mit der GOTS-zertifizierten Levi's® Eco Jeans-Linie ökologisch korrekt produzierte Beinkleider aus Biobaumwolle. Für die verschiedenen Verarbeitungsvorgänge werden ausschließlich natürliches Indigo, Marseilleseife (aus Oliven-, Palm- und Kokosnuss-Öl, ohne tierische Rohstoffe oder Erdölderivate), Kartoffelstärke und Mimosenextrakt als Zusätze verwendet. Laut Levi's Senior Vice President, You Nguyen, »ist ein klarer Trend zu organischen und umweltverantwortlichen Produkten erkennbar«.

Das französische Fairtrade-zertifizierte Lifestyle- und Fashion-Label SONG, mit Firmensitz in Vietnam, färbt seine High-Fashion-Kollektionen mit Extrakten

SONG hat seinen Firmensitz in Vietnam, wo auch die meisten Textilien angefertigt werden. Die Stoffe werden traditionell mit Extrakten aus Tee, Blumen und Wurzeln natürlich gefärbt.

aus Tee, Blumen und Wurzeln. Hollywoods Prominenz hat schon ein Auge auf Mr. Larkin, dem Erfolgslabel der kalifornischen Designerin Casey Larkin geworfen, die ihre coolen Eco-Jumpsuits, Overalls und in Pastelltönen gehaltene Bustierkleider mit Farben aus Ahornblättern und anderen lokal wachsenden Pflanzensorten färbt. Das Schweizer Kinderlabel Selana stellt nicht nur eine süße Babykollektion aus Biobaumwolle, naturbelassener Bouretteseide, Hanf, Leinen und Merinowolle her, sondern färbt mit Pflanzen, deren färbende Substanzen durch Auskochen gewonnen werden und deren Rückstände kompostiert und so dem Naturkreislauf wieder zugeführt werden. Färbeprodukte der Amerikanerin Eviana Hartmann mit ihrem Grüne-Mode-Label Bodkin sind Brennnesseln, Artischocken, Spinat, rote Zwiebeln, Kochbananen und Auberginen. Für ihre stylische Kollektion gewann Hartmann 2009 den Ecco Domani Sustainable Design Award in der Kategorie »Nachhaltige Kleidung«.

Das 2005 gestartete Designerlabel Van Markoviec wurde gegründet mit der Vision, neue Modetrends mit innovativen Technologien zu verbinden. Die Niederländer verwenden hochwertige Naturmaterialien wie pflanzengefärbte und zertifizierte Biobaumwolle, Hanf und Seidenstoffe.

Klassische und elegante Mode aus nachwachsenden Rohstoffen, dafür steht beispielhaft die Kollektion »Lebensstoffe« der Firma Spremberger Tuche. Das

Urbaner Chic des Modelabels Van Markoviec. Die Niederländer verarbeiten ausgesuchte pflanzengefärbte Naturmaterialien wie Bambus, Hanf, Seide, Leinen und Biobaumwolle, aber auch recycelte Plastikflaschen, Metall und Papier.

Unter dem Motto »Organic verleiht dem Design Leben«, verbindet die Modedesignerin Inka Koffke aus München nachhaltig produzierte Naturmaterialien mit exklusivem Design in höchster Verarbeitungsqualität.

traditionsreiche Textilunternehmen in der Lausitz färbt Baumwolle, Leinen, Seide und Wolle mit Pflanzenfarben für andere Textilproduzenten und für ihr eigenes Sortiment. Die Fertigung findet in einer Kooperationskette statt: Landwirtschaftliche Erzeugung, Extrahierung, Färbung der Fasern und Garne, Rohgewebe, Gewebekonstruktion und Weben, Färben und Ausrüsten. Alle Partner in der gesamten textilen Kette sind über langfristige Verträge fest miteinander verbunden, um Planungssicherheit und Kontinuität zu gewährleisten. Als Färbepflanzen werden auf Brandenburgs sandigen Ackerböden Krapp und Resede angebaut; Pflanzen, die früher schon als bedeutende Farbstofflieferanten genutzt wurden. »Wir könnten viel mehr machen, aber die Branche ist schwierig, hier geht es ums pure Überleben«, sagt die Geschäftsführerin des Unternehmens Christine Herntier, »es geht nur um Preise und Lieferzeiten. Wer sich hier abheben will, der muss etwas ganz besonderes anbieten«.

Die Designerin Inka Koffke arbeitet gern mit diesen naturgefärbten Stoffen. Gepaart mit der Kreativität der Münchnerin und bestechendem Design entsteht eine extravagante Kollektion für anspruchsvolle Kundinnen. Auf ökologischen Anbau und das Färben mit einheimischen Pflanzen setzen auch die Firmen Hessnatur, Hanfhaus, Panda, Stoffkontor Kranz und Waschbär.

In der Lederindustrie suchte man seit den 1970er Jahren nach pflanzlichen Alternativen, vor allem für das umweltschädliche Chromgerbverfahren, mit dem noch heute über 85% des gebräuchlichen Leders hergestellt wird. Seitdem hat sich die vegetabile Gerbung (pflanzliche Gerbung), bei der das Leder oft nach traditionellem Ablauf in der Grube gegerbt wird, etabliert. Dabei werden Pflan-

Schonende pflanzliche Gerbung mit Rinden und Wurzeln anstelle von beißenden Chemikalien. Die exklusive Taschenkollektion des Schweizer Labels RoyalBLUSH wird in Handarbeit hergestellt und ist an den faszinierenden Farb- und Oberflächenstrukturen sowie am wohlriechenden Duft zu erkennen.

zenteile von beispielsweise Quebracho-, Eichen-, Kastanien-, Mimosa- und anderen Holz- bzw. Rindengerbstoffen zur Gewinnung der Gerberlohe genutzt. Aber auch andere Rohmaterialien wie Rhabarber- und Staudenknöterich, verschiedene Früchte, Blätter und Wurzeln, die den Wirkstoff Tannin enthalten, werden eingesetzt.

Mittlerweile gibt es eine Reihe von Herstellern, die vegetabil gegerbtes und teilweise pflanzlich gefärbtes Leder in ihren modischen und angesagten Schuh- und Accessoirekollektionen verarbeiten. Das Ludwigshafener Label Sonnenleder gerbt seine ausgewählten süddeutschen Rinderhäute rein pflanzlich nach alt überliefertem Rezept. Wie naturbelassenes Holz hat auch Sonnenleder einen unverfälschten Charakter. Sonne, Regen und der Gebrauch verändern mit der Zeit den Farbton und verleihen den Taschen und Accessoires ihr unverwechselbares Erscheinungsbild. Auch die fantastische, exklusive Taschenkollektion des Schweizer Labels RoyalBLUSH by Jana Keller besteht aus mit Wurzeln und Rinde gegerbtem Leder, erkennbar an den faszinierenden Farb- und Oberflächenstrukturen und am wohlriechenden Duft.

Das Öko-Leder der sportlichen »Ripple-Sneakers« und anderer Modelle des spanischen Schuhherstellers und Kultlabels Snipe wird chromfrei in einer zertifizierten Produktionsstätte in Portugal gegerbt. Verbrauchtes Wasser wird recycelt, die Wärmeentwicklung der Maschinen in der Produktion zum natürlichen Trocknen des Leders genutzt, die Sohlen mit ihren patentierten Haifischzähnen

Die ethisch und ökologisch korrekt produzierten Kultschuhe des spanischen Herstellers Snipe, mit den patentierten Haifischzähne-Sohlen aus Naturkautschuk, werden chromfrei in Portugal gegerbt, die Schnürsenkel sind aus Baumwolle, die Senkelspitzen aus alten PET-Flaschen, die Einlegesohlen sind recyclingfähig.

aus Naturkautschuk geformt. Auch bei den schicken, klassisch eleganten Männerschuhen des Riedelberger Unternehmens Schuhwerk wird pflanzlich gegerbtes Leder ohne umweltbelastende Produktionsverfahren eingesetzt. Das Naturkorkfußbett und Naturkautschuksohlen sorgen für entspanntes Gehen.

Als einzigen Standard für Naturleder in Europa gibt es das neue »Naturleder IVN zertifiziert«-Zertifikat des Internationalen Verbands der Naturtextilwirtschaft, das geprüfte Ökologie für Naturlederwaren garantiert. Erste Unternehmen werden gerade zertifiziert. Betriebe müssen in allen Verarbeitungsstufen über eine zweistufige Kläranlage verfügen, alle eingesetzten Chemikalien festgelegten Vorgaben entsprechen. Konservierung und Reinigung der Häute erfolgen durch Kühlen und Salzen, chemische Konservierungsmittel sind nicht erlaubt, Tenside müssen biologisch abbaubar sein. Chromgerbung und Verfahren mittels mineralischer Gerbstoffe oder Aluminium und Titan sind verboten. Pflanzliche Gerbung und Färbung sind erwünscht, bei Finishmethoden sind lösungsmittelhaltige Substanzen und Beschichtungen jeder Art verboten. Für den gesamten Herstellungsprozess gelten die gleichen Sozialkriterien wie für Naturtextilprodukte (Naturtextil IVN zertifiziert Best).

Für jeden Ausrüstungs- und Färbeprozess gibt es Verfahren zur Verringerung der Umweltbelastungen, aber ganz ohne chemische Hilfsmittel wird es beim Färben und Veredeln von Textilien nicht gehen. Viele modische Looks und Effekte lassen sich ohne Chemieeinsatz nicht verwirklichen. Wo immer die Möglichkeit besteht, ohne Einsatz von Chemikalien ein gewünschtes marktgerechtes Prozessergebnis zu erhalten, sollte auf natürliche Materialien zurückgegriffen werden. Ansonsten sollte bei der Auswahl der Chemikalien ein risikobasierender Ansatz gewählt werden, um das Gesamtrisiko niedrig zu halten. Dabei erfordert das Betreiben einer Anlage, in der umweltbelastende Verfahren durchgeführt werden, viele Elemente eines guten Umweltmanagementsystems.

Kapitel VII

Fairtrade

Die neue Grüne Mode ist nicht nur ökologisch korrekt, sondern will es auch ethisch sein.
Fairtrade wird zu einem wichtigen Entscheidungskriterium beim Kauf.

Sie arbeiten in 12-Stunden-Schichten, sieben Tage die Woche, bei über 40° C Hitze, für 30 Cent pro Tag. Ihre Aufgabe ist es, bei der Baumwollernte auf Ägyptens Äckern zu helfen oder Würmer von den Blättern der Baumwollpflanzen zu sammeln. In den Sommermonaten müssen sieben- bis zwölfjährige Kinder mit den Händen jede Pflanze nach Schädlingen absuchen und befallene Blätter entfernen. Kinder werden angesichts ihrer Größe sehr gern eingesetzt, weil die Pflanzen noch jung und klein sind und Erwachsene sich für diese Tätigkeit die ganze Zeit bücken müssten. Da die Baumwollfelder bis zur Ernte annähernd zwanzigmal mit zum Teil hoch toxischen Pestiziden gespritzt werden, leiden die Kinder in der Regel an Atemwegserkrankungen, Nieren- und Leberproblemen, Entzündungen der Augen und Hautausschlägen. Nach Angaben von UNICEF schuften in Ägypten allein eine Million Kinder im Baumwollanbau.

Kinderarbeit ist in Usbekistan verboten. Gleichwohl schließt der Staat für die Zeit der Baumwollernte die Schulen und zieht jährlich bis zu 450.000 Kinder und Jugendliche zur Arbeit auf den Feldern heran. Fernab ihrer Eltern leben sie für zwei bis drei Monate unter schlechten hygienischen Bedingungen in Lagern, 30 bis 50 kg Baumwolle müssen pro Tag gepflückt werden. Erreichen sie die vorgegebenen Quoten nicht, werden die Kinder geschlagen, vor der Gruppe gedemütigt oder es wird mit Schulausschluss gedroht. Schriftliche Instruktionen oder Statistiken gibt es nicht, von offizieller Seite heißt es, die Schüler arbeiten in den Baumwollfeldern, weil sie sich ihrem Vaterland verpflichtet fühlen. Usbekistan ist der drittgrößte Baumwollexporteur, ein Großteil der Ware geht nach Westeuropa.

Hunderttausende Kinder, zum großen Teil Mädchen zwischen sechs und vierzehn Jahren, arbeiten in kleinen Zulieferbetrieben in Südindien für die Baumwollsaatgutproduktion. Viele dieser Kinder sind in Schuldknechtschaft gefangen, sie arbeiten über Jahre Darlehen und Zinszahlungen von Verträgen ab, die mit ihren Eltern abgeschlossen wurden. Vertreter multinationaler Saatgut-Unternehmen wie Bayer, Monsanto oder Syngenta räumen auf Anfrage Probleme mit Kinderarbeit ein, schieben die Verantwortung aber auf die Zulieferer. Diese kontern mit dem Argument, die Abnahmepreise für Saatgut seien so gering, dass nur mit Hilfe von Kinderarbeit eine rentable Produktion möglich sei. Um massive Verdachtsmomente auszuschließen und Beschwerden von Nichtregierungsorganisationen »NGO« abzuwenden, verpflichteten sich die Konzerne, die OECD-Regeln gegen Kinderarbeit einzuhalten und aktiv gegen Kinderarbeit anzutreten. Da zigtausend kleine Zulieferbetriebe aber selten oder nie überprüft werden, ändert sich wenig. So arbeiten die Kinder weiterhin zwölf bis dreizehn Stunden für miese 0,40 US-Dollar pro Tag. Sie stehen während ihrer Tätigkeit bis zu den Schultern zwischen den Pflanzen, um für die Kreuzung des hybriden Saatguts den Samen einer Pflanze zu entfernen und fremden Samen aufzutragen. Dabei nehmen sie über die Haut und Atemwege große Mengen an Giften auf, die im Laufe der Zeit zu irreparablen Gesundheitsschäden führen.

Weltweit müssen so laut Schätzungen der Vereinten Nationen (UN) und der Internationalen Arbeitsorganisation (ILO) mindestens 250 Millionen Kinder unter 14 Jahren arbeiten, allein 130 Millionen in der Landwirtschaft, davon mindestens 5 Millionen in der Baumwollproduktion. Sie sind zum großen Teil den schlimmsten Formen der Kinderarbeit ausgesetzt, welche das körperliche, seelische oder sittliche Wohl von Kindern gefährden. Aber nicht nur Kinder schinden ihre Körper, um die globale Nachfrage nach Textilien zu befriedigen.

In Bangladesch leben 40% der 150 Millionen Einwohner von weniger als einem Dollar pro Tag. In den Textilfabriken erhalten die mit 85% zumeist weiblichen Arbeiterinnen einen der niedrigsten Löhne weltweit. Der Monatsverdienst beträgt gerade einmal 23 Dollar, wovon allein 15 Dollar für Reis ausgegeben werden müssen, um nicht zu verhungern. 12 bis 19 Stunden täglich verbringen die Frauen vor ihren Nähmaschinen und produzieren für die Kleinen und Großen der internationalen Modebranche Jeans, Shirts & Co. Markenprodukte von Nike, Tommy Hilfiger oder Levis werden in sogenannten Sweatshops (Ausbeutungsbetriebe) zu niedrigsten Kosten hergestellt. Die Frauen leben in Slums oder schlafen manchmal direkt in den dreckigen, heißen und stickigen Spelunken, in denen sie arbeiten. Sie werden beschimpft, geschlagen, bedroht und sexuell belästigt, leiden unter chronischem Husten, brennenden Augen, von Nadeln durchstoßenen Fingern oder lähmenden Stromschlägen durch schlecht isolierte Stromkabel und das alles für 0,80 Dollar am Tag, manchmal bekommen sie ihren Lohn auch gar nicht ausbezahlt. Pratima Paul-Majumder vom Bangladesh Institute for Development Studies stellt nüchtern fest, dass dennoch die Textilindustrie ein großer Fortschritt für das Land sei. Viele Arbeiterinnen könnten dank eigenem Einkommen erstmals in ihrem Leben eigene Entscheidungen treffen. Dies sind vier von unzähligen Beispielen praktisch rechtsloser Arbeiter und Arbeiterinnen, die in Konfektionsbetrieben oder auf den Baumwolläckern unter menschenverachtenden Bedingungen wie moderne Sklaven gehalten werden.

Der verschärfte Wettbewerb aus lieferstarken Schwellenländern führte in den 1970er Jahren in der Textilbranche der Industrieländer zu einem Beschäftigungsrückgang von über 40%. Im Zuge mehrerer multilateraler Vereinbarungen wie dem Multifaser-/Welttextilabkommen (MFA/WTA) von 1974, wurden Mengenbegrenzungen im Textil- und Bekleidungshandel durchgesetzt. Mit den Quoten, die überwiegend von den USA und europäischen Staaten gegen billig produzierende südliche Länder verhängt wurden, wollte man die einheimische Textilfertigung vor dem Zusammenbruch bewahren. Schwellenländer »erkauften« sich Produktionsrechte, es wurden sogenannte Freie Exportzonen (FEZ) eingerichtet, die den dort ansässigen Firmen erhebliche Privilegien bieten wie

Bereitstellung der Infrastruktur, Subventionen, Zoll- und Steuererlasse, aber auch die Garantie, Gewinne in das Mutterland internatonaler Textilkonzerne zurückzuleiten. Gleichzeitig führte diese Politik eher ungewollt entscheidend zur weiteren Verlagerung der Produktion in immer mehr Länder mit neuen Quoten, so dass sich Anfang 2000 über 160 Länder, mit Tausenden Steuer- und Zollenklaven, den weltweiten Textilhandel untereinander aufteilten. Nach dem Auslaufen des Welttextilabkommens Ende 2004 und der damit beginnenden Liberalisierung verschärfte sich der Wettbewerb dramatisch und die Bedeutung der asiatischen Länder wuchs um so mehr. Absatzgarantien durch Quotenregulierung für den Zugang westlicher Märkte der vergangenen Jahre galten nicht mehr. Der Druck auf die Produktionskosten verstärkte sich, die Arbeitsbedingungen wurden schlechter, es kam zu Verlagerungen der Produktionsstandorte und Schließungen von Fabriken. Viele Bekleidungskonzerne wie Adidas oder H&M reagierten auf die Liberalisierung mit der Reduzierung und Konzentration ihrer Zulieferbetriebe auf wenige wichtige Märkte und wurden, da sie ihre Aufträge nun ausschließlich nach Geschäftsinteressen vergeben konnten, zu den eigentlichen Gewinnern. Länder wie Südafrika oder Südkorea verloren zwischen 2005–2009 mehr als zwei Drittel ihrer Exporte. Großer Profiteur war China, das innerhalb einer halben Dekade zum weltweit größten Textil- und Bekleidungsexporteur aufstieg, einerseits durch technologischen Vorsprung gegenüber anderen Ländern, jeder zweite Webstuhl wurde in den letzten zehn Jahren nach China verkauft, andererseits durch seine konkurrenzlos günstigen Lohnkosten. Doch die Globalisierungskarawane zieht weiter. Mit Vietnam, Pakistan, Kambodscha oder Mazedonien stehen noch billigere Kandidaten an, denn im Vergleich mit diesen Ländern wird China gerade in Boomregionen wie Schanghai schon fast zum Hochlohnland. So machen dort derzeit Hunderte Textil- und Schuhunternehmen dicht und ziehen in die genannten Länder, wo kaum Arbeitnehmerrechte existieren, Kinderarbeit ungefragt geduldet wird und sich die Politik nicht für die Arbeitsbedingungen der Bevölkerung interessiert.

Der Preis-, Zeit- und Konkurrenzdruck wird gnadenlos auf die Arbeiterinnen (in der Textil- und Bekleidungsindustrie liegt der Frauenanteil bei über 80%) abgewälzt, obwohl alle großen Textilfirmen öffentlich erklären, fair und sozial gerecht zu produzieren.

Um die zum Teil unmenschlichen Arbeitsbedingungen in der Textilindustrie der Schwellenländer zu verbessern, haben sich die International Labor Organisation, eine Sonderorganisation der UNO wie auch ein Netzwerk aus über 300 Nichtregierungsorganisationen zur Clean Clothes Campaign (CCC) zusammengeschlossen und einen Arbeitsverhaltenskodex für die Bekleidungsindustrie mit Mindestnormen für Löhne, Arbeitszeit und Arbeitsbedingungen aufgestellt. Diese basieren auf den ILO-Kernarbeitsnormen, die seit 1998 von mehr als 160 Mitgliedsstaaten ratifiziert wurden. Darunter fallen Verbot von Kinder- und Zwangsarbeit, existenzsichernde Löhne, Gewerkschaftsfreiheit, Diskriminierungsverbot, Arbeitszeitenregelung sowie Arbeits- und Gesundheitsschutz. Mit öffentlich wirksamen Kampagnen und Recherchen in Produktionsstätten verschiedener Länder macht die CCC (der deutsche Ableger ist die Kampagne für Saubere Kleidung) die Verbraucher auf die Missstände in der Textilindustrie aufmerksam. Gleichzeitig werden Konzerne aufgefordert, dazu Stellung zu beziehen. Es ist vor allem auf die erfolgreiche Lobbyarbeit der Kampagnen zurückzuführen, dass einzelne Unternehmen, wegen eines drohenden Imageverlustes, Teile der Verhaltenskodizes für sich und ihre Zulieferbetriebe übernommen haben.

Damit Unternehmen ihrer sozialen Verantwortung in ausreichender Weise gerecht werden, sieht Maik Pflaum, Referent der seit 1981 bestehenden Christlichen Initiative Romero, einer Trägerorganisation der Kampagne für Saubere Kleidung, den geeigneten Weg darin, sich als Mitglied in einer Multi-Stakeholder-Initiative für Verbesserungen der Arbeitsbedingungen in ihren Lieferketten zu engagieren. Diese Form der Kontrolle von Sozialstandards auf freiwilliger Basis wird von vielen als die einzig glaubwürdige angesehen. Unter einer Multi-Stakeholder-Initiative (MSI) versteht man eine Organisation, die sich aus Gewerkschaften, Nichtregierungsorganisationen und Unternehmen zusammensetzt. Im Gegensatz zu einer externen Überprüfung (External Monitoring) durch eine vom Unternehmen in Auftrag gegebene Organisation oder Agentur, entscheidet die unabhängige MSI selbst, welche Institute sie beauftragt, die genau definierten Standards zu überwachen und zu prüfen (Sozial-Audits). Zu den wichtigsten MSI im Textilbereich gehören die niederländische Fair Wear Foundation (FWF), die amerikanische Fair Labor Association (FLA), die britische Ethical Trading Initiative und die amerikanische Social Accountability International. Grundlage für die Arbeit der MSI ist ein definierter Code of Labour Practices, ein Arbeitsverhaltenskodex, dessen Kriterien sich an den Konventionen der Internationalen Arbeitsorganisation ILO orientierten, denen zum Teil verschiedene arbeitsrechtliche und soziale Aspekte hinzugefügt wurden. Mittlerweile arbeiten eine Reihe großer Unternehmen mit den Sozialkodices der Multi-Stakeholder-Initiativen. Derzeit hat die FWF 45 Mitgliedsfirmen, dazu gehören Hessnatur, Filippa K, Nudie oder Switcher. Den freiwilligen Arbeitsstandard SA 8000 der SAI akzeptieren als Mitglied einige bekannte Eco-Fashion-Marken wie Remei und Rianne de Witte, aber auch Otto, COOP oder Anvil. Doch insgesamt haben sich bis heute nur sehr wenige Modemarken dazu entschlossen, einer Multi-Stakeholder-Initiative beizutreten.

Da es sich bei allen Kodices um eine freiwillige Selbstverpflichtung der Unternehmen handelt, können Verstöße gegen Sozialstandards nicht sanktioniert werden. Zusätzlich kann und wird nur ein geringer Teil der Zulieferbetriebe effizient überprüft. Ein Vorwurf und Argument der Machtlosigkeit auf das viele Unternehmen, die sich zur Einhaltung von Sozialstandards verpflichtet haben, verweisen. Lokale Produzenten, die in Stoßzeiten, wenn der Termindruck für die Herstellung von Textilien zu groß wird, Aufträge an Subunternehmen in den weltweit verstreuten Fertigungsstandorten weitergeben, von denen ihre Hauptauftraggeber nichts wissen oder nichts wissen wollen, unterlaufen die Einhaltung der geforderten Standards, ohne dabei ertappt zu werden. Johanna Finke von der Kampagne für Saubere Kleidung meint, die Politik verschiedener Markenfirmen wäre scheinheilig, da oft nur die Produzenten einen Vertrag bekommen, die am schnellsten und billigsten lieferten, andererseits Verhaltenskodizes erlassen werden, die ihre Zulieferer dazu verpflichten, Überstunden zu begrenzen und Mindestlöhne zu bezahlen.

Verhaltenskodices verhindern indes nicht die Suche von Unternehmen nach Standorten mit immer geringeren Arbeitskosten oder Umweltstandards. Selbst engagierte Unternehmen können nicht ständig ihre oft mehrere hundert Zulieferer in Dutzenden von Ländern kontrollieren oder überprüfen lassen. Insgesamt wurden in den letzten Jahren durch die freiwillige Selbstverpflichtung jedoch wichtige Erfolge erzielt.

Einen etwas anderen Weg geht der Faire Handel der weltweit 24 nationalen Siegelinitiativen und Produzenten-Netzwerke, die sich 1997 unter der gemeinsamen Dachorganisation Fairtrade Labelling Organization International (FLO) zusammenschlossen. Die Geschichte des Fairen Handels fing 1959 an, als die Stiftung S.O.S. (Steun voor Onderontwikkelde Streken) den Handel mit Produkten aus der Dritten Welt begann und 1969 den ersten Weltladen eröffnete. Anfang der 1970er Jahre schwappte die erfolgreiche Handelsidee auch in das restliche Europa über. Am Anfang wurde primär mit Handwerksprodukten gehandelt, später folgten Kaffee, Tee, Kakao, Zucker, Wein, Nüsse, Gewürze, Reis und andere Lebensmittel. Um eine breitere Kundenschicht zu erreichen, ging man in den 1980er Jahren neue Wege. Alle Produkte, welche die Fairtrade Kriterien erfüllten, wurden mit einem Gütesiegel gekennzeichnet, damit sie in Supermärkten für die Verbraucher deutlich zu erkennen waren. Das Konzept setzte sich durch.

Der Faire Handel unterstützt Produzenten in den Entwicklungsländern, um ihnen eine menschenwürdige Existenz aus eigener Kraft zu ermöglichen. Die Lebensbedingungen sollen durch gerechtere Handelsbeziehungen und nachhaltige Entwicklung von Ökologie, Bildung und Frauenförderung verbessert werden. Seit 2007 vergibt TransFair, der deutsche Ableger der FLO, das Fairtrade Zertifikat in Deutschland auch für Baumwolle. Schon über 28.000 Baumwollbauern, die sich meist zu Kooperativen zusammengeschlossen haben, profitie-

Die Produktion für die österreichische Marke Göttin des Glücks ist vom Baumwollfeld bis zum fertigen Kleidungsstück transparent.

ren durch das Siegel. So erhielten Landwirte in Burkina Faso 2007 für ihre Baumwolle einen festen Mindestpreis von 0,42 Euro im Vergleich zum üblichen Marktpreis von 0,22 Euro. Weitere fünf Cent flossen als Fairtrade Prämie in Gemeinschaftsprojekte der Kooperativen für Brunnenbau, medizinische Versorgung oder Schulausstattungen. Obwohl gerechter Handel den Bioanbau nicht zwingend miteinschließt und anfänglich keine Rolle spielte, misst Fairtrade nachhaltigen Produktionsweisen eine immer wichtigere Bedeutung zu. So fördert TransFair die Bauern bei der Umstellung auf biologisch angebaute Baumwolle und unterstützt sie mit einem Bio-Aufschlag. Lizenznehmer des Fairtrade Zertifikats verpflichten sich, die vertraglich geregelten Mindestpreise und Fairtrade Prämien an die Produzenten sowie eine Lizenzgebühr an die Siegelinitiative zu zahlen. Die ILO-Kernarbeitsnormen werden nicht nur beim Anbau der Baumwolle eingehalten, sondern müssen auch bei allen weiteren Verarbeitungsschritten wie Entkernung der Baumwolle, Spinnen, Färben, Stricken, Weben, Nähen und Konfektionieren von den Lizenznehmern nachgewiesen werden. Gibt es keinen Nachweis, übernimmt FLO-CERT die Überprüfung. Sie ist ein unabhängiger Teil der FLO mit Sitz in Bonn und als einzige Institution akkreditiert, das Fairtrade Zerifikat für Produzenten, Hersteller und Händler zu vergeben. Gemeinsam mit lokalen Inspektoren, die kulturelle Eigenarten, gängige Begrüßungsformeln und einige Worte der Muttersprache kennen, um das Vertrauen der Bauern zu gewinnen, überprüft FLO-CERT die Einhaltung der Kriterien. Ihrerseits wird die Organisation von dritter Seite kontrolliert und ihre Glaubwürdigkeit bestätigt.

Armedangels, Gardeur, Jack & Jones, Nanso oder Göttin des Glücks, gehören zu den 22 internationalen Modefirmen, die in Deutschland mit dem Fairtrade Siegel zertifizierte Bekleidung im Handel anbieten. Die Fair Wear Foundation, die Clean Clothes Campaign und andere Organisationen bemängeln allerdings, dass die Sozialstandards des Fairtrade Zertifikats nicht weit genug gehen, diese zwar extern, aber nicht unabhängig überprüft werden und sich hauptsächlich auf den Anbau von Baumwolle beziehen, die weitere textile Kette eher vernachlässigt wird. Dominic Kloos von Südwind, dem Institut für Ökonomie und Ökumene, hält eine Zusammenarbeit von Fairtrade Siegelorganisationen und einer Multi-Stakeholder-Initiative für notwendig. Sie würde Textilien mit dem Fairtrade-Siegel höhere Glaubwürdigkeit verleihen.

Die Politik ist bis heute nicht in der Lage, gesetzliche Bestimmungen für die Produktion nachhaltiger Kleidung zu erarbeiten. Deswegen wurde von Seiten des Internationalen Verband der Naturtextilwirtschaft (IVN) und drei weiteren führenden Standard-Organisationen mit dem Global Organic Textile Standard (GOTS) erstmals ein weltweit anerkanntes Zertifikat entwickelt, das die umweltverträgliche und sozial verantwortliche Herstellung vom Anbau über Verarbeitung, Konfektion, Verpackung, Etikettierung, Export, Import und Vertrieb aller Textilien aus Naturfasern regelt (siehe Kapitel VIII). Da sich weltweit jeder Zertifizierer bewerben kann und nach Akkreditierung durch die internationale Arbeitsgruppe anerkannt wird, garantiert GOTS seine Unabhängigkeit bei der Kontrolle. Fair Wear Foundation und die Clean Clothes Campaign kritisieren aber auch hier, dass die Sozialstandards besser sein könnten. So etabliert die FWF in ihrem Netzwerk Ombudsstellen, mit lokalen Mitarbeitern besetzt, damit sich bei Verstößen gegen den Verhaltenskodex Arbeiterinnen auch trauen, sich zu beschweren. Ein weiterer Wermutstropfen ist, dass die Sozialkriterien zurzeit nur für die Stufe der Textilverarbeitung gelten. Sobald ein praktikables Qualitätskontrollsystem für die landwirtschaftliche Faserproduktion zur Verfügung steht, werden sie auch dort integriert. Auch hier ist Dominic Kloos davon überzeugt, dass eine Koppelung oder Zusammenarbeit einerseits die soziale Kompetenz des GOTS-Labels stärken, andererseits ökologische Gesichtspunkte in das reine Sozialsiegel einbringen würde. Trotzdem scheint mit dem Global Organic Textile Standard ein großer Wurf gelungen zu sein. Der Handel kann endlich weltweit mit einem einheitlichen Label mit dem Verbraucher kommunizieren.

Die Textilbranche hat erkannt, dass Nachhaltigkeit in Mode gekommen ist. »Die Kunst ist es, die Coolness der Mode mit den Ökogrundsätzen zusammenzubringen«, sagt Christoph Dahn, Chef des Ökomoden-Großhändlers GTB. Seitdem Grüne Mode ihr Müsli-Image verloren hat und von konventioneller nicht mehr zu unterscheiden ist, wachsen die Verkaufszahlen enorm. Lag der Umsatz von Biotextilien weltweit im Jahr 2006 noch bei 1,1 Mrd. Dollar, waren es 2009 schon 4,0 Mrd. Dollar, für 2010 rechnet die Branche mit ca. 5,3 Mrd. Dollar. »Ökomode ist keine Nische. Der Markt ist im Wandel und macht riesige Fortschritte«, meint Frans Prins, Mitveranstalter der Berliner Modemesse theKey.to, die sich mit über 50 Ausstellern auf Grüne Mode und nachhaltigen Lifestyle spezialisiert hat. Viele junge Startup-Labels, aber auch etablierte Textilhändler, setzen auf das grüne Erfolgsrezept. Es ist nicht wichtig, von Anfang an alles richtig zu machen, wichtig ist, sich für diesen Weg zu entscheiden.

Dabei hilft das unabhängige Verbraucherlabel MADE-BY. Die niederländischen Beratungsprofis unterstützen Modeunternehmen bei der schrittweisen Verbesserung sozialer, ökologischer und ökonomischer Bedingungen. Sie helfen, Sozial- und Umweltzertifikate zu erlangen und nachhaltige Materialien wie Biobaumwolle über das interne Netzwerk zu kaufen. MADE-BY gibt mit seinem Siegel den Verbrauchern die Sicherheit, dass die Firmen alles unternehmen, um nachhaltig zu produzieren. Fortschritte und Ergebnisse werden regelmäßig veröffentlicht. Über 30 Brands haben sich mittlerweile der MADE-BY Gemeinschaft angeschlossen. Dazu gehört die tonangebende Jeansmarke Kuyichi, ein Vorläufer der »Organic Revolution«, mit seinen stylischen Kultjeans aus Biobaumwolle, Hanf, Soja, alten PET-Flaschen und aus Kartoffeln gegerbten Lederjacken. Ebenso das irische Label EDUN des U2-Sängers Bono, dessen Kollektion in Afrika produziert wird und der gleichzeitig soziale Projekte und den Fairen Handel unterstützt. Das Kinderlabel Mim-pi erreichte bei seinen hochwertigen, frechen Kollektionen innerhalb von 3 Jahren einen Biobaumwollanteil von über 35%.

In der Kommunikation zwischen grünen Modefirmen und Verbrauchern steht mittlerweile die Optik der Textilien mit ihren Naturfasern wie Leinen, Bambus, Cashmere, Hanf, Biobaumwolle oder pflanzengegerbtem Naturleder, aber auch Synthetikfasern aus Soja, recycelten PET-Flaschen oder Viskose, deren Ökobilanz sich erkennbar verbessert hat, der Einhaltung sozialer und ökologischer Standards in nichts nach.

In einer repräsentativen Onlinestudie stellte das Hürther Markt- und Kommunikationsforschungsinstitut SKOPOS im Jahr 2009 dennoch fest, dass Ökomode durchaus immer noch ein Imageproblem hat. 40% der Teilnehmer konnte auf Fragen nach Wissen und Einstellung zu Grüner Mode überhaupt keine Angaben machen. Wenn doch, wurden als Vorteile von Ökomode bessere Arbeits- und Produktionsbedingungen, Umweltschutzmaßnahmen, bessere Verträglichkeit der Materialien und der Verzicht auf gesundheitsschädigende Stoffe genannt. Von einem Drittel wurde die Glaubwürdigkeit und Kontrollierbarkeit von Begriffen wie Fairtrade, Bio und Öko in Frage gestellt. Ausschlaggebend beim Kauf von Kleidung waren die Passgenauigkeit, das Aussehen und der Preis. Es folgten die Qualität, verwendete Materialien und leichte Pflegemöglichkeit. Sozialverträgliche und ökologische Herstellung spielten eine untergeordnete

Rolle. Gerade einmal 15% der Befragten hatten in der Vergangenheit überhaupt schon einmal Hinweise auf ökologisch oder sozial hergestellte Kleidung wahrgenommen.

Doch das Interesse der Verbraucher für die Herkunft und Herstellung ihrer gekauften Produkte steigt. Der Trend- und Zukunftsforscher Matthias Horx zählt mehr als 30% der Bevölkerung westlicher Länder zu dieser neuen Zielgruppe. LOHAS (Lifestyle of Health and Sustainability), dies bedeutet in etwa eine Ausrichtung der Lebensweise auf Gesundheit und Nachhaltigkeit. LOHAS bezeichnet einen Konsumententyp, bei dem Werte und Genuss, Design und Ästhetik im Mittelpunkt stehen. Häufig handelt es sich um Personen mit überdurchschnittlichem Einkommen. LOHAS kaufen Designerjeans aus Biobaumwolle oder Handtaschen aus recycelten Turnmatten, pflegen sich mit Naturkosmetik, essen Fleisch aus artgerechter Tierhaltung. Die Ware soll weitgehend sozial und ökologisch produziert worden sein. Dabei sind LOHAS nicht frei von kleinen und großen Öko-Sünden. Sie kaufen ebenso ab und zu beim Discounter oder buchen eine Fernreise trotz hoher CO_2-Emissionswerte. Thomas D, Musiker der deutschen Hip-Hop-Gruppe »Die Fantastischen Vier« bringt es phlegmatisch auf den Punkt. »Das ist, was mir an dem Begriff LOHAS gefällt«, erklärt der Musiker, »dass eine umweltbewusste Lebensweise nicht bedeuten muss, dass man scheiße aussieht«.

Ethischer Konsum braucht die Unterstützung vor allem junger Konsumenten, denn er hat das Potential, zum Fortschrittsmotor von morgen zu werden. Deshalb muss es gelingen, die noch Desinteressierten dafür zu gewinnen. Dies ist ein Ergebnis der Otto Group Trendstudie 2009, die das Hamburger Beratungsunternehmen Trendbüro im Auftrag von Otto erstellt hat. Denn die meisten Käufer von fairgehandelten Bioprodukten sind die besserverdienenden, höher gebildeten 48- bis 67-Jährigen. Die Gruppe der 16- bis 27-Jährigen interessiert sich nur mäßig für T-Shirts aus fair produzierten Biofasern. Obwohl annähernd 90% aller Befragten wissen, dass sie mit ihrem Konsumverhalten ein Teil des Problems sind, will dieses nur jeder Vierte tatsächlich ändern.

Es ergibt sich der Eindruck, Textilriesen finden nicht die geeignete Kommunikationsform, Jugendliche für einen ethischen Konsum zu gewinnen. Etliche erfolgreiche kleine Grüne-Mode-Labels machen es besser und zeigen, wie es geht. Sie überzeugen ihre Kunden gezielt mit Aussagen darüber, warum fair gehandelte Textilien Billigware vorzuziehen sind oder arbeiten mit Musikern und Schauspielern als Imageträger zusammen.

So werben und helfen bekannte Mitstreiter wie Cosma Shiva Hagen, Thomas D und Collien Fernandes der Kölner Öko-Marke Armedangels aus Überzeugung, aber natürlich auch, damit deren Fans die Kleidung kaufen. Hollywood-Größe Emma Watson verleiht dem Londoner Eco-Fashion-Kultlabel People Tree mit einer selbstentworfenen Öko-Kollektion ein schillerndes Image. Zudem ist die junge Grüne-Mode-Szene mit einer Vielzahl von Blogs und Ökomode-Portalen im Internet vertreten und vernetzt. Eine Liste der bekanntesten Blogs sind im Kleinen Grünen Lexikon (Kapitel XI) aufgelistet.

Ab wann gilt ein Textil als »grün«? Reicht es aus, den Rohstoff kontrolliert biologisch anzubauen, die Biobaumwolle aber im weiteren Produktionsprozess mit toxischen Chemikalien zu bearbeiten, ökologische Standards somit keine Rolle spielen? Oder schädliche Substanzen in allen Verarbeitungsstufen zu vermeiden, Umweltschutzbestimmungen einzuhalten, die Kleidung aber unter menschenunwürdigen Bedingungen in Sweatshops nähen zu lassen?

Der Handel mit Bio- und Fairtrade Kleidung boomt. Grüne Mode soll massentauglich werden.

Die Globalplayer der Modewelt gehören zu den größten Biobaumwollabnehmern. C&A ist mit dem Verkauf von 18 Millionen Textilien aus zertifizierter Biobaumwolle im Jahr 2009 Europas führender Textileinzelhändler. H&M will seinen Biobaumwollanteil jährlich verdoppeln. Können diese Marken ihre Biobaumwolltextilien so billig anbieten, weil man bei den weiteren Herstellungsstufen zum fertigen Bekleidungsstück den konventionellen Weg geht, mit Arbeitsbedingungen für die Beschäftigten unter menschunwürdigen und gesundheitsschädlichen Umständen sowie Einsatz giftiger Chemikalien bei der Produktion? Tatsächlich wird der eigentliche Verarbeitungsprozess kaum kommuniziert. Der höhere Rohstoffpreis macht sich an den Gesamtkosten kaum bemerkbar, die Produktionskosten für sozial und ökologisch korrekt hergestellte Kleidung dagegen schon.

Konsumenten entdecken zunehmend ihre Macht und boykottieren Produkte, Skandale werden aufgedeckt und an die Öffentlichkeit getragen. Produzenten sind sensibilisiert, aber versuchen häufig mit Green- und Bluewashing Maßnahmen ein wenig die Fassade zu polieren, ohne dass dabei die textile Kette wirklich humaner wird. Um etwas zu verändern, müssen die Bekleidungsfirmen, so wie es die Clean Clothes Campaign in ihren Statuten fordert, Eigenverantwortung übernehmen, umfassende Verhaltenscodices schaffen, mit Multi-Stakeholder-Initiativen zusammenarbeiten und ihre Beschaffungspolitik so anpassen, dass die Verhaltenskodices auch bei den Lieferanten eingehalten werden können.

Es benötigt noch eine gehörige Portion Pionierarbeit, um ethischen Konsum zu einem echten Fortschrittsmotor zu entwickeln, doch das Potential ist groß. »Nachhaltigkeit ist eine langfristige Bewegung. Sie basiert auf Mensch zu Mensch Beziehungen, lebt von Vertrauen«, sagt Linda Mohrmann von der Hamburger Vertriebsagentur L'Anima Agents. »Es ist aber auch immer an irgendeiner Stelle ein Kompromiss. Doch wenn wir etwas verändern wollen, dann können

Bio ist bei Armedangels kein Trend, sondern Einstellung. Das von Martin Höfeler und Anton Jurina gegründete Kölner Modelabel startete 2007 mit sechs verschiedenen Shirts. Heute gibt es eine feine, komplette Streetfashion-Kollektion, Fairtrade aus Biobaumwolle produziert. Die Schauspielerin und Fairtrade-Botschafterin Cosma Shiva Hagen unterstützt das Label mit einem eigens designten T-Shirt.

wir uns nicht in die Ecke setzen und warten, sondern müssen den Anfang machen und helfen, ein Bewusstsein zu schaffen«.

Die Vorsitzende der Bundestagsfraktion Bündnis90/Die Grünen, Renate Künast, Schirmherrin der Modemesse theKey.to, der innovativen Plattform für nachhaltige Fashion-Labels, wünscht sich, dass es in Zukunft einfacher wird, Grüne Mode im deutschen Einzelhandel zu kaufen.

Die Grüne-Mode-Szene müsse, um das Thema zu stärken, bereit sein, verstärkt Allianzen mit anderen Branchen einzugehen.

Geschätzte 1.200 Eco-Fashion-Designer gibt es derzeit weltweit, davon allein in Deutschland etwa 220 Labels. Zahlreiche neue Designer schließen sich diesen Vorreitern einer besseren Modewelt an. Sie bieten ihre Ökotextilien zunehmend über eigene Shops im Netz an oder werden über das Sortiment großer grüner Onlinestores und lokaler Geschäfte zusammen mit anderen Marken verkauft. Wir stellen in Kapitel XIII die 444 interessantesten und besten Designer und Brands vor.

Kapitel VIII

Zertifizierungen

Über die Schwierigkeiten, einen globalen Standard zu entwickeln. Die wichtigsten Textil-Zertifikate weltweit.

Die Forderung nach »grüner«, ethisch und ökologisch korrekt produzierter und verarbeiteter Biobaumwolle wächst kontinuierlich. Umweltprobleme und fehlende soziale Standards innerhalb der textilen Kette, vom Anbau der Naturfasern über Produktion bis zum Vertrieb, haben dazu geführt, dass sich in den letzten Jahren eine Vielfalt von Öko-Zertifikaten etablierte. Da für nachhaltige Textilien keine gesetzlichen Bestimmungen verfügbar sind, können Anforderungen und Zielsetzungen frei gewählt werden. Durch die Festlegung unterschiedlicher Kriterien ist es aber schwierig, einzelne Label miteinander zu vergleichen, denen zum Teil auch Transparenz und Glaubwürdigkeit fehlen.

Bereits Anfang der 1990er Jahre wurde mit dem Oeko-Tex® Standard 100 erstmals ein wissenschaftlich begründeter Bewertungsmaßstab für mögliche Problemstoffe auf der Interstoff-Messe der Textil- und Bekleidungsbranche vorgestellt. Zu den ersten Unternehmen, deren Textilien mit diesem Label zertifiziert wurden, gehörten Hersteller von Unterwäsche und Babybekleidung. Das Siegel »Textiles Vertrauen« hat sich bis heute als weltweit anerkanntes Zertifizierungssystem für schadstoffgeprüfte Textilien etabliert. Die Schadstoffprüfungen werden in Deutschland vom Bönnigheimer Hohenstein Institut und international von vierzehn renommierten Textilforschungs- und Prüfinstituten in über 40 Ländern durchgeführt. Etwa zur selben Zeit gründeten vier Naturtextilhersteller im Jahr 1989 den Arbeitskreis Naturtextil und schufen erste Qualitätsstandards für die gesamte Produktionskette. 1999 entwickelte sich daraus der Internationale Verband der Naturtextilwirtschaft e.V. (IVN), der seit dem Jahr 2000 das zweistufige Qualitätszeichen »Naturtextil« vergab. Als erstes Zertifikat schloss es bei der Prüfung ökologische und soziale Standards entlang der gesamten textilen Kette ein.

Weltweit existieren mehr als 65 freiwillige und unzählige firmeneigene Standards für Ökotextilien, mit Unterschieden in Prüftiefe, Transparenz und Ernsthaftigkeit, deren Vielfalt Produzenten, Händler und Verbraucher verwirrt. Es lassen sich vier unterschiedliche Kategorien für Öko-Gütezeichen erkennen. Zum einen gibt es staatliche Programme wie die National Organic Programme (NOP) des US Department of Agriculture (USDA) oder die Japanese Agricultural Standards (JAS), beides nationale Ökostandards, die verbindlich für alle Bioprodukte, dazu gehören auch Textilien und Bekleidung aus Biobaumwolle, gelten. In die zweite Kategorie fallen freiwillige Labels wie das bluesign® Siegel, welches die Sicherheit auf allen Produktionsstufen der textilen Kette prüft oder der Organic Exchange Standard 100, der den Verbrauchern garantiert, dass Textilien aus Biobaumwolle bestehen und diese aus zertifiziertem Anbau stammt. Soziale Standards und giftfreie Weiterverarbeitung finden dabei keine Berücksichtigung. Soziale Aspekte stehen dagegen z. B. beim SA 8000 Standard oder dem Fair Wear Foundation Zertifikat im Vordergrund. Auch das weltweit anerkannte

Fairtrade Siegel schließt in der Weiterverarbeitung Sozial- und zusätzliche Umweltkriterien mit ein, sein Hauptaugenmerk liegt allerdings im Anbau und Fairen Handel. Ob Biobaumwolle verarbeitet wird, spielt in dieser Kategorie dabei keine Rolle. Zur vierten Kategorie gehören Standards, die alle Aspekte miteinander vereinen und gesundheitlich unbedenkliche Textilien aus Biobaumwolle oder anderen Naturfasern aus zertifiziert ökologischem Anbau garantieren, die umweltfreundlich und sozialverträglich hergestellt werden. In Deutschland, der Niederlande, England, Japan und anderen Staaten vergaben Verbände und Organisationen bis 2008 individuelle ganzheitliche Zertifikate.

Um der verwirrenden Vielfalt entgegenzuwirken, entwickelte der IVN auf Basis seines eigenen, nun nicht mehr vergebenen »IVN zertifiziert«-Siegels, in Zusammenarbeit mit den führenden Standard-Organisationen, der englischen Soil Association, der amerikanischen Organic Trade Association (OTA) und der japanischen Japan Organic Cotton Association (JOCA), ein neues, international einheitliches Siegel. Der Global Organic Textile Standard (GOTS) harmonisierte damit im Jahr 2008 auf einen Schlag acht eigenständige nationale Zertifizierungen, die zugunsten des neuen Weltstandards aufgegeben wurden. Dank identischer Kennzeichnung und anerkannter Kriterien, können mittlerweile schon mehr als 2.700 Unternehmen ihre Kollektionen mit dem GOTS Zertifikat erfolgreich im weltweiten Handel anbieten.

Sinnvolle Alternative oder Erweiterung in Zusammenarbeit mit anderen Staaten, die natürlich ähnliche Beschlüsse durchsetzen müssten, wäre die Erarbeitung eines gesetzlich gebundenen, sozialökologischen Standards. Eine Vereinheitlichung dieser dann staatlich geprüften Kriterien würde nur die Siegel bestehen lassen, deren Niveau deutlich höher liegt und es ökologisch und ökonomisch Sinn macht, sie zu vermarkten. Profiteure einer solchen einheitlichen Regelung wären zum einen die Verbraucher, denen es schwerfällt, sich im Wirrwarr der unternehmenseigenen und unabhängigen Zertifikate zurechtzufinden. Zum anderen die Anbieter, die mit verschiedenen Zertifikaten arbeiten und deren Kontrolleure sich bei ihren regelmäßigen Überprüfungen auf den Äckern und Betrieben oft genug die Klinke in die Hand geben, was die Kosten zusätzlich nach oben treibt.

Dass eine Zusammenarbeit mehrerer Staaten in diesem Bereich tatsächlich funktionieren kann, zeigt die EU-Chemikalienverordnung REACH (Registration, Evaluation, Authorisation and Restriction of Chemicals), die im Juni 2007 in Kraft trat und für alle EU-Mitgliedsländer gilt. Allein für die Textilindustrie müssen in den nächsten Jahren 3.500 relevante Stoffe registriert, geprüft, zertifiziert oder beschränkt werden. Obwohl der Prozess nicht vor 2018 abgeschlossen sein wird, kann REACH schon heute zu mehr Transparenz für Anbieter, Anwender und Verbraucher führen. Ob aber europäische Sozial- und Umweltstandards auch außerhalb Europas eingehalten werden würden, ist in Billiglohnländern wie China, Indien oder Bangladesch leider nicht gewährleistet.

Im Folgenden werden die weltweit wichtigsten Zertifizierungen und Standards für die Eco-Fashion-Branche vorgestellt und anschaulich beschrieben.

bioRe® Unter dem Qualitätssiegel und der Eigenmarke bioRe® hat die Schweizer Handelsmarke Remei AG (Lieferant bedeutender Kunden wie COOP, REWE, Greenpeace, Mammut etc.) eine Vision verwirklicht, bei der die Produktion von modischen Textilien aus fair gehandelter Biobaumwolle in einer kontrollierten transparenten Prozesskette gewährleistet ist. Von unabhängigen Institutionen werden vom Bioanbau über die Verarbeitung bis zum fertigen Produkt, alle Stufen der Produktion nach strengen ökologischen und sozialen Standards überprüft. Dazu zählt der Anbau zertifizierter Baumwolle, kein Einsatz von Chemikalien, die Erfüllung des Sozialstandards SA 8000 und der bewusste Umgang mit Ressourcen wie die Reduktion von CO_2-Emissionen.
www.remei.ch

bluesign® Standard Die grundlegende Idee ist es, einen unabhängigen Standard zu schaffen, der auf die gesamte Produktionskette anwendbar ist und Sicherheit auf allen Stufen bietet, vom Rohmaterial bis zum fertigen Produkt, vom Rohstofflieferanten bis zum Endkunden. Der bluesign® Standard orientiert sich anhand der Punkte Gewässerschutz, Luftemissionsschutz, Konsumentensicherheit, Arbeitssicherheit und Ressourcenproduktivität und garantiert ihnen eine globale Absicherung. So enthalten Produkte in der gesamten Herstellungskette ausschließlich Komponenten, die für Mensch und Umwelt unbedenklich sind. Mit Hilfe der bluesign® bluefinder Datenbank erhält man ausführliche Informationen darüber, welche Rohmaterialien und chemische Komponenten diesem Standard entsprechen.
www.bluesign.com

Cotton made in Africa
Das junge Projekt »Cotton made in Africa« ist derzeit eines der größten Public Private Partnership Projekte der deutschen Entwicklungsarbeit. Es hat das ehrgeizige Ziel, den ökologisch und sozial

verträglichen sowie ökonomisch verantwortlichen Anbau von Baumwolle in Afrika zu fördern und die Lebensbedingungen von mehr als 100.000 Kleinbauern und deren Familien zu verbessern. Träger ist die von Michael Otto gegründete Stiftung »Aid by Trade Foundation for Sustainable Agriculture and Forestry«. Weitere Partner sind der WWF, die Deutsche Welthungerhilfe, deutsche Regierungsorganisationen und Wirtschaftsunternehmen wie OTTO, Tom Taylor, Tchibo, QVC u. v. a., die als Abnehmer der Baumwolle die wirtschaftliche Basis schaffen. Die Cotton made in Africa Nachhaltigkeitsindikatoren legen die Ziele fest, auf die das Projekt hinarbeitet. Für die Anbaupraxis auf den Feldern wurden klare Richtlinien definiert. Dazu gehören die Effizienz der Wassernutzung zu steigern, Minderung des Pestizid- und Düngemitteleinsatzes und Verbesserung der Bodenfruchtbarkeit. Es handelt sich hierbei aber nicht um Biobaumwolle.
www.cotton-made-in-africa.com

Demeter

Demeter steht für Produkte der biologisch-dynamischen Wirtschaftsweise, die als nachhaltigste Form der Landbewirtschaftung dafür sorgt, die Lebensgrundlagen auf der Erde zu sichern. In 38 Ländern, in über 3.500 Betrieben werden Bio-Lebensmittel ökologisch und sozial gerecht angebaut. Als Grundlage für die Einhaltung von Demeter Textilien gelten die Verarbeitungsrichtlinien des GOTS. Dazu kommen eigene Demeter-Richtlinien, die insgesamt zu einem der höchsten Textilstandards weltweit führen.
www.demeter.de

ECOCERT Der größte französische Zertifizierer für biologischen Anbau ECOCERT vergibt seinen eigenen Textil Standard unter gleichem Namen seit 2008 nicht mehr, sondern zertifiziert Textilien ausschließlich mit dem anspruchsvolleren internationalen Textilstandard GOTS.

www.ecocert.org

EKO Sustainable Textile

Der EKO Sustainable Textile Standard war bis Ende 2008 eines der am weitest verbreiteten und anerkannten globalen Textilzertifikate, vergeben vom niederländischen Zertifizierer Control Union. Nachdem sich die vier großen Standard Organisationen auf ein gemeinsames Zertifikat geeinigt hatten, wurde Anfang 2009 die Vergabe des EKO-Labels eingestellt und vom Global Organic Textile Standard abgelöst.
www.controlunion.com

ETHICS IN BUSINESS Diese neue Initiative vergibt ihr Zertifikat für ökologisch und sozial nachhaltiges Wirtschaften im Mittelstand. Die

Vorreiter sollen eine Vorbildfunktion einnehmen und auf breiter Basis zu weiterem ethischen Wirtschaften anregen. Als erstes Textilunternehmen in Deutschland wurde Hessnatur mit dem Label ausgezeichnet.
www.ethics.de

Euroblume Das Europäische Umweltzeichen »Euroblume« wurde 1992 ins Leben gerufen. Dahinter steckt ein Zertifizierungssystem, das dem europäischen Verbraucher hilft, umweltfreundliche

Produkte und Dienstleistungen zu erkennen. Für die Prüfung und Vergabe des Siegels innerhalb Deutschlands ist das Deutsche Institut für Gütersicherung und Kennzeichnung (RAL) und das Umweltbundesamt zuständig. Das Umweltzeichen wird in 23 Kategorien vergeben, von Elektrogeräten über Möbel bis hin zu Textilien. Die Textilien zeichnen sich durch vergleichsweise geringe Gesundheitsbelastung und besondere Umweltverträg-

lichkeit aus. Für die Kennzeichnung wird der gesamte Lebenszyklus (Herstellung, Anwendung/Verbrauch und Entsorgung) eines Produktes getestet. Es handelt sich um eine freiwillige Zertifizierung ähnlich dem »Blauen Engel«, seinem nationalen, in einigen Punkten noch strengerem Pendant und soll die Unternehmen zu mehr Umweltbewusstsein auffordern.
www.eco-label.com

Fairtrade Certified Cotton
Als Fairtrade wird ein kontrollierter Handel bezeichnet, bei dem die Erzeugerpreise für die gehandelten Produkte üblicherweise über dem jeweiligen Weltmarktpreis angesetzt werden. Damit wird den Produzenten ein höheres und verlässlicheres Einkommen als im herkömmlichen Handel ermöglicht. In der Produktion (Spinnerei, Weberei, Konfektion) sollen außerdem Umwelt- und Sozialstandards gemäß der Internationalen Arbeitsorganisation ILO eingehalten werden. 2007 wurde der Fairtrade Certified Cotton Standard in Deutschland eingeführt. Er stärkt nicht nur gezielt Kleinbauern, sondern finanziert zusätzlich soziale Projekte, den Bau von Schulen und unterstützt die ärztliche Versorgung. Da das Fairtrade Siegel ein reines Sozial-Zertifikat ist und keine Umweltkriterien beinhaltet, wäre die Kombination mit dem Handel von Biobaumwolle oder anderer Standards eine sinnvolle Ergänzung.
www.transfair.org

FSC Der Forest Stewardship
Council ist eine internationale Organisation, die sich aus Vertretern von Umweltverbänden, Gewerkschaften, Forstwirtschaft und Holzindustrie gebildet hat. Das FSC-Siegel setzt in ökologischer, sozialer und forstwirtschaftlicher Hinsicht den internationalen Standard für Holzprodukte. Es ist das einzige weltweit gültige Zertifikat für eine nachhaltige Waldbewirtschaftung. Die Kriterien und das Vergabeverfahren sind für die Öffentlichkeit transparent. Zentrales Ziel des FSC ist es, Standards zu entwickeln, die den Wald auch für zukünftige Generationen erhalten und Produkte über ihre gesamte Wertschöpfungskette nach diesen Kriterien zu zertifizieren.
www.fsc-deutschland.de

FWF Die 1999 gegründete
Fair Wear Foundation (FWF) ist eine nicht-profitorientierte niederländische Multi-Stakeholder-Initiative, die sich für faire Arbeitsbedingungen in der Textilindustrie einsetzt. Dabei arbeitet sie auf internationaler Ebene mit verschiedenen Kooperationspartnern zusammen. Grundlage für die Arbeit des FWF ist ein definierter »Code of Labour Practices«, ein Arbeitsverhaltenskodex, dessen Kriterien sich an den Konventionen der Internationalen Arbeitsorganisation (ILO) orientieren. Textilunternehmen, die den FWF Arbeitsverhaltenskodex annehmen und seiner regelmäßigen Überprüfung zustimmen, können Mitglied der Organisation werden. Zertifiziert wird die Einhaltung humaner und gerechter Arbeitsbedingungen entlang der textilen Kette bis zum Endprodukt.
www.fairwear.nl

GOTS Mit der Einführung
des Global Organic Textile Standards (GOTS) im Juni 2008 in seiner zweiten Fassung, wurden erstmals weltweit anerkannte Anforderungen definiert, welche den ökologischen Status von Textilien, von der Gewinnung textiler Rohfasern, über umweltverträgliche und sozial verantwortliche Herstellung bis zur homogenen Kennzeichnung der Endprodukte gewährleisten. Entwickelt wurde der GOTS gemeinsam von den vier wichtigsten Standard-Organisationen Soil Association (England),

Organic Trade Association (USA), Japan Organic Cotton Association (Japan) und dem Internationalen Verband der Naturtextilwirtschaft (Deutschland). Er entspricht zum großen Teil dem heute nicht mehr vergebenen Standard »IVN zertifiziert«. GOTS wird in zwei Label-Stufen unterteilt, wobei das einzige Kriterium für die Unterteilung der Mindestprozentanteil an Fasern aus kontrolliert biologischem Anbau (kbA) ist. Label-Stufe I erfordert einen Anteil von mehr als 95% zertifizierter Fasern aus Bioanbau, Label-Stufe II mehr als 70% kbA-Fasern. Der Rest kann aus synthetischen Fasern oder aus konventionellem Anbau bestehen. GOTS regelt außer dem Materialeinsatz die Verwendung von Hilfsmitteln bei der Produktion, die Abwasseraufbereitung, Schadstoffgrenzwerte, Löhne, Arbeitszeiten, Kinderarbeit und Qualitätssicherungen. Die Sozialkriterien gelten zurzeit nur für die Stufe der Textilverarbeitung. Um die Einhaltung der GOTS Richtlinien zu überprüfen, werden regelmäßige Kontrollen in sämtlichen am Herstellungsprozess beteiligten Betrieben durchgeführt. Acht der wichtigsten Organisationen, die bisher eigene Label vergaben, haben sich im Juni 2008 darauf geeinigt, diese zu harmonisieren und nur noch mit dem GOTS Standard zu zertifizieren.
www.global-standard.org

»hautfreundlich weil schadstoffgeprüft« Seit 1995 zeigt OTTO mit seinem Qualitätssiegel »hautfreundlich, weil schadstoffgeprüft« an, dass der jeweilige Artikel auf gesundheitsgefährdende Rückstände geprüft wurde. Die Anforderungen lehnen sich an den anerkannten Oeko-Tex® Standard 100 an. Der Anteil schadstoffgeprüfter Textilien am Gesamtsortiment liegt bei nahezu 100%.
www.otto.de

ICEA Das ICEA Siegel des gleichnamigen italienischen Zertifizierers Instituto Certificazione Etica e Ambientale beinhaltete die strengen Richtlinien des GOTS Standards, nach denen die textile Kette vom kontrolliert biologischen Anbau über die Produktion bis zum fertigen Kleidungsstück überprüft wird. Seit 2008 wird gemeinsam mit anderen internationalen Organisationen nur noch mit dem GOTS Siegel zertifiziert.
www.icea.info

JOCA PURE, JOCA PURE dyed/printed, Joca BLEND Die Japan Organic Cotton Association (JOCA) ist eine der Organisationen, die das neue weltweit anerkannte Siegel GOTS mitentwickelte. Bis 2008 vergaben die Japaner drei eigene Standards. JOCA PURE erforderte einen Anteil von mindestens 90% Biobaumwolle und weniger als 10% Kunstfasern (Elasthan etc.). Die Biobaumwolle durfte weder gefärbt noch bedruckt werden. JOCA PURE dyed/printed beinhaltete o.g. Standards, zusätzlich war das Bedrucken und Färben der Textilien nach strengen Kriterien erlaubt. JOCA BLEND erforderte einen Biobaumwollanteil von mehr als 60%, gemischt mit anderen Naturfasern wie Leinen, Seide oder Baumwolle aus konventionellem Anbau. Seit 2008 wird nur noch der GOTS Standard vergeben.
www.joca.gr.jp

KRAV Das größte skandinavische Zertifizierungsgremium für ökologische Produkte KRAV ist eine schwedische Non-Profit-Organisation, die biologisch angebaute Produkte durch eigene Standards prüft und mit ihrem Siegel naturkonformen, giftfreien Anbau garantiert. KRAV Standards entsprechen dem IFOAM Basic Standard und EG Verordnungen für den ökologischen Landbau.
www.krav.se

NASAA Organic Standard Die National Association for Sustainable Agriculture ist der größte australische Zertifizierer für landwirtschaftliche Bioprodukte. Sein NASAA Organic Standard umfasst strenge ökologische Vorgaben für die Erhaltung von Wasser, Boden und Pflanzenvielfalt wie effektive Wassernutzung, Verbot von Pflanzenschutzmitteln oder die Hilfe beim Aufbau eines Umweltmanagements.
www.nasaa.com.au

Naturland Naturland, Verband für ökologischen Landbau e.V., fördert weltweit den ökologischen Landbau. Der Verband verfolgt einen ganzheitlichen Ansatz mit detaillierten Richtlinien für Erzeugung und Verarbeitung der Produkte, aber auch für den sozialen Umgang mit Menschen. Die Standards des Zertifikats enthalten strenge Kriterien wie nachhaltiges Wirtschaften, praktizierter Natur- und Klimaschutz, Sicherung und Erhalt von Boden, Luft und Wasser sowie den Schutz des Verbrauchers. 2006 wurde das erste Textilprojekt nach Naturland Richtlinien zertifiziert.
www.naturland.de

Naturleder IVN zertifiziert Seit 2001 entwickelt der IVN die Richtlinien dieses ersten europaweiten Standards für Naturleder, erste Unternehmen werden Ende 2010 zertifiziert. Im Vordergrund stehen die Vermeidung von Umweltbelastungen, Schutz der Gesundheit für Menschen, die Lederwaren herstellen und Kunden, welche die Produkte verwenden, Dokumentierung von Gefahrenstoffen und Überprüfung der Entsorgung und Recyclingfähigkeit von Materialien.
www.naturtextil.com

Naturtextil IVN zertifiziert BEST Zur Zeit stellt dieses, vorrangig in Europa bekannte Zertifikat, den Standard mit den größten Anforderungen an textile Ökologie dar und zeigt die momentan höchste realisierbare Stufe auf. BEST wurde vom Internationalen Verband der Naturtextilwirtschaft e.V. entwickelt und gilt für die gesamte textile Kette hinsichtlich ökologischer und sozialverträglicher Herstellung. In vielen Abschnitten gleichen sich die beiden Zertifikate BEST und GOTS, wobei die Ansprüche des »Naturtextil IVN zertifiziert BEST« größer sind. Die Liste der erlaubten Hilfsmittel und Farben sind kürzer und es gibt strengere Vorgaben bei der Veredelung der Stoffe und der Nutzung von Naturfasern.
www.naturtextil.com

Nordic Swan Nordic Swan ist ein schwedisches Zertifikat, welches vorwiegend in skandinavischen Ländern vergeben wird. Der »Schwan« wurde 1989 ins Leben gerufen und kennzeichnet Produkte, die umweltschonend hergestellt werden. Der umfassende Kriterienkatalog berücksichtigt u.a. den Einsatz von Chemikalien, Emissionswerten, Energieverbrauch, Abwasser- und Abluftreinigung sowie Reduktion der Abfälle.
www.svanen.nu

Oeko-Tex® Standard 100 Unter dem Motto »Textiles Vertrauen« stehen seit 1992 weltweit über 40 Prüfinstitute der internationalen Oeko-Tex Gemeinschaft, mit ihren Schadstoffprüfungen nach Oeko-Tex® Standard 100, für gesundheitlich einwandfreie Textilprodukte aller Art. Mit dieser Zertifizierung war erstmalig ein homogener und wissenschaftlich begründeter Bewertungsmaßstab für die Beurteilung

möglicher Problemstoffe in Textilien, für Unternehmen der Textil- und Bekleidungsindustrie verfügbar. Endverbrauchern gibt das Oeko-Tex® Label eine wichtige Entscheidungshilfe beim Textilkauf hautfreundlicher und schadstofffreier Bekleidung. Mit über 83.000 ausgestellten Zertifikaten und Millionen ausgezeichneten Artikeln ist das Label damit das weltweit bekannteste und meist verbreitete Prüfzeichen für schafstoffgeprüfte Textilien. Der vom deutschen Forschungsinstitut Hohenstein und dem Österreichischen Textil-Forschungsinstitut (ÖTI) entwickelte Standard überprüft anhand eines transparenten Kriterienkatalogs gesetzlich verbotene und reglementierte Substanzen, bekanntermaßen gesundheitsbedenkliche Chemikalien sowie Indikatoren zur Gesundheitsvorsorge. Ein ausgestelltes Zertifikat gilt für die Dauer eines Jahres, kann aber beliebig oft verlängert werden. Kritiker bemängeln, dass im begrenzten Umfang explizit Schadstoffe wie Chlorbleiche, Schwermetalle, Pestizide und chemische Ausrüstungen erlaubt sind und die Prüfung ausschließlich am fertigen Produkt stattfindet. So wird auch nicht die Herstellung der Kleidung aus kontrolliert biologischem Anbau vorgeschrieben.
www.oeko-tex.com

Oeko-Tex® Standard 1000 Hier wird nicht das Produkt, sondern das Unternehmen, also die Produktionsbedingungen der gesamten Produktionskette bei der Textilherstellung geprüft.  Die Unternehmen müssen vereinbarte Kriterien bezüglich ihres umweltverträglichen Herstellungsprozesses erfüllen und mindestens 30% der Gesamtproduktion nach Oeko-Tex® Standard 100 zertifizieren. Es gibt u. a. Grenzwerte betreffend der Abwasser- und Abluftreinigung, des Energieeinsatzes, der Lärm und Staubvermeidung sowie geforderte Kriterien beim Ausschluss von umweltschädigenden Hilfsmitteln und Farbstoffen, der Sicherheit am Arbeitsplatz, Verzicht auf Kinderarbeit und Einführung eines Umweltmanagement-Systems. Das Zertifikat gilt für drei Jahre.
www.oeko-tex.com

Oeko-Tex® 100plus Wenn ein Unternehmen Oeko-Tex® Standard 1000 erfüllt und alle seine Produkte erfolgreich nach Oeko-Tex® Standard 100 geprüft wurden, dürfen die Artikel das Oeko-Tex® Standard 100plus Zeichen tragen. Diese sind dann sowohl schadstoffgeprüft als auch umweltfreundlich hergestellt.
www.oeko-tex.com

Organic Exchange Blended Standard Der erste Organic Exchange Standard wurde 2004 entwickelt und entspricht dem heutigen OE Blended Standard. Dieser legt bei der Produktion einen Mindestanteil von 5% Biobaumwolle fest. Die restlichen 95% dürfen sowohl konventionell angebaute Baumwolle als auch synthetische Fasern enthalten. Der Anteil der Biobaumwolle muss bei dem Endprodukt ausgewiesen werden. Kennzeichnungspflicht und Überprüfungskriterien entsprechen dem OE 100 Standard.
www.organicexchange.org

Organic Exchange 100 Standard Dieser Standard soll den Konsumenten garantieren, dass die Biobaumwolle aus kontrolliertem und zertifiziertem Anbau stammt. Das Zertifikat kann für einzelne Komponenten des Produktes gelten, muss aber dann als solches gekennzeichnet werden. Die Textilien bestehen zu 100% aus Biobaumwolle, ausgenommen ist nur das Nähgarn. Streng geregelt und durch unab-

hängige Zertifizierungsorganisationen kontrolliert werden die Rückverfolgung und Dokumentation des Einkaufs, klare Kennzeichnung der Biofasern während des kompletten Produktionsprozesses sowie die separate Lagerung der Biobaumwolle. Soziale Belange, Kinderarbeit oder Gesundheit am Arbeitsplatz werden nicht berücksichtigt. Zertifizierer dieses Siegels sind die Organisationen Control Union, ECOCERT, ETKO, IMO und OneCert. OE Standards werden als Sprungbrett für das anspruchsvollere GOTS Zertifikat gesehen.
www.organic-exchange.org

Organic Trade Association
Dieses Label wurde bis vor kurzem von der gleichnamigen, größten amerikanischen Zertifizierungs-Organisation für biologisch angebaute Baumwolle vergeben. Es enhielt strenge ökologische und soziale Vorgaben vom Anbau, über die Verarbeitung bis zum fertigen Textil. Seit 2008 wird gemeinsam mit anderen internationalen Organisationen nur noch mit dem GOTS Siegel zertifiziert.
www.ota.com

PURE WEAR   OTTO's Eigenmarke steht seit 2003 für den höchsten Standard ökologisch optimierter und schadstoffgeprüfter Textilien im Unternehmen. Das Zertifikat kennzeichnet diejenigen Artikel, deren Baumwolle biologisch kontrolliert angebaut und umweltfreundlich produziert wird. Die Einhaltung ökologischer Standards wird durch unabhängige Prüfinstitute kontrolliert. Soziale Standards werden bei diesem Zertifikat leider nicht berücksichtigt.
www.otto.de

SA 8000   Das 1998 ins Leben gerufene Label »for Social Accountability« ist ein umfassender, weltweiter Standard für Auditierung und Zertifizierung der unternehmerischen Verantwortung. Der wesentliche Kern des Standards ist die Überzeugung, dass Bedingungen an allen Arbeitsplätzen an den allgemein anerkannten Menschenrechten ausgerichtet werden und das Management hierfür soziale Verantwortung übernimmt. Der Standard wurde durch die Social Accountability International (SAI) entwickelt und von einem internationalen Aufsichtsrat, einschließlich Menschenrechtsorganisationen, Wissenschaftlern und Arbeitsrechtlern unterstützt. SA 8000 bietet transparente und messbare Standards zur Zertifizierung wie Verbot von Kinderarbeit, Zwangsarbeit, Gesundheit am Arbeitsplatz, Diskriminierung, Lohn und Management.
www.sa-intl.org

Soil Association Organic Standard   Der Dachverband des ökologischen Landbaus in Großbritannien ist die Soil Association, die unter gleichem Namen unter anderem für Textilien ihr bekanntes und anerkanntes Zertifikat vergibt. Der Standard erfüllt nicht nur die staatlichen Normen, sondern übertrifft diese in vielen Bereichen und gilt als einer der umfangreichsten und strengsten Siegel überhaupt. Er enthält ökologische Regelungen entlang der gesamten textilen Kette. Im Jahr 2008 einigte sich die Soil Association mit den drei anderen weltweit führenden Organisationen (IVN, OTA, JOCA) darauf, für Textilien nur noch gemeinsam den Global Organic Textile Standard zu vergeben.
www.soilassociation.org

The Carbon Reduction Label
Der Carbon Trust ist eine von der britischen Regierung im Jahr 2006 ins Leben gerufene gemeinnützige Organisation, die weltweit das erste CO_2-Label, welches den Carbon Footprint angibt, entwickelte. Der Kohlenstoff-Fußabdruck

beinhaltet die über den gesamten Lebensweg eines Produktes ausgestoßene Gesamtmenge an Kohlendioxid (CO_2), Methan, Stickstoff und andere Treibhausgase vom Anbau über Ernte, Verarbeitung, Produktion, Verpackung, Transport bis zur Lagerung. Durch die Kombination von Produktdesign, Effizienz bei der Herstellung, ökologischer Landwirtschaft, alternativer Energie und sparsamen Wasserverbrauch, wird ein signifikanter Beitrag zur Reduzierung des Fußabdrucks geleistet. CO_2-reduzierten oder sogar CO_2-neutral produzierten Waren kann dieses Zertifikat ausgestellt werden. EarthPositive® Shirts des Bekleidungsherstellers Continental haben als erstes Textilerzeugnis dieses Label erhalten. Um zu vermeiden, dass in nächster Zeit unterschiedliche CO_2-Standards wie Pilze aus dem Boden schießen, haben sich Verbände und Organisationen mehrerer Nationen zusammengeschlossen, um einen einheitlichen internationalen Standard zu entwickeln.
www.carbontrust.co.uk

TOX-PROOF Schadstoffgeprüft Die unabhängige Prüfinstanz TÜV Rheinland Group überprüft unter anderem Textilien auf ihren Schadstoffinhalt und bescheinigt mit ihrem TOX-PROOF Zertifikat die Unbedenklichkeit für die menschliche Gesundheit. Sie überprüft die Produkte als schadstofffrei bis schadstoffarm, unter Einhaltung anerkannter Richt- und Schwellenwerte.
www.tuv.com

USDA Mit dem National Organic Program (NOP) hat das Landwirtschaftsministerium der USA (US Department of Agriculture) 2002 einen nationalen Ökostandard geschaffen. Dieser ist verbindlich für alle Bioprodukte, darunter fallen auch Textilien und Bekleidung, die in den Vereinigten Staaten erzeugt oder in diese importiert werden. Auch für den Anbau von Biobaumwolle müssen strenge ökologische Standards erfüllt werden, um das begehrte USDA Zertifikat zu erhalten.
www.ams.usda.gov

UV-Standard 801 Der UV-Standard 801 wurde 1999 von der Internationalen Prüfgemeinschaft für angewandten UV-Schutz entwickelt, in der unabhängige, international tätige Textilforschungsinstitute wie das Hohenstein Institut, die Schweizer TESTEX oder das spanische Instituto Tecnológico Textil organisiert sind, zu deren Aktivität auch die Prüfung der UV-Schutzwirkung von Textilien gehören. Die Messungen für den UV-Standard 801 werden bei ungünstigsten Tragebedingungen (worst case Szenario) durchgeführt. Das Textil wird im Rahmen der Prüfung gewaschen, angefeuchtet, in definierter Weise gedehnt und bei maximaler Strahlungsintensität (Sonneneinstrahlung auf dem Höhepunkt des australischen Sommers in Melbourne) der UV Protection Factor gemessen.
www.uvstandard801.de

WRAP Die unabhängige und gemeinnützige amerikanische Organisation Worldwide Responsible Apparel Production hat sich zum Ziel gesetzt, die Arbeitsbedingungen  in den Fabriken der Bekleidungsindustrie zu verbessern. Produktionsstätten in der ganzen Welt werden in Bezug auf Einhaltung eigener Standards überwacht und zertifiziert. Zu den Standardelementen des WRAP Zertifikats gehören neben dem Verbot von Zwangs- und Kinderarbeit, Verbot von Belästigung oder Missbrauch, Zahlung von Mindestlöhnen und Sozialleistungen, die Gewährleistung eines sicheren und gesundheitsverträglichen Arbeitsplatzes und die Erfüllung von Umweltauflagen.
www.wrapapparel.org

Kapitel IX

Zertifizierer, Organisationen, Verbände

Auflistung weltweit tätiger Institutionen, die dafür sorgen, dass ökonomische, ökologische und soziale Bedingungen entlang der textilen Kette eingehalten und transparenter werden.

Amnesty International
Die Organisation zählt mehr als 2,2 Millionen Mitglieder und Unterstützer in über 150 Staaten. Unter dem Motto »Gerechtigkeit globalisieren« hat sich Amnesty International folgende Ziele gesetzt: Schutz der Rechte von Frauen, Mädchen und Flüchtlingen, Schutz der Menschenrechte, Forderung nach Gerechtigkeit, Kampf gegen Diskriminierung, Sicherstellung der körperlichen und geistigen Unversehrtheit aller Menschen und Förderung deren wirtschaftlichen, sozialen und kulturellen Rechte. Amnesty International wird ausschließlich durch private Spenden finanziert und bewahrt sich dadurch seine Unabhängigkeit.
www.amnesty.de

BCI Die im Juli 2009 gegründete Organisation Better Cotton Initiative hat das Ziel, die Zusammenarbeit zwischen Markenunternehmen, Nicht-Regierungsorganisationen und Umweltschutzorganisationen zu stärken und die Umweltbedingungen in der Baumwollindustrie zu verbessern. Hauptaugenmerk liegt im nachhaltigen Anbau von Baumwolle (Reduzierung des Wasserverbrauchs und des Pestizidmitteleinsatzes), der die Umwelt schont und den Bauern ein gesichertes Einkommen ermöglicht. Führende Partner der Initiative sind internationale Unternehmen wie H&M, Adidas und IKEA als Abnahmegaranten der Baumwolle (keine Biobaumwolle) sowie der WWF und die Vereinten Nationen.
www.bettercotton.org

BSCI Die Business Social Compliance Initiative ist eine branchenübergreifende Non-Profit Organisation mit über 250 Mitgliedern, deren Ziel es ist, die weltweite Verbesserung von Arbeitsbedingungen durch ihr eigenes Regelwerk zu unterstützen. BSCI Mitglieder verpflichten sich, einen selbsternannten einheitlichen Verhaltenscodex (Code of Conduct) zu akzeptieren, der auf der UN-Deklaration der Menschenrechte, den Arbeitsrechten der ILO, den UN-Konventionen zu Kinderrechten und der Abschaffung jeglicher Diskriminierung gegen Frauen beruht. Bekannte Mitglieder sind OTTO, Peek & Cloppenburg, S. Oliver und Deichmann.
www.bsci-eu.org

CCC Die Clean Clothes Campaign wurde 1990 in den Niederlanden gegründet und existiert heute in zwölf europäischen Ländern. Die CCC ist ein Netzwerk, in dem über 300 Verbraucherorganisationen, Gewerkschaften, Eine-Welt-Läden, Frauenrechtsorganisationen u. v. a. zusammenarbeiten. Zusätzlich existiert eine enge Kooperation mit Partnerorganisationen in Entwicklungsländern. Ziel ist eine Verbesserungen der Arbeitsbedingungen in der weltweiten Bekleidungs- und Sportartikelindustrie. Hierzu werden öffentliche Kampagnen durchgeführt, mit Unternehmen verhandelt, Endverbraucher informiert und Organisationen unterstützt, die sich für die Belange im Bereich der Arbeitsbedingungen von ArbeitnehmerInnen einsetzen. CCC entwickelte 1998 den Clean Clothes Verhaltenskodex, der Mindestnormen für Löhne, Arbeitszeit und Arbeitsbedingungen enthält. Der deutsche Ableger ist die Kampagne für Saubere Kleidung.
www.cleanclothes.org

CERES CERES wurde 1989 gegründet und ist ein führendes Netzwerk von Investoren, Umweltorganisationen und anderen öffentlichen Interessengruppen, die mit Unternehmen zusammenarbeiten, um Umweltprobleme anzugehen. CERES leitet außerdem das »Investor Network on Climate Risk«, das sich

aus mehr als 50 institutionellen Anlegern zusammensetzt, die insgesamt Vermögenswerte in Höhe von über vier Billionen USD halten. Unternehmen, die CERES beitreten, müssen fortlaufende Anstrengungen unternehmen, um ihre Nachhaltigkeitsleistung und Berichterstattungsverfahren zu verbessern, indem sie mit Anlegern, Umweltorganisationen und anderen Interessengruppen zusammenarbeiten und den CERES Umwelt-Ethik-Kodex einhalten.
www.ceres.org

Clean & Unique Die im Jahr 2008 gegründete Clean & Unique ist ein Verbund junger  Designer, die nachhaltige Mode als gemeinsames Ziel haben. Die Organisation steht für faire Arbeitsbedingungen und ökologische Verantwortung. Sie ist kollektives Mitglied der Fair Wear Foundation (FWF), somit auch verantwortlich für die Rechte und Pflichten im Zusammenhang mit der FWF-Zugehörigkeit. Mitglieder sind u. a. die Öko-Modelabel Monkee, Merunisha Moonilal, Van Markoviec und Studio Jux.
www.cleanunique.org

COC Runder Tisch
Der Runde Tisch hat sich zum Ziel gesetzt, zu verbessern-  ten Sozialstandards in Entwicklungsländern beizutragen. Vertreten sind Wirtschaftsverbände, Unternehmen, Gewerkschaften, Nichtregierungsorganisationen und Bundesministerien. Aufgrund des Erfahrungsaustausches am Runden Tisch entstehen Empfehlungen für die Einführung, Überwachung und Verifizierung freiwilliger Verhaltenskodizes (Code of Conduct).
www.coc-runder-tisch.de

Control Union Control Union, ehemals SKAL International, ist ein weltweit tätiger niederländi- scher Zertifizierer für kontrolliert biologischen Anbau. Neben Nahrungsmittel- und Holzerzeugung zertifiziert und kontrolliert CU auch textile Produkte. Als einer der kompetentesten Textilzertifizierer vergibt er die Organic Exchange Siegel (OE 100 Standard, OE Blended Standard) sowie den Global Organic Textile Standard, aber auch die Siegel Naturland, FSC oder GLOBAL GAP.
www.controlunion.com

Ecotece Die brasilianische Organisation wurde 2006 mit dem Ziel gegründet, das Bewusstsein der Gesellschaft für ökologisch und ethisch fair produzierte Kleidung zu schärfen und deren Verkauf durch Öffentlichkeitsarbeit und Aufklärung zu fördern. Ecotece hat sich zu einem Zentrum für Studierende und Interessierte entwickelt, die sich über die Produktion nachhaltiger Kleidung informieren und die erworbenen Kenntnisse in Industrie und Handel umsetzen wollen.
www.ecotece.org.br

EFTA Die 1987 gegründete European Fair Trade Association ist ein Zusammenschluss von elf Fairtrade Organisationen aus neun europäischen Ländern. Durch die Abstimmung und Koordination von Fairtrade Aktivitäten möchten die Mitglieder der EFTA den Fairen Handel effektiver und effizienter machen. Mit drei weiteren Internationalen Organisationen hat sie sich zum Verband FINE zusammengeschlossen, um gemeinsame Ziele besser verfolgen zu können.
www.european-fair-trade-association.org

ETI Unternehmen, Nichtregierungsorganisationen und Gewerkschaften haben sich in Großbritannien 1998 zusammengeschlossen, um eine bahnbrechende Allianz für die Umsetzung von Kodizes über Fairen Handel

auszuarbeiten und weiterzuverbreiten. In erster Linie geht es um Erfahrungsaustausch und gemeinsames Lernen. ETI führt keine Audits durch und ist nicht für Zertifizierungen zuständig. Konkretes Ziel ist die Verbesserung der Lebensbedingungen von ArbeitnehmerInnen weltweit. Zentrales Anliegen von ETI ist der Begriff Ethical Sourcing. Unternehmen sollen sich für die Einhaltung der Menschenrechte innerhalb der gesamten Beschaffungskette verantwortlich fühlen. Die Organisation wird vom britischen Entwicklungsministerium unterstützt.
www.ethicaltrade.org

FINE Vier internationale Organisationen des Fairen Handels (FLO, IFAT, EFTA, NEWS) haben sich 1999 in Utrecht zusammengeschlossen, um gemeinsame Ziele bezüglich fairer Handelsbedingungen, Schutz von Frauen und Kindern vor Ausbeutung im Produktionsprozess, Wahrung der Menschenrechte, Stärkung des Bewusstseins der Verbraucher und Förderung der Entwicklungschancen für benachteiligte Produzenten zu entwickeln.

FLA Die Fair Labor Association mit Sitz in Washington/USA ist ein Zusammenschluss von Handelsunternehmen, Nichtregierungsorganisationen und über 200 Colleges und Universitäten, die sicherstellen wollen, dass Produkte, die ihren Namen tragen, unter menschenwürdigen Bedingungen hergestellt werden. Basierend auf den Richtlinien der ILO erstellt die FLA eigene Standards sowie ein Monitoring, um diese Kriterien laufend verbessern zu können. Durch die Mitgliedschaft verpflichten sich teilnehmende Unternehmen die Standards einzuhalten. Dazu gehören Marken wie Adidas, Nike, Patagonia oder Hennes & Mauritz.
www.fairlabor.org

FLO Fairtrade Labelling Organizations International ist eine 1997 gegründete Dachorganisation für Fairen Handel mit Sitz in Bonn. Sie ist mit anderen international tätigen  Dachorganisationen im Netzwerk FINE zusammengeschlossen. FLO vergibt über ihre 24 nationalen Mitglieder-Organisationen ihr bekanntes Fairtrade Zertifikat. Einerseits entwickelt und überprüft FLO eigene strenge Standards, andererseits assistiert sie Produzenten beim Erlangen von Zertifizierungen sowie bei der Realisierung von Marktchancen. Nationale Mitglieder sind u. a. TransFair für Deutschland und Max Havelaar für die Schweiz. Um die Transparenz des Systems sicherzustellen, werden die Standards durch das FLO Standards Comitee entwickelt und geprüft. Zertifizierungen werden ausschließlich durch die unabhängige FLO-CERT durchgeführt.
www.fairtrade.net

FLO-CERT Die FLO-CERT, ein unabhängiger Teil der Fairtrade Labelling Organizations International (FLO) mit Sitz in Bonn, ist als einzige Institution akkreditiert, nach den FLO Fairtrade Standards das begehrte Fairtrade Siegel zu vergeben. Alle an der Fairtrade Handelskette beteiligten Organisationen, Firmen, Produzenten, Exporteure und Importeure unterliegen dem strengen Kontrollsystem. So wird sichergestellt, dass alle zertifizierten Produkte tatsächlich fair gehandelt wurden und die Mehreinnahmen den Produzentenorganisationen in den südlichen Ländern zufließen. Pro Jahr überprüft die FLO-CERT Erzeugnisse im Wert von über 2 Mrd. Euro, bei mehr als 2.000 Kunden, in über 70 Ländern.
www.flo-cert.net **Flo-CERT** GmbH

FTA Seit über 30 Jahren ist die Foreign Trade Association ein auf internationale Handelsfragen spezialisierter

europäischer Verband des Handels. Durch die Business Social Compliance Initiative (BSCI) engagiert sich die FTA für die Verbesserung von Sozialstandards in der weltweiten Zulieferkette der Handelsunternehmen.
www.fta-eu.org

IFOAM International Federation of Organic Agriculture Movements ist die 1972 gegründete internationale Dachorganisation des ökologischen Landbaus. Über 750 Mitgliedsorganisationen in mehr als 108 Ländern sind unter IFOAM vereinigt. Zu den Mitgliedern gehören u.a. Öko-Anbauverbände, Forschungseinrichtungen, Zertifizierer und Unternehmen der ökologischen Lebensmittelwirtschaft. Ziele sind die Entwicklung internationaler Standards und Zertifikate zur Qualitätssicherung der ökologischen Landwirtschaft, Austausch von Wissen und Erfahrung zwischen den Mitgliedern durch Konferenzen, Messen und Publikationen, Informationen und Aufklärung zur weltweiten Verbreitung ökologischer Produktionsweisen und die Repräsentation der biologischen Landwirtschaft in internationalen Organisationen und Institutionen wie der UNO und WTO. Das Ökologische Garantiesystem (OGS) der IFOAM sichert international die ökologische Qualität. Durch ein gemeinsames System von Standards und Kontrollen fördert es die Vergleichbarkeit von Zertifizierern und ermöglicht diesen, bei Erfüllung der Kriterien sich zu akkreditieren und das IFOAM Siegel zu platzieren.
www.ifoam.org

IGPN Im Oktober 2005 wurde in Malaysia die erste Internationale Konferenz über Grüne Beschaffung abgehalten, zu der sich über 1.000 Repräsentanten aus 37 Ländern versammelten. Das Netzwerk besteht aus internationalen Organisationen, Verbänden und lokalen Behörden, zu deren Zielen die Entwicklung umweltfreundlicher Produkte und Dienstleistungen, Informationen, Bündelung und Harmonisierung zählt.
www.igpn.org

ILO Die Internationale Arbeitsorganisation wurde 1919 gegründet, ist eine Sonderorganisation der Vereinigten Nationen und hat ihren Hauptsitz in Genf. Repräsentanten von Regierungen, Arbeitgebern und Arbeitnehmern der 183 Mitgliedsstaaten sind in den Organen der ILO vertreten. Schwerpunkte der Arbeit sind Formulierung und Durchsetzung internationaler Arbeits- und Sozialnormen, insbesondere der Kernarbeitsnormen, die soziale und faire Gestaltung der Globalisierung sowie die Schaffung von menschenwürdiger Arbeit als eine zentrale Voraussetzung für die Armutsbekämpfung.
www.ilo.org

IMO CONTROL Das Schweizer Institut for Marketecology ist mit eigenen Büros in mehreren Ländern einer der großen Inspektions- und Zertifizierungsstellen für ökologische Erzeugnisse weltweit. Mehr als 2.400 Erzeuger-, Verarbeiter- und Importeurskontrollen führte 2008 allein das deutsche Büro bundesweit durch. Im textilen Bereich ist IMO zugelassener Zertifizierer für die Organic Exchange Labels (OE 100 Standard, OE Blended Standard), den Global Organic Textile Standard sowie für Kontrollen privater Richtlinien u.a. bei Demeter und Naturland.
www.imo-control.net

IVN Der 1989 gegründete Internationale Verband der Naturtextilwirtschaft e.V. ist ein Zusammenschluss von über 70 Unternehmen aus allen Stufen der Textilproduktion. Der Verband hat sich zum Ziel gesetzt, gegen die Missstände in der Textilwirtschaft aufmerksam zu machen und Maßnahmen gegen diese zu ergreifen. Dazu gehören die Entwicklung international gültiger Richtlinien für die Herstellung von Naturtextilien und Naturleder sowie eine qualifizierte Zertifizierungsberatung. Zusammen mit drei weiteren großen Standard Organisationen (Soil Association, OTA, JOCA) wurde der Global Organic Textile Standard als neuer, weltweit anerkannter Standard aus dem eigenen, nicht mehr vergebenen (IVN zertifiziert) Siegel entwickelt. Der Verband vergibt weiter die Siegel »Naturleder IVN zertifiziert« und »Naturtextil IVN zertifiziert BEST«, die Standards mit den höchsten Ansprüchen an textile Ökologie, die gegenwärtig realisierbar sind.
www.naturtextil.com

JOCA Bereits 1990 wurde in Japan die Non-Profit-Organisation Japan Organic Cotton Association gegründet. Sie zählt rund 160 Mitglieder und hat drei eigene Standards für Biobaumwolle entwickelt. Seit Anfang 2009 wurden diese durch die Vergabe des gemeinsam mit dem IVN, OTA und Soil Association geschaffenen Global Organic Textile Standard abgelöst.
www.joca.gr.jp

LBL Die englische Organisation Labour Behind the Label, zu deren Mitgliedern Gewerkschaften, Verbraucher- und Hilfsorganisationen zählen, bemüht sich durch teilweise spektakuläre Aktionen um eine Verbesserung der Arbeitsbedingungen in der Bekleidungsindustrie. Diese will die Verbraucher, Unternehmen und Regierungen für dieses Thema sensibilisieren und mit ihren Kampagnen Druck ausüben. LBL ist die britische Plattform der Clean Clothes Campaign.
www.labourbehindthelabel.org

MADE-BY Das unabhängige niederländische Verbraucherlabel MADE-BY berät und unterstützt Modeunternehmen bei der schrittwei- ßen Verbesserung der sozialen, ökonomischen und ökologischen Bedingungen der gesamten Produktionskette ihrer Textilien. Dabei hilft MADE-BY Modelabels bei der Vorbereitung und Erlangung von Sozial- und Umweltzertifikaten und beim Einkauf nachhaltiger Materialien wie Biobaumwolle über ihr Netzwerk von Farmern, Spinnereien und Stoffherstellern. Mehr als 30 Modemarken wie Claudia Sträter, Edun, Komodo, Rianne de Witte oder Kuyichi sind Mitglied des Beratungsunternehmens.
www.made-by.nl

Max Havelaar Die Max Havelaar-Stiftung wurde 1992 von den Schweizer Hilfswerken Brot für alle, Caritas, Fastenopfer, Helvetas und Swissaid gegrün- det. Seit Anfang 2008 tritt Max Havelaar unter dem Logo des internationalen Dachverbandes Fairtrade Labelling Organizations International (FLO) auf. Mit einem international einheitlichen Fairtrade Logo können neue Produkte schneller und einfacher in die Schweiz eingeführt werden.
www.maxhavelaar.ch

OCIA International Als einer der ältesten und größten Zertifizierer für Biobaumwolle und andere landwirtschaftliche Produkte begann The Organic Crop Improvement Association schon in den frühen 1980er Jahren in den USA Leitlinien zu formulieren, die schließ-

lich die Grundlagen der eigenen Zertifizierungsprogramme wurden. Die gemeinnützige Organisation kontrolliert vom Anbau, über Produktion bis zum Händler in über zwanzig Ländern Landwirte und Produzenten und bietet ihnen Zugang zu den globalen ökologischen Märkten. Über 2,5 Millionen Hektar Bioanbau werden jährlich von über 600 Mitarbeitern überprüft.
www.ocia.org

OneCert Eines der bedeutenden amerikanischen Institute für die Zertifizierung kontrolliert biologisch angebauter Baumwolle ist OneCert. Die Organisation prüft auf den wichtigsten Märkten der Welt nach verschiedenen internationalen Standards. OneCert ist akkreditiert zur Vergabe u. a. des Global Organic Textile Standards, des Japan Agricultural Standards (JAS) und des USDA National Organic Program (NOP).
www.onecert.net

Organic Exchange Die amerikanische Non-Profit Organisation Organic Exchange setzt sich weltweit für die Ausweitung und Förderung des kontrolliert biologischen Anbaus ein. Die Zielsetzung ist, die Weltproduktion von Biobaumwolle langfristig auf 50% zu steigern. Dafür bemüht sich Organic Exchange, alle Beteiligten der textilen Kette, Landwirte, Produzenten, Modemarken, aber auch die Verbraucher über die sozialen und ökologischen Vorteile des Biobaumwollanbaus aufzuklären und zu sensibilisieren sowie entsprechende Instrumente zur Umsetzung zu entwickeln. Die beiden wichtigsten Werkzeuge sind die Zertifikate OE 100 Standard und OE Blended Standard, die dem Konsumenten beim Kauf eines Kleidungsstückes garantieren, dass die verarbeitete Biobaumwolle aus kontrolliertem Anbau kommt. Um bestehende Zertifizierungsprozesse zu harmonisieren, anerkennt Organic Exchange außerdem mehrere Standards, die ihren eigenen Kriterien entsprechen oder diese übersteigen.
www.organicexchange.org

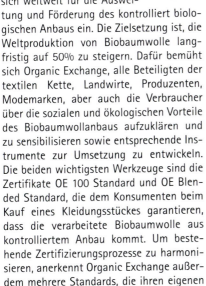

PAN Das Pesticide Action Network ist ein Netzwerk von über 600 teilnehmenden nichtstaatlichen Organisationen, Institutionen und Privatkunden in über 90 Ländern. Als unabhängiges deutsches Büro informiert PAN Germany seit Mitte der 1990er Jahre über die Gefahren des Pestizideinsatzes im Baumwollanbau für Menschen und Umwelt und setzt sich für die Nutzung von biologisch erzeugter Baumwolle ein. Enge Kontakte bestehen vor allem nach West-Afrika, wo sich die Bauern mit dem Bioanbau einen Weg in eine gesunde Zukunft erschlossen haben. PAN koordiniert einen Arbeitskreis über Biobaumwolle. Dort treffen sich Organisationen, Verbände, Unternehmen und »Junge Wilde« um sich auszutauschen, nach Synergien zu suchen und gemeinsam das Thema Biobaumwolle bekannter zu machen.
www.pan-germany.org

SAI Social Accountability International ist eine gemeinnützige Organisation, die sich der Entwicklung, dem Einsatz und der Aufsicht von nachweisbaren Sozialstandards verschrieben hat. Mit diesen Instrumenten zielt SAI auf eine Verbesserung der Arbeitsplatzbedingungen weltweit. Ausbeuterischen Betrieben wird der Kampf angesagt (combat sweatshops). SAI kooperiert mit Gewerkschaften, lokalen NGO's, Multi-Stakeholder Initiativen, Öko-, Fairtrade- und Umweltschutzorganisationen, Geldgebern und Anti-Korruptionsgruppen zur Durchführung von Untersuchungen, Trainings- und Fördermaßnahmen. 1996 berief die Institution einen internationalen Beirat ein, um den Social Accountability 8000 (SA 8000), einen freiwilligen Arbeitsplatzstandard zu entwickeln. Der Standard

basiert auf frühere Konventionen der ILO und der Vereinten Nationen. Berühmt wurde die SAI durch die Publikation eines Leitfadens »Shopping for a Better World«.
www.sa-intl.org

WFTO   Die World Fair Trade Organization ist ein weltweiter Zusammenschluss von mehr als 360 Organisationen, die sich zu 100 Prozent dem Fairen Handel verschrieben haben. Es ist das einzige globale Netzwerk, das sich aus Mitgliedern entlang der ganzen Fairtrade Wertschöpfungskette zusammensetzt. Ihr Ziel ist es, ProduzentInnen in benachteiligten Ländern den Zugang zu den Märkten der Industrieländer durch Aktivitäten wie politische Überzeugungsarbeit, die Organisation von Kampagnen sowie durch Marketing- und Kontrolltätigkeiten zu ermöglichen. Die Mitglieder verpflichten sich, einen Verhaltenskodex einzuhalten, der Kinderarbeit ausschließt, angemessene Arbeitszeiten und faire Entlohnung sicherstellt und neben den Sozialnormen, Umweltschutz und nachhaltigen Umgang mit natürlichen Ressourcen einschließt.
www.wfto.com

WWF   Die größte Nicht-Regierungsorganisation, die sich der Erhaltung der Natur und der nachhaltigen Nutzung der natürlichen Ressourcen widmet, ist der World Wide Fund for Nature. Eines seiner Schwerpunktthemen ist frisches Wasser und dessen Verwendung für den Baumwollanbau. WWF hat sich zum Ziel gesetzt, die schädlichen Auswirkungen der konventionellen Baumwollproduktion zu verringern, den Frischwasserverbrauch zu minimieren, die vorhandenen Ökosysteme zu schützen und bessere soziale und wirtschaftliche Bedingungen zu schaffen. WWF ist aktiver Teilnehmer der Better Cotton Initiative (BCI).
www.wwf.de

Kapitel X

Messen, Mode- und Hochschulen,
Forschungseinrichtungen
der Textilindustrie

Messen

Die ersten »Ökos« der 1970er Jahre trugen Kleidung aus Wolle, die möglichst noch nach Schaf roch. Selbstgestrickte Pullover und Socken mussten beim Tragen wehtun. So lange die Textilien aus dem Dritte-Welt Laden kamen, wurde dies ohne Murren geduldet. Früher gab es einen Konflikt zwischen Öko-Bewegung und der Modewelt. Heute ist Öko sexy. In den letzten Jahren erhalten die meist jungen Eco-Fashion-Labels auf vielen großen internationalen Modemessen »Green Areas«, führend sind dabei Deutschland und die USA, auf denen sie zeigen können, was man mit ökologischen Materialien alles machen kann. Oder sie bekommen gar eine eigene neue Messe wie die theKey.to in Berlin oder die Esthetica in London. Hier nun die weltweit wichtigsten Eco-Fashion-Modemessen.

Amsterdam International Fashion Week Die größte niederländische Modemesse hat innerhalb ihres Ausstellungsgeländes eine Green Area geschaffen, in der 25-30 junge, engagierte Eco-Fashion-Labels den Besuchern zeigen, wie aufregend, sexy und modern nachhaltig produzierte Mode sein kann.
www.amsterdamfashionweek.com

BioFach Die BioFach in Nürnberg gilt als Weltmesse für Bioprodukte und der große Treffpunkt für Anbieter und Entscheider aus Produktion und Handel, mit über 2.700 Herstellern aus 120 Ländern. Seit 2009 überzeugt die »Textil Area« der Messe, als Plattform für Green Fashion und innovative Naturtextilien, modebegeisterte Messebesucher. Auf dem Laufsteg können die über 70 Aussteller bei mehrmals täglich stattfindenden Modeschauen ihre Kreationen perfekt in Szene setzen. Weitere BioFach Messen finden jährlich in Shanghai, Tokio, Boston, Sao Paulo und in Mumbai (Indien) statt.
www.biofach.de

Designers & Agents Ein ortsunabhängiger, alternativer, internationaler Marktplatz für über 250 Labels und 1.000 Kollektionen ist die D&A, eine jährlich zweimal stattfindende Modemesse in New York und Los Angeles. Eingebunden in die Messe ist ein »Green Market«, auf dem bekannte Eco-Fashion-Labels wie Loomstate, Edun, Stewart & Brown genauso vertreten sind wie Dutzende unbekannte, junge grüne amerikanische Designer, welche die Messe als Plattform nutzen, um ihre Kollektionen Händlern und Wiederverkäufern anzubieten.
www.designersandagents.com

ECOtrend Neues Design bestaunen, gustieren, probieren und informieren. ECOtrend ist die größte Ökotextilmesse Österreichs und bietet dem Besucher ein vielseitiges Angebot an trendiger, moderner und gesunder Mode für Groß und Klein.
www.ecotrend.at

Esthetica Esthetica at London Fashion Week. Seit 2006 präsentieren jedes Jahr im Februar und September mehr als 50 Eco-Fashion-Labels als Teil der Londoner Modewoche, eine der fünf wichtigsten Mode-Events weltweit, ihre nachhaltigen Kollektionen in der Green Area der Messe.
www.londonfashionweek.co.uk

Ethical Fashion Show Eine der weltgrößten Ethical Fashion Shows findet jedes Jahr in Paris statt. Seit ihrer Gründung in 2004 avancierte die multimediale Messe zum Hot Spot für Ökomode-Professionals. Über 100 DesignerInnen aus 20 Ländern wurden 2010 nach dem strengen Kriterienkatalog der Veranstalter selektiert und zum exklusiven Event eingeladen. Ableger der Ethical Fashion Show gibt es in Mailand, Barcelona und New York.
www.ethicalfashionshow.com

FA!R Dortmund Es ist kein Wunder, dass eine Messe zum Fairen Handel in Dortmund stattfindet. Als Hauptstadt des Fairen Handels 2003 und 2005 haben die Akteure des Fairen Handels ihre deutschlandweit herausragende Position eindrucksvoll untermauert. Auf der Publikumsmesse FA!R lernen die Besucher seit 2008 jährlich im September die Vielfalt des Fairen Handels mit dem Schwerpunkt Textilien und Accessoires kennen. 30-40 Textilaussteller zeigen, wie aufregend ethisch und ökologisch korrekt produzierte Mode sein kann.
www.westfalenhallen.de

GREENshowroom Nachhaltigkeit und Umweltbewusstsein mit modernem Design, Zeitgeist und Luxus zu verbinden, ist das erklärte Ziel des GREENshowrooms. 15-20 internationale Eco-Fashion-Labels, die sich im mittleren bis hin zum Luxussegment positionieren, präsentieren ihre Kollektionen an ungewöhnlichen Orten wie 2009 in angemieteten Suiten des 5 Sterne Hotels Adlon in Berlin. Die Bandbreite des Ökogedankens der beteiligten Labels reicht von Recycling-Konzepten, über den Einsatz ausschließlich nachwachsender, ökologisch produzierter Stoffe bis zur Unterstützung kleiner Manufakturen. Die Messe findet während der Berlin Fashion Week im Sommer in der Hauptstadt sowie im Frühjahr und Herbst in Paris und New York statt.
www.green-showroom.de

InNaTex Mit über 260 Ausstellern aus rund 20 Ländern präsentiert sich die InNaTex als größte und älteste internationale Naturtextilmesse jedes Jahr im Januar und August. Spannende Design-Talente haben die Möglichkeit, zu Sonderkonditionen auf der Sonderfläche der Design Discoveries ihre junge, innovative Mode vorzustellen. Einzig Textilanbieter, deren ausgestellte Ware zu mindestens 70% aus Naturfasern besteht, können an der Messe teilnehmen. Der jeweils aktuelle Messekatalog gibt detaillierte Auskunft zu verwendeten Materialien, Herstellungsländern und Zertifizierungen der angebotenen Kollektionen. Parallel läuft ein Fachforum mit interessanten Vorträgen rund um das Thema Green Fashion. Die ersten Tage sind dem Fachpublikum vorbehalten, der letzte Tag gilt als Publikumstag.
www.innatex.com

Interstoff Asia Essential Auf der Interstoff Asia Essential in Hongkong wird eine unfassende Auswahl an Ökotextilien und Funktionsstoffen präsentiert. Grüne Aussteller aus China, Hongkong, Indien, Japan, Korea, Taiwan und Thailand nehmen an der Messe teil.
www.interstoff.messefrankfurt.com

Japan Fashion Week JFW ist Japans führendes Event für exklusive Modetextilien und wird zweimal jährlich in Tokio veranstaltet. Nachhaltige, ethisch und ökologisch korrekt produzierte Mode rückt dabei immer mehr in den Vordergrund. Unter dem Titel »Eco Muse« stellen weit über 50 Eco-Fashion-Designer ihre Kollektionen aus.
www.jfw.jp

Los Angeles Fashion Week Kalifornien spielt in den USA nicht nur im Bereich Um-

weltpolitik eine Vorreiterrolle. Die LA Fashion Week öffnet zweimal jährlich ihre Pforten und zeigt, dass Ökotextilien nicht langweilig sein müssen, sondern chic, glamourös und angesagt sein können. Viele Hollywoodstars und Starlets tragen dank gesteigertem Umweltbewusstsein Teile der ausstellenden Eco-Designer.
www.fashionweekla.com

FashionWeekLA.com

MODEPALAST Wien Österreichs aufregendste und größte Verkaufsausstellung für Mode und Accessoires. Im Frühjahr 2010 wurde erstmals ökologische Mode in Szene gesetzt. MODEPALAST Green zeigt eine starke Auswahl an visionären und für die Zukunft aufgeschlossenen Marken, die sich durch ihren grünen Ansatz auszeichnen.
www.modepalast.com

munichfabricstart – pre collections Zweimal im Jahr trifft sich in München die Bekleidungsindustrie auf einer der großen internationalen Textilmessen. Ein neuer Service für Besucher und Aussteller ist dabei die »Organic Selection«. Es wurde ein Produktforum mit zertifizierten Stoffen und Zutaten eingerichtet, in dem Produktbeispiele von rund 50 Ausstellern einen Eindruck über die erstaunlichen Weiterentwicklungen in diesem Bereich geben.
www.munichfabricstart.de

munichfabricstart
pre collections

Natur Messe – Basel Mit über 40.000 Besuchern und einer stetig wachsenden Ausstellerzahl ist die Messe zum führenden gesamtschweizerischen Treffpunkt für alle geworden, die nachhaltig und zukunftsfähig leben und konsumieren wollen. Unter anderem stellen über 20 Eco-Fashion-Designer ihre Kollektionen vor.
www.natur.ch

NaturTex Ende Februar und Anfang September findet jährlich zweimal in Bern die NaturTex statt, ein Zusammenschluss von Herstellern und Agenturen aktueller modischer Kollektionen, die nach den Richtlinien von Ökologie und Fairtrade arbeiten. 2009 nahmen ca. 20 Naturtextil-Hersteller an der Schweizer Messe teil.
www.naturtex.ch

ökoRausch Seit 2008 findet die ökoRausch jährlich im September in Köln statt. Sie präsentiert, was aktuell an gestalterischem Können, gepaart mit dem Anspruch ethisch und ökologisch korrekt zu produzieren, geboten wird. Die ökoRausch zeigt Designerprodukte überwiegend junger Labels und möchte Design-Fachbereichen von Hochschulen und Akademien eine Plattform bieten, sich zu informieren. Mehrere Dutzend Eco-Fashion-Labels stellen ihre Kollektionen aus.
www.oekorausch.de

Portland Fashion Week Portland im Bundesstaat Oregon ist ohne Zweifel eine der grünsten und lebenswertesten Städte in den USA. So ist es nicht verwunderlich, dass auch die Green Fashion ein wichtiger Bestandteil der jährlich zweimal stattfindenden internationalen Modemesse geworden ist, die sich als Schnittpunkt von Kunst, Kommerz und Nachhaltigkeit sieht. Sie zeigt nachhaltige Streetwear, Öko-Couture und Activwear grüner Designer aus den USA, Kanada und Europa.
www.portlandfashionweek.net

PREMIUM International Fashion Trade Show. Die PREMIUM ist ein wichtiger Bestandteil der Berlin Fashion Week und eine Modemesse für die besten Brands, Kollektionen und wichtigsten Trends der neuen Saison. In ihrer Green Area präsentieren über 50 angesagte, etablierte und neue DesignerInnen ihre grünen Kollektionen.
www.premiumexhibitions.com

theKey.to Der internationale Event für Grüne Mode, nachhaltigen Lifestyle und Kultur präsentiert mehr  als 50 Labels, die zu den führenden der weltweiten grünen Szene gehören. Neben den angesagtesten Fashion-Marken sind experimentelle Designer, die mit neuen nachhaltigen Materialien arbeiten, die Essenz der Messe. theKey.to findet jährlich im Januar und Juli im Rahmen der Berlin Fashion Week statt.
www.thekey.to

Vancouver Fashion Week
Grüne Mode bewegt sich nach Norden. Im Jahre 2009 stellten auf dem größten Kanadischen Modemesse-Event erstmals 20 nationale Designer ihre Kollektionen aus recycelbaren Materialien oder nachhaltig produzierten und fair gehandelten Naturfasern aus. Ab 2010 gibt es eine eigene Green Area, auf der auch junge Designer mit kleinem Budget, aber großen Ideen die Möglichkeit bekommen, ihre Kollektionen zu präsentieren.
www.vanfashionweek.com

WearFair Auf der österreichischen Publikumsmesse WearFair in Linz, der Messe für faire und ökologische Mode, zeigen jährlich im September mehr als 40 nationale und internationale Green-Fashion-Label ihre nachhaltige Mode.
www.wearfair.at

Modeschulen, Hochschulen

Hochschulen, Fachhoch- oder Modeschulen, die den Themeninhalt »Textilien, Kleidung und Nachhaltigkeit« in ihre Lehrpläne aufgenommen haben, lassen sich noch an ein paar Fingern abzählen. Aspekte wie Schadstoffbelastung bei Bekleidung, Recycling, Chemie- und Energieeinsatz sowie alternative Methoden bei den verschiedenen Schritten von Produktion und Gebrauch von Textilien, soziale und ökonomische Missstände, Globalisierung und Ethik oder Verbraucherverhalten in Bezug auf Textilien, finden nur langsam ihren Weg in die Curricula der Lehranstalten. Es wäre von erheblicher Bedeutung, angehende Akademiker und spätere Entscheidungsträger im Textilgewerbe und Modedesign schon zu Beginn ihrer Studienzeit für die Einbindung von Nachhaltigkeit und Ethik in den gesamten Textilkreislauf zu sensibilisieren. Leider gibt es noch keine speziellen Studiengänge, sondern nur begleitend einzelne Seminare und Workshops, die sich mit diesen Themeninhalten beschäftigen. Aber auch in die Unterrichtspläne von Ausbildungsberufen wie ModeschneiderInnen, TextilveredlerInnen, TextillaborantInnen u. v. a. müssten textil-, human-, gebrauchs- und entsorgungsökologische sowie technische Aspekte nachhaltiger Fertigung Eingang finden.

Modeschulen und Institutionen

Kunsthochschule Berlin Weißensee
D-13086 Berlin, Bühringstraße 20
Hochschule für Gestaltung, Textil/Flächendesign.
www.kh-berlin.de

Hochschule für Bildende Künste
D-22081 Hamburg, Lerchenfeld 2
Fachbereich Industriedesign
www.hfbk-hamburg.de

Universität Bremen
D-28359 Bremen, Bibliothekstraße 1
Im Zentrum stehen Textilien und insbesondere Kleidung als elementarer Bestandteil materieller Kultur, aus dem Blickwinkel u. a. von Ökologie, Konsumtion und Produktion.
www.uni-bremen.de

Carl von Ossietzky Universität Oldenburg
D-26129 Oldenburg, Ammerländer Heerstraße 114–118
Fachbereich III, Seminar für materielle und visuelle Kultur.
Textilien und Kleidung bilden den Schwerpunkt des Studiengangs mit einem Brückenschlag zu Ökologie und Textiltechnologien sowie Nachhaltigkeit im Bereich Konsumtion und Produktion.
www.uni-oldenburg.de

Technische Universität Dortmund
D-44227 Dortmund, Emil-Figge-Straße 50
Institut für Kunst und materielle Kultur, Seminar für Kulturanthropologie des Textilen.
Seminare und Kolloquien über Green Fashion, Nachhaltigkeit und Modekonsum.
www.fb16.uni-dortmund.de

ESMOD Berlin Internationale Modeschule
D-10997 Berlin, Görlitzer Straße 51
Jährlich werden unter dem Namen »Collection of Hope« zwei Kollektionen aus ökologischen Stoffen entworfen, deren Reinerlös aus dem Verkauf verschiedenen Hilfsprojekten zufließt. Im Projekt »Next Vision Bright Green Fashion« zeigen junge talentierte Modedesigner ihre Visionen von Nachhaltigkeit.
www.esmod.de

London College of Fashion
GB-London W1G0BJ, 20 Johnn Princes Street
Innerhalb der Masterstudiengänge gibt es verschiedene Seminare und Kurse zu den Themen nachhaltige Mode und Ökologie/Ethik in der Textilproduktion.
www.fashion.arts.ac.uk

Central Saint Martins College of Art and Design
GB-London WC1B4AP, Southampton Road
Masterstudiengang: Design und zukünftige, alternative Textilstoffe und ethische Produktion.
www.csm.arts.ac.uk

IED Moda Lab Madrid
S-28004 Madrid, Palacio de Altamira, Calle Flor Alta 8
Teilbereiche der Master-Programme sind Seminare über ethisches Design, Ökotextilien, Business und Innovation.
www.iedmadrid.com

Forschungseinrichtungen der Textilindustrie

BPI Bekleidungsphysiologisches Institut Hohenstein e.V.
D-74357 Bönnigheim, Schloss Hohenstein
Prüfung, Beratung, Zertifizierung, Aus- und Weiterbildung entlang der gesamten textilen Kette, Forschung an der Zukunft textiler Produkte.
www.hohenstein.de

DTNW Deutsches Textilforschungszentrum Nord-West e.V.
D-47798 Krefeld, Adlerstraße 1
Institut an der Universität Duisburg-Essen. Grundlagen- und anwendungsbezogene Forschung, die mit der Erzeugung, Verarbeitung und Gebrauchseigenschaften von Textilien in Zusammenhang stehen. Besondere Schwerpunkte stellen ökologische Forschungsvorhaben wie textile Abluft- und Abwasserreinigung, Recycling-Strategien, Ersatz von Chemikalien durch neue Wirkstoffe.
www.dtnw.de

DITF Deutsche Institute für Textil- und Faserforschung
D-73770 Denkendorf, Körschtalstraße 26
Es ist das größte Textilforschungszentrum in Europa mit über 300 Mitarbeitern. Unter einem Dach vereinigen sich drei Forschungseinrichtungen. Das Institut für Textil- und Verfahrenstechnik (ITV), das Institut für Textilchemie und Chemiefasern (ITCV) und das Zentrum für Management Research (DITF-MR). Die Institute decken die gesamte Produktions- und Wertschöpfungskette ab.
www.ditf-denkendorf.de

DWI Deutsches Wollforschungsinstitut an der RWTH Aachen
D-52056 Aachen, Pauwelsstraße 8
Spezialgebiete sind die textile Marktforschung und Oberflächenveredlung, Nanotechnologie in der Textilveredlung, Freisetzung von Substanzen, Farbbeständigkeit und Farbveränderung bei Textilien.
www.dwi.rwth-aachen.de

EFIT Europäische Forschungsvereinigung Innovative Textilpflege e.V.
D-70597 Stuttgart, Heinestraße 169
Forschen und Prüfen für die Textilreinigung.
www.efit-textilpflege.de

FATM Forschungsstelle für allgemeine und textile Marktwirtschaft
D-48143 Münster, Universitätsstraße 14-16
Wirtschaftswissenschaftliche Fakultät der Universität Münster.
http://www.wiwi.uni-muenster.de/fakultaet/

FIBRE Faserinstitut Bremen e.V.
D-28359 Bremen, Am Biologischen Garten 2
Faser- und faserproduktorientierte Prüfmethoden. Darunter fallen Baumwolltests, Wollprüfung, Arbeiten für das amerikanische Landwirtschaftsministerium (USDA), Erstellung eines Systems zur weltweiten Bewertung und Überprüfung von Baumwolllaboratorien und Harmonisierung der Faserprüfung.
www.faserinstitut.de

FILK Forschungsinstitut für Leder und Kunststoffbahnen
D-09599 Freiberg, Meißner Ring 1-5
Forschung an neuartigen, umweltfreundlichen Äscherverfahren, Einsatz pflanzlicher Gerb- und Farbstoffe. Recycling von Gerberei-Abwässern, Prozesskontrolle bei der Lederherstellung.
www.filkfreiberg.de

IfN Institut für Nähtechnik e.V.
D-41011 Mönchengladbach, Postfach 101148
Erarbeitung von Lösungsmöglichkeiten für aktuelle Probleme entlang der textilen Kette, von der Faser bis zum genähten Produkt.
www.ifn-aachen.de

ITA Institut f. Textiltechnik d. RWTH Aachen
D-52074 Aachen, Otto-Blumenthal-Straße 1
Forschungsschwerpunkte sind u. a. Smart Textiles, Medizintextilien und Biomaterialien, Herstellung u. Verarbeitung von Chemiefasern.
www.ita.rwth-aachen.de

ITM Institut für Textilmaschinen und Textile Hochleistungswerkstofftechnik
D-01062 Dresden, Technische Universität Dresden
Neben der reinen Lehre werden innovative Textilprodukte und Maschinenkonzepte entwickelt, gefertigt und geprüft.
www.tu-dresden.de

STFI Sächsisches Textilforschungsinstitut e.V.
D-09072 Chemnitz, Annaberger Straße 240, an der Technischen Universität Chemnitz.
Forschung u.a. an Faservliesstoffen/Recycling, Zertifizierungsstelle für Schutztextilien, Minimierung von Abluftemissionen mittels biologischer Verfahren, Reduzierungsmöglichkeiten bei Wasser- und Chemikalienverbrauch.
www.stfi.de

TITK Thüringisches Institut für Textil- und Kunststoff-Forschung e.V.
D-07407 Rudolfstadt, Breitscheidstraße 97
Entwicklung neuer Werkstoffe mit modifizierten Eigenschaften.
www.titk.de

TITV Textilforschungsinstitut Thüringen-Vogtland e.V.
D-07973 Greiz, Zeulenrodaer Straße 42-44
Smart Textiles, Textile Mikrosystemtechnik, Textilien mit speziellen Heizsystemen, textilen Sensoren und therapeutischen Systemen, interaktive Abgabe von Wirkstoffen.
www.titv-greiz.de

Kapitel XI

Kleines Grünes Lexikon

»Man muss nicht alles wissen,
man muss nur wissen, wo es steht«.
Viel Wissenswertes rund um das
Thema Grüne Mode vermittelt
das Kleine Grüne Lexikon.

Altkleider Im Jahr 2009 wurden in Deutschland rund 820.000 Tonnen Textilien über Kleiderkammern, Straßensammlungen oder Container gesammelt, über 400.000 Tonnen landeten im Restmüll. Die gesammelte Menge entspricht fast 52.000 voll beladenen LKW-Zügen. Textilsortierbetriebe sorgen dafür, dass Kleidersammlungen Stück für Stück sortiert und ein hoher Anteil einer Weiterverwendung zugeführt wird. 43% (352.000 Tonnen) wurden als tragbare Altkleidung wiederverwertet, 16% als Rohstoff für die Putzlappenindustrie aussortiert. 25% der weiterverwendeten Textilien wurden in Kleiderkammern oder Second-Hand-Läden angeboten, der Rest in Ballen gepresst und in afrikanische Länder transportiert, wo die Ware auf Märkten verkauft wurde. Der Handelsexperte Francisco Mari vom Evangelischen Entwicklungsdienst schätzt, dass über 30% der ungeregelten Jobs in Afrika mit dem Handel gebrauchter Kleidung zu tun haben.

Ausrüstung Die Material- und Gebrauchseigenschaften eines Textils werden durch Veredelungsmaßnahmen im Sinne des gewünschten Einsatzzweckes optimiert. Man unterscheidet zwischen chemischen Ausrüstungsverfahren (antibakteriell, bügelfrei, Nanoausrüstung, UV-Blocker etc.), mechanischer Ausrüstung (Schmirgeln, Sengen, Rauen, Walken, Prägen) und thermischer Ausrüstung (Fixieren, Plissieren).

Azofarbstoffe Sie bilden eine große Gruppe der heute verwendeten Farbstoffe. Da sie giftige oder krebserzeugende Amine freisetzen können, dürfen sie in Deutschland weder zur Stofffärbung oder für Schmuck noch in Kosmetikartikeln verwendet werden. Durch Schweiß und Speichel können diese aromatischen Amine gelöst werden und in den Körper gelangen. Auch gilt ein Importverbot, was aber nicht verhindert, dass immer wieder mit Azofarben gefärbte Kleidung im deutschen Textilhandel entdeckt wird.

Baumwollproduktion Auf über 33 Millionen Hektar Ackerfläche wurden 2008/2009 weltweit ca. 24,2 Millionen Tonnen Baumwolle angebaut. Die größten Baumwollproduzenten waren: China (7,95 Mill. Tonnen), Indien (5,44 Mill. Tonnen), USA (2,95 Mill. Tonnen), Pakistan (1,96 Mill. Tonnen), Brasilien (1,36 Mill. Tonnen), Usbekistan (1,11 Mill. Tonnen), Türkei (0,5 Mill. Tonnen), Australien (0,28 Mill. Tonnen), Turkmenistan (0,28 Mill. Tonnen), Griechenland (0,24 Mill. Tonnen), Syrien (0,21 Mill. Tonnen), Argentinien (0,20 Mill. Tonnen) und Burkino Faso (0,19 Mill. Tonnen). Mit Produktion, Transport und Lagerung von Baumwolle sind weltweit rund 350 Millionen Menschen beschäftigt. 98% aller Baumwollbauern leben zum Teil in extremer Armut.

Beschichtung Ein Auftrag auf einem textilen Untergrund, der die physikalischen Eigenschaften verbessert. Dieser Textilveredelungsprozess führt zu Wasserdichtheit, Abriebfestigkeit, Chemikalienbeständigkeit, Lichtechtheit, guter Haptik und vielen anderen positiven Eigenschaften.

Beuchen Als alkalisches Abkochen/Beuchen bezeichnet man das Kochen von Baumwollgeweben in Natronlauge. Begleitstoffe wie Wachs, Pektine, aufgebrachte Chemikalien beim Anbau oder Schalenteilchen werden entfernt. Der Gewichtsverlust beträgt ca. 3–8%. Hohe Abwasserbelastung. Siehe auch enzymatische Reinigung.

Biobaumwollanbau Er zeichnet sich aus durch: Verbot des Einsatzes von synthetischen Pflanzenschutzmitteln, Schonung natürlicher Ressourcen, Nutzung natürlicher Regelmechanismen bei der Schädlingsbekämpfung, Fruchtfolge mit anderen Kulturen, die den Befall von Krankheitserregern mindern, Verbot von gentechnisch veränderter Baumwolle, intelligente Bewässerungsmaßnahmen wie zum Beispiel die Tröpfchenbewässerung der Baumwollpflanzen, professionelle Unterstützung der Bauern bei der Umstellung von konventionellem zu Biobaumwollanbau, faire Abnahmepreise.

Biobaumwollproduktion Die Produktion von Biobaumwolle stieg im Erntejahr 2009 auf 175.113 Tonnen und wuchs damit um 20% zum Vorjahr. 220.000 Betriebe in 22

Biobaumwolle, Bambus, recycelte Materialien und vegetabil gegerbtes Leder des Stockholmer Fashion-Labels Camilla Norrback werden ohne giftige Chemikalien gefärbt und zu hochwertigen Kleidungsstücken unter sozial fairen Arbeitsbedingungen weiterverarbeitet.

Ländern bauten auf 253.000 Hektar die Faser an, die damit einen Anteil von lediglich 0,76% an der weltweiten Baumwollproduktion hatte. Die Top Ten der Anbauländer waren: Indien, Türkei, Syrien, Tansania, China, USA, Uganda, Peru, Ägypten und Burkina Faso.

Das schwedische Designerlabel Camilla Norrback bezieht seine Biobaumwolle aus der Türkei und Syrien.

Das Biobaumwollmaterial der finnischen Anne Linnonmaa Kollektion stammt von Familienpflanzungen aus Peru.

Biozidausrüstung Bei der antimikrobiellen Ausrüstung wird Silber aufgrund seiner antibakteriellen Eigenschaften als Faden oder Partikel in eine Vielzahl von Bekleidungsstoffen eingebettet.

Bleichen Unter Bleichen versteht man den Vorgang, unerwünschte Färbungen zu entfernen oder abzuschwächen, insbesondere Vergilbungen zu beseitigen. Heute werden Textilfasern wie Baumwollstoffe und Leinen in Deutschland vorwiegend mit Wasserstoffperoxid gebleicht. Dadurch werden Verunreinigungen/Stoffe, die in den Fasern enthalten sind und diese verfärben, durch Oxidation zerstört. In anderen Ländern kommen noch gefährliche Substanzen wie Natriumsalze, Chlordioxide oder Schwefeldioxid zum Einsatz, was zu einer hohen Abwasserbelastung führt.

Bluewashing Angelehnt an den Begriff Greenwashing bezeichnet Bluewashing das moralische Ablenkungsmanöver großer Unternehmen. Der Name orientiert sich an der Farbe des UN-Logos. Bluewashing betreiben beispielsweise Konzerne, die sich freiwillig zur Einhaltung von Sozialstandards verpflichten, Kinderheime in Indien bauen, dennoch aber in Sweatshops produzieren lassen.

Das Material der Anne Linnonmaa Kollektionen besteht aus peruanischer handgepflückter Kammbaumwolle. Vor der Färbung wird nicht gebleicht, in der Nachbearbeitung werden Enzyme eingesetzt, die Flusenbildung verursachende Substanzen entfernen.

BT-Baumwolle Mit rund 16 Millionen Hektar Anbaufläche betrug der Anteil gentechnisch veränderter Baumwolle an der gesamten Baumwollanbaufläche 49% im Jahr 2009. Costa Rica baute in diesem Jahr erstmals BT-Baumwolle an, womit sie weltweit bereits in folgenden 12 Ländern genutzt wird: USA, China, Indien, Argentinien, Australien, Indonesien, Kolumbien, Mexiko, Südafrika, Burkina Faso, Brasilien, Costa Rica.

Carbon Footprint Er gibt alle anfallenden CO_2-Emissionen über den gesamten Lebensweg eines Produktes an. Von den Rohstoffen über Herstellung, Transport, Handel, Gebrauch und Entsorgung. Unterschiedliche Herstellungsprozesse, Transportwege und Gebrauch, bei Textilien z.B. differierendes Waschverhalten, lassen den CO_2-Wert stark variieren. Der Sinn des Carbon Footprints ist, Klimaschutzpotentiale auszuschöpfen und Kunden, Mitarbeiter und Lieferanten für praktischen Klimaschutz zu sensibilisieren. 2007 wurde vom Carbon Trust, einer von der britischen Regierung ins Leben gerufene gemeinnützige Organisation, in Zusammenarbeit mit drei bekannten Handelsmarken, ein Pilotprojekt initiiert, um Product Carbon Footprints nach einer eigens entwickelten Methodik zu berechnen. 2008 startete ein Konsortium aus WWF, Ökoinstitut, Potsdam-Institut für Klimafolgenforschung und THEMA 1, mit neun ausgewählten Unternehmen ein gemeinsames Projekt zur Treibhausgasermittlung, mit dem Ziel der internationalen Harmonisierung einer einheitlichen Erfassungsmethodik.

Chemiefasern nach Regionen Im Jahr 2008 betrug die weltweite Chemiefaserproduktion 41,8 Millionen Tonnen. Davon entfielen auf China 63%, USA 7%, Westeuropa 6% (davon Deutschland 2%), Japan 3%, übrige Welt 21%.

Comfort Mapping Die Nähte von unterschiedlichen Stoffen können mit diesem Verfahren wasserdicht verschweißt werden, ohne dass die Atmungsaktivität beeinträchtigt wird.

Corporate Social Responsibility CSR ist ein Konzept unternehmerischer Verantwortung, das die Idee der Nachhaltigkeit aufnimmt. Ökonomie, Ökologie und Soziales sollen miteinander verbunden werden. Die Aktivitäten sind freiwillig und gehen über die gesetzlichen Verpflichtungen hinaus. CSR ist vor allem für Firmen ein Thema, die Produktionsstätten in Schwellen- und Entwicklungsländern mit niedrigen Standards aufbauen. Es ist eine Möglichkeit, die Globalisierung sozial zu gestalten.

Cosmeto-Textiles Inhaltsstoffe wie Aloe Vera, Ginko oder Aprikosenkernöl werden in Textilien eingebettet, die beim Tragen die Haut vitalisieren oder pflegen.

CO_2-Emmissionen Durchschnittliche CO_2-Emissionen für die Herstellung von einem Kilo Fasern:
Tencel = 1.200 g CO_2,
Biobaumwolle = 1.219 g CO_2,
Wolle* = 1.655 g CO_2,
Viskose = 1.825 g CO_2,
Hanf = 2.224 g CO_2,
Baumwolle = 3.719 g CO_2,
Polyester = 7.410 g CO_2.
* CO_2-Werte exklusive dem Treibhausgas Methan aus der Schafhaltung.

Im Vergleich verursacht eine Reise von 100 km mit dem Flugzeug etwa 32 kg CO_2, mit dem Auto rund 19 kg und mit der Bahn 1 bis 6 kg.

CO_2-Ausstoss eines T-Shirts aus Biobaumwolle Berechnungen anhand der einzelnen Produktionsstufen am Beispiel eines T-Shirts der Remei AG, Schweiz. Pro T-Shirt werden 2,9 kg CO_2-Äquivalente ausgestoßen. Dies entspricht einem Liter Diesel. Die prozentuale Aufteilung auf Produktionsebene liest sich wie folgt: Beim Anbau wird als Düngemittel Kompost und Mist verwendet. Beim Kompostieren der Biomasse werden geringe Mengen Lachgas und Methan ausgestoßen = 12% der CO_2-Emissionen. Bei der Entkernung der Baumwolle werden Maschinen eingesetzt = 2%. In der Spinnerei in Indien wird viel elektrische Energie benötigt. Der CO_2-intensive Strom kommt aus Kohlekraftwerken = 30%. Strickerei, Färberei und Konfektionierung haben einen Anteil von zusammen 48%, wobei das Färben die meiste Energie benötigt. Beim gesamten Transport vom Anbau bis zum Handel fallen 8% der CO_2-Emissionen an.

Cyclodextrine Eine neuartige Textilausrüstung, die kosmetische und pharmazeutische Substanzen permanent einlagern kann und diese erst beim Tragen durch die Hautfeuchtigkeit freisetzt. Reziprok kann sie auch organische Bestandteile des Schweißes speichern, die später durch einen normalen Waschprozess herausgelöst werden.

Denim Kräftiger, robuster und strapazierfähiger, dicht gewobener Baumwollstoff oder Viskose, bei dem die Kettfäden mit einer Färbung versehen werden, die Schussfäden aber ungefärbt bleiben. Oft wird das Gewebe nach dem Nähen durch Bleichen, Stonewash oder Aufreißen des Gewebes nachbehandelt. Die erste klassische Jeans wurde von Levi Strauss hergestellt.

Die lange Reise eines T-Shirts Bei der Herstellung von Textilien können unterschiedliche Verarbeitungsschritte in vielen verschiedenen Ländern stattfinden: Anbau der Baumwolle z. B. in Indien, USA, China oder Benim, gesponnen wird das Garn auf den Philippinen, danach in China gefärbt, in Sri Lanka gewebt, in Malaysia vernäht, in der Türkei wird das Label eingenäht. Bevor ein Kleidungsstück bei uns im Handel in die Auslage kommt, kann es bereits zwischen 25.000 und 50.000 km zurückgelegt haben.

Dispersionsfarbstoffe Sie gehören zu den schwer löslichen Farbstoffen und werden zum Färben von synthetischen Fasern eingesetzt. Beim Tragen können diese aus Kleidung, die nahe am Körper getragen wird, durch Schweiß oder Abrieb wieder frei werden, wobei die gute Fettlöslichkeit begünstigt, dass sie durch die Haut aufgenommen werden. Einige Dispersionsfarbstoffe gelten als allergisierend und sind in der Europäischen Union in eine Verbotsliste aufgenommen. Durch Textilimporte gelangen diese Farben jedoch auch nach Deutschland.

dtex Gewicht in Gramm pro 10.000 m Faden oder Faser.

Eco-Fashion-Designer Schätzungsweise gibt es zur Zeit auf allen fünf Kontinenten zusammen 900 bis 1.200 Ökomode-Hersteller, davon allein in Deutschland etwa 220 Unternehmen. World of Eco Fashion führt auf seiner Internetseite die größte Sammlung nachhaltiger Modelabels im Netz mit über 680 gelisteten Unternehmen.

Endosulfan Ein seit 1956 benutztes Insektizid, das im Pflanzenschutz gegen beißende und saugende Insekten eingesetzt wird. Es ist seit Jahren in Europa und den USA nicht mehr zugelassen, kommt in afrikanischen und asiatischen Staaten aber noch großflächig zum Einsatz. Endosulfan wird nicht nur mit den Vergiftungen von Tausenden Bauern, sondern auch mit Geburtsschäden in Verbindung gebracht. Ende 2010 will Bayer aufgrund großen öffentlichen Drucks die Produktion des hochtoxischen Pflanzenschutzmittels einstellen. Große Restbestände in Ländern der Dritten Welt werden aber sicherlich noch über Jahre weiter auf den Feldern gespritzt.

Energieverbrauch Der durchschnittliche Energieverbrauch für die Herstellung von einem Kilogramm Fasern beträgt, umgerechnet in Liter Erdöl: Biobaumwolle = 0,2 L Erdöl, Hanf = 0,6 L Erdöl, Baumwolle = 0,7 L Erdöl, Tencel = 1,2 L Erdöl, Wolle = 1,3 L Erdöl, Viskose = 1,7 L Erdöl, Polyester = 3,0 L Erdöl.

Entschlichten Vor dem Webprozess wird zur Stärkung der Kettfäden ein Schutzfilm, die sogenannte Schlichte, aufgebracht. Als Schlichtemittel werden Stärke, Zellulosederivate oder Polyacrylate eingesetzt. Anschließend wird diese durch Säuren, Persulfate, mit heißem Wasser (führt zu hohem Wasserverbrauch und Abwasserbelastungen mit Lösungsmitteln und Rückständen) oder umweltfreundlich enzymatisch entfernt.

Enzymatische Reinigung Eine effektive Baumwollvorbehandlung muss alle Stoffe entfernen, die nachfolgende Veredelungsschritte beeinträchtigen können. Alkalisches

Abkochen/Beuchen benötigt große Mengen an Wasser, Energie und Chemikalien. Bei einer enzymatischen Vorbehandlung, in der Enzyme Verunreinigungen und Begleitstoffe aufspalten, können diese in Verbindung mit der Entschlichtung gleichzeitig entfernt werden. So kann mit dieser umweltfreundlichen Alternative auf das Beuchen gänzlich verzichtet werden, das Gewebe wird sogar weniger geschädigt als beim konventionellen Prozess.

Ernte Ein schnell arbeitender Arbeiter kann per Hand pro Tag ca. 70 kg Baumwolle pflücken. In der selben Zeit erntet ein Farmer in den USA mit seiner John Deere 7760 Erntemaschine 35.000 kg.

Erschweren Damit Seide leichter zu waschen ist und einen festeren Griff bekommt, werden zur Textilveredlung Kunstharze in die Fasen eingelagert, um diese zu beschweren.

FEZ Freie Exportzonen sind Industriezonen mit speziellen Anreizen für ausländische Investoren, in denen z. B. importierte Stoffe zu Textilien weiterverarbeitet und dann re-exportiert werden. Die meisten der 3.500 FEZ liegen in Entwicklungs- und Schwellenländern. Die Anreize dort fertigen zu lassen, bestehen in Zoll- und Steuervergünstigungen, kostenloser Bereitstellung der Infrastruktur, Subventionen und einer weitgehenden Außerkraftsetzung der im Land geltenden Arbeits- und Sozialgesetze.

Filzfrei Ausrüstung Reine Wolle darf nur mit der Hand gewaschen werden, weil sie sehr schnell verfilzen kann, wobei sich die Fasern verhaken. Um dies zu verhindern, werden bei der Antifilzausrüstung durch Überziehen der Fasern mit Kunstharz oder Chemikalien die abstehenden Schuppen geglättet oder beseitigt. Dadurch wird Wolle maschinenwaschbar.

Fleece Strapazierfähiger und pflegeleichter, synthetischer Wirkpelz, eingesetzt in Winterbekleidung, Sport- und Freizeitmode. Hohe Isolationskraft durch Kammern zwischen den Fasern.

Fully Fashioned Textilien, die formgerecht ohne geschnittene Ränder produziert werden. Die festen Ränder entstehen durch Mindern oder Zunehmen von Maschen.

Funktionstextilien Bekleidung, deren Materialbeschaffenheit auf einen High-Tech Veredelungsprozess zurückgeht, der zu einer Verbesserung der Materialeigenschaften führt. Deutschland ist in der Entwicklung innovativer Textilien weltweit führend. Es gibt zur Zeit über 350 verschiedene Marken wie Advance™, Biophyl™, Lycra®, Clima Lite®, Coolmax®, Gore-Tex®, Hollofil®, Lycra®, Nano Plus®, Nike Sphäre®, Outlast®, Polartec®, Seacell®, Supplex®, Sympatex®, Trevira®.

Greenwashing In Anspielung auf grün als Symbol für Natur und Umweltschutz und Waschen im Sinne von sich reinwaschen, ist Greenwashing eine kritische Bezeichnung für PR-Methoden, die darauf zielen, einem Unternehmen in der Öffentlichkeit ein umweltfreundliches und verantwortungsvolles Image zu verleihen. So werden z. B. einzelne umweltfreundliche Leistungen hervorgehoben, während das Kerngeschäft umweltverschmutzend bleibt.

Grüne Mode Blogroll und mehr

Ethical Style	www.ethicalstyle.com
Daily Green	www.dailygreen.de
Devidoll	www.devidollblog.com
Ecco Eco	http://eccoeco.blogspot.com
Eco-Chic Design	www.eco-chic-design.com
Eco Chic Fashion	www.ecochicfashion.com
Eco Fashion Junkies	www.ecofashionjunkies.com/blog
Eco Textile	www.ecotextile.com
Ecouterre	www.ecouterre.com
Ethical Fashion Forum	www.ethicalfashionforum.com
Fashionaire	www.fashionaire.de/blog
Fr. Jona & son	www.fraujonason.blogspot.com
Gillout	www.gillout.com
Green by Design	http://greenbydesign.com
Grass Routes	http://grass-routes.org/blog
Greenpeace Magazin	www.greenpeace-magazin.de
Hessnatur Blog	http://de.hessnatur.com/blog/
Karmakonsum	www.karmakonsum.de

Korrekte Klamotten
　www.korrekte-klamotten.de
Lohas Guide　www.lohas-guide.de
Lohas Blog　www.lohas-blog.de
Nice White Lady
　www.nicewhitelady.blogspot.com
Priscilla & Pat　www.priscillaandpat.com
Sebastian Backhaus Blog
　http://sebastianbackhaus.wordpress.com
Shopfair　www.shopfair.blogspot.com
Utopia　www.utopia.de
World of Eco Fashion
　www.world-of-eco-fashion.de

Grüne Online-Stores mit vielen angesagten Eco-Fashion-Labels
Ascension Eco Fashion
　www.ascensiononline.com
B-Dressed　www.b-dressed.com
Biotextil　www.biotextil.at
Bgreen　www.bgreen.de
everydayislikesunday
　www.everydayislikesunday.de
Fairticken　www.fairticken-shop.de
Fairtragen　www.fairtragen.de
Freen　www.fashionaire.de
Fashion Conscience
　www.fashion-conscience.com
Glore　www.glore.de
Good True Beautiful
　www.goodtruebeautiful.com
Green Avenue　www.green-avenue.com
Grundstoff　www.grundstoff.net
Gruene Wiese　www.gruenewiese-shop.de
HanfHaus　www.hanfhaus.de
Hessnatur　www.hessnatur.de
Iki M.　www.iki-m.de
Kaight　www.kaightshop.com
Liebkind　www.lieb-kind.de
Marlowe　www.marlowe-nature.de
Muso Koroni　www.muso-koroni.com
Not Just Pretty　www.notjustpretty.com
Organicc　www.organicc.de
Planet Threads　www.planetthreads.com
True Fashion　www.true-fashion.com
Unique Nature　www.unique-nature.com
United Elements　www.unitedelements.com
Valevida　www.valevida.de

Wertvoll　www.wertvoll-berlin.com
Zündstoff Global Streetwear
　www.zuendstoff-clothing.de

High-Tech Textilien Gewebekonstruktion, Ausrüstung mit funktionalen Eigenschaften und Auswahl des Fasermaterials sind die Parameter für Funktionskleidung.

Hybrides Baumwollsaatgut Über 95% des weltweiten Baumwollsaatguts wird in Indien produziert. Laut einer Studie der Glocal Research and Consultancy Services (GRCS), ein Institut, das die Arbeitsbedingungen in der indischen Landwirtschaft erforscht, arbeiten mehr als 450.000 Kinder in der Baumwollsaat-Herstellung. Die meisten der beschäftigten Kinder im Alter zwischen sechs und vierzehn Jahren arbeiten in einer Art Schuldknechtschaft bei sehr niedrigen Löhnen (0,40 US-Dollar/Tag) in den Betrieben. Die Eltern wurden mit günstigen Darlehen geködert, welche die Kinder oft über mehrjährig abgeschlossene Verträge abarbeiten müssen. Seit der Einführung von hybridem Saatgut in den 1970er Jahren hat sich die indische Baumwollproduktion grundlegend verändert. Hybrides Saatgut entsteht aus der Kreuzung zweier Pflanzen mit unterschiedlichem Erbgut. Sie sind nicht fortpflanzungsfähig, jedes Jahr wird neues Saatgut benötigt. Für die Kreuzung ist ein extrem hoher manueller Aufwand erforderlich, da bei jedem Keim der eigene Samen entfernt und der fremde Samen aufgetragen werden muss. Der Arbeitsaufwand ist rund zehnmal größer als früher, die Kosten liegen fünfmal höher.

KbA Kontrolliert biologischer Anbau verzichtet auf die Nutzung von künstlichem Dünger, Pestiziden und Gentechnik wie sie in der konventionellen Landwirtschaft zum Einsatz kommen. Stattdessen basiert der Anbau auf Fruchtfolge, tierischen und pflanzlichen Düngemitteln, biologischen Schädlingskontrollen und manuellem Jäten. Er orientiert sich an den Richtlinien der EU-Vorschrift 2092/91, die eine vollständige Kontrolle der gesamten Produktionskette vorschreibt.

KbT Kontrolliert biologische Tierhaltung beinhaltet artgerechte Tierhaltung und Fütterung sowie den Verzicht auf Masthilfsmittel. Bei kbT-Schurwolle wird z.B. auf den Einsatz von Pestiziden verzichtet, sowohl bei den Tieren als auch auf den Weiden, auf denen die Tiere grasen.

Kettfäden Fäden, die bei der Herstellung eines Gewebes in Längsrichtung liegen, nennt man Kettfäden. Kettfäden sind beim Weben hohen mechanischen Belastungen ausgesetzt und werden deswegen mit sogenannter Schlichte behandelt, um Fadenbrüchen und starkem Abrieb vorzubeugen.

Klamottentauschpartys Clothes Swapping, Tauschen statt Shoppen. Jeder bringt seine Schrankhüter (ordentlich und gewaschen), die er nicht mehr braucht, mit. Alle Kleidungsstücke werden nach Größe und Geschlecht sortiert. Nun darf jeder der Anwesenden sich gratis tolle Klamotten aus den Stapeln aussuchen. 2008 wurden die ersten Klamottentauschpartys mit Erfolg durchgeführt. Mittlerweile gibt es in Deutschland jährlich über 50 dieser Veranstaltungen. www.klamottentausch.net

Kosten einer Jeans Die durchschnittliche Kostenverteilung einer 100 Euro Markenjeans: Lohnkosten für die Herstellung = 1 Euro, Transport und Zölle = 11 Euro, Material und Gewinn der Fabrik im Billiglohnland = 13 Euro, Marken-Hersteller/Werbung = 25 Euro, Handel = 50 Euro. Die Lohnkosten liegen bei gerade einmal einem Prozent, bei Markensportschuhen teilweise unter 0,5 Prozent.

Krumpfen Baumwolltextilien laufen ohne Vorbehandlung beim ersten Waschvorgang bis zu 10% ein und verändern ihre Form. Um dieses zu verhindern, drückt man bei feuchter Hitze in einer Krumpfmaschine, mittels Anpresswalze und Gummiband, Stoffe gegen einen Zylinder und führt gezielt einen Einlaufprozess (Krumpfen) herbei. Dieses patentierte Ausrüstungsverfahren nennt man Sanforisieren. Es garantiert, dass die Ware später nicht mehr als 1 Prozent einläuft. Bei der Pflegeleichtausrüstung San-

Als erste finnische Textilserie erhielt die Baumwoll-Strickkollektion »Anne Linnonmaa® Ecological Fashion« im Mai 2004 das Recht, das EU-Umweltzeichen »Euroblume« zu führen.

for-Plus® werden die Textilien zusätzlich mit Kunstharzen behandelt, um das Knitterverhalten zu verbessern und die Ware schmutzabweisend zu machen.

Das finnische Modelabel Anne Linnonmaa beispielsweise verwendet für die Nachbehandlung seiner Strickwaren diesen Schrumpfungsprozess, so dass die Textilien bei 40 Grad gewaschen und in einer Trocknertrommel getrocknet werden können.

Laugieren Ein Veredelungsverfahren für Baumwollgewebe ähnlich der Mercerisation, jedoch ohne Spannung. Das Laugieren bewirkt eine Verdichtung und leichte Schrumpfung des Gewebes (z. B. Seersucker oder Krepp) sowie eine erhöhte Farbaufnahmefähigkeit beim Bedrucken.

Leinwandbindung Sie ist die einfachste, engste und festeste der drei Grundbindungen beim Weben. Kein anderes Gewebe besitzt eine so enge Verkreuzung von Kett- und Schussfäden, wobei jeder Kettfaden abwechselnd über und unter einem Schussfaden liegt.

Loden Eine Sammelbezeichnung für dichte Streichgarngewebe vorwiegend aus Wolle. Der Lodencharakter wird erzielt durch Walken, Pressen, Rauen oder In-Strich-Legen. Es ist eine Filzart, die erst gewebt und dann verfilzt wird. Loden gilt als wasserabweisend, winddicht und scheuerfest.

LOHAS Lifestyle of Health and Sustainability, was in etwa eine Ausrichtung der Lebensweise auf Gesundheit und Nachhaltigkeit bedeutet. LOHAS steht für einen Konsumententyp, bei dem gewisse Werte und Genuss im Mittelpunkt stehen. Häufig handelt es sich um Personen mit überdurchschnittlichem Einkommen. LOHAS kaufen T-Shirts aus Biobaumwolle, benutzen Naturkosmetik, essen Fleisch aus artgerechter Tierhaltung. Design und Ästhetik sind wichtig, die Ware soll aber sozial und ökologisch produziert worden sein. Dabei sind LOHAS nicht frei von kleinen Öko-Sünden. Der Trend- und Zukunftsforscher Matthias Horx zählt mehr als 30% der Bevölkerung westlicher Länder zu dieser neuen Zielgruppe.

Mechanische Ausrüstung Die Oberfläche von Textilien wird durch den Einsatz von Druck, Wasser und Hitze verändert. Darunter fallen Schleifen, Scheren, Prägen, Aufrauen, Schmirgeln und Walken.

Membran Eine dünne Haut, die als Trennschicht von Stoffgemischen verwendet wird und als wasser-, winddichte und atmungsaktive Membrane ihren Einsatz finden. Als einer der Pioniere in der Membrantechnologie besitzt z.B. GORE-TEX® mehr als eine Milliarde Poren pro cm². Deren Durchmesser ist 700 mal größer als ein Wasserdampfmolekül und kann somit Körperfeuchtigkeit abtransportieren, aber 20.000 mal kleiner als ein Wassertropfen und dient damit als Sperre gegen Wasser. Das Verdampfen von Schweiß kann nur erfolgen, wenn die Außentemperatur wesentlich niedriger als die Temperatur im Bekleidungsteil (ca. 15° C Temperaturunterschied) ist. Bei Weiterentwicklungen reagiert die Membrane auf wechselnde Temperaturen und Aktivitäten mit Veränderung ihrer Struktur und wird noch effektiver bei Kälte und Hitze.

Merino Feinfaserige Wolle des vorwiegend in Australien und Neuseeland lebenden Merinoschafs. Dank seiner dünnen gekräuselten Haare, die viele kleine Luftpolster entstehen lassen, sorgt die Wolle für gute Isolierung und guten Feuchtigkeitstransport nach außen.

Mercerisieren Beim Mercerisieren wird Baumwolle, unter Einwirkung von Zugspannung, konzentrierter Natronlauge ausgesetzt. Als Folge quellen die Fasern auf, die Faserlänge verkleinert sich um bis zu 25%, deren Querschnitt verändert sich von nierenförmig zu rund. Der Stoff erhält einen seidenartigen, waschbeständigen Glanz, bessere Färbbarkeit und höhere Festigkeit. Da das Verfahren sehr teuer ist, wird es nur bei Textilien mit hoher Qualität angewandt.

Messages In Mexiko gibt es die größte Vielfalt wildlebender Baumwollarten. – Ein Baumwollballen wiegt ca. 500 lbs oder 227 kg. – Die weltweite Anbaufläche für Biobaumwolle betrug 2008 mit ca. 2500 km² gerade einmal die dreifache Fläche Berlins. – Es wird geschätzt, dass 50% des Mutterbodens in den Baumwollanbaugebieten im 20. Jahrhundert verloren gegangen ist.

Microfaser Eine Sammelbezeichnung für Kunstfasern aus Polyamid oder Polyester, die feiner als 1 dtex sind. Dünnere Fasern von weniger als 0,3 dtex bezeichnet man als Supermikrofasern. Durch ihr dichtes Gewebe sind sie strapazierfähig, wasserabweisend und wasserdampfdurchlässig. Bekannte Marken sind Lyocell®, Lenzing Modal®, Tactel®.

Mindestlöhne Existenzlohn für eine durchschnittliche Familie in Euro/Monat, im Vergleich zum gesetzlichen Mindestlohn im Textilbereich ausgewählter Länder in Euro/Monat. Indien: Existenzlohn 80 Euro/Monat, gesetzlicher Mindestlohn 42 Euro/Monat. Sri Lanka: Existenzlohn 80 Euro/Monat, gesetzlicher Mindestlohn 40 Euro/Monat. Bangladesch: Existenzlohn 45 Euro/Monat, gesetzlicher Mindestlohn 17 Euro/Monat. Thailand: Existenzlohn 160 Euro/Monat, gesetzlicher Mindestlohn 90 Euro/Monat.

Mischgewebe/-fasern Gewebe aus verschiedenen Materialien, wobei die Gewichtsanteile auf den Etiketten der Textilien anzugeben sind. Zum Beispiel 65% Baumwolle, 35% Seide. Erreicht ein Rohstoff 85% des Gesamtgewichtes, genügt eine Angabe. Die entstehenden Garnmischungen vereinen meist in sich die Vorzüge der einzelnen Ausgangsfasern wie die Kombination aus Baumwolle (Tragekomfort) und Kunstfaser (Pflegevorteil).

MVTR Die Moisture Vapor Transmission Rate dokumentiert, wie atmungsaktiv das jeweilige Material ist. Sie zeigt an, wieviel Wasserdampf innerhalb von 24 Stunden durch einen Quadratmeter Stoff verdunstet (Messeinheit = $g/m^2/Tag$). Je höher die aufgefangene Menge, umso atmungsaktiver ist das Material. Hochwertige Funktionstextilien haben einen Wert von 10.000 – 20.000 g, neue Jacken mit Gore Pro Shell® Membranen bis zu 40.000 g.

Nanopartikel (= 1 Millionstel eines mm) werden geordnet im Inneren der Fasern eingelagert oder die Fasern werden von einer nanoskaligen Beschichtung umschlossen und führen zu einer nachweislich verbesserten Funktion der textilen Eigenschaften. Bekannteste Eigenschaft ist die Entwicklung von wasser- und schmutzabweisenden Oberflächen, bei der die Lotuspflanze als Vorbild gilt. An ihrer rauen Oberfläche im Mikrobereich können Schmutzpartikel nicht haften und werden vom Wasser weggespült.

Nanotechnologie Wird gern als Schlüsseltechnologie des 21. Jahrhundert bezeichnet.

Naturfarbstoffe Von der Natur erzeugte Farbstoffe pflanzlicher, tierischer oder mineralischer Herkunft, die zum Färben von Textilien verwendet werden. Sie sind die ökologisch sinnvolle Alternative zu Synthesefarbstoffen, aber oftmals leider kein Ersatz.

Nonwoven Sammelbegriff für nicht gewebte Textilien (Vliesstoff). Er besteht aus wirr zusammenliegenden Fasern, die mit verschiedenen Methoden verfestigt werden. Filz und Nadelvlies werden durch Pressen oder Walken mechanisch verfestigt.

Ombudsstelle Sie dient dazu, in der Öffentlichkeit oder in einer Organisation bei bestimmten Themen eine ungerechte Behandlung von Personengruppen, deren Belange als Gruppe infolge eines fehlenden Sprachrohrs ansonsten wenig beachtet würden, zu verhindern. Es ist häufig eine ehrenamtliche Aufgabe einer Person mit der Funktion, Streitfälle unbürokratisch zu schlichten.

Optische Aufheller Wenn die Bleiche ein strahlendes Weiß nicht schafft, helfen optische Aufheller. Je nach Faserart werden verschiedene Weißmacher benutzt. Sie wandeln UV-Licht in wahrnehmbares blaues Licht um, das den Gelbstich der Textilien kompensiert und diese strahlend weiß erscheinen lässt. Optische Aufheller werden auch in Waschmitteln eingesetzt. Durch Schwitzen können die Weißmacher zu Hautirritationen führen und da sie überwiegend nicht abbaubar sind, die Produktionsabwässer belasten.

Pflanzenfarbstoffe Diese natürlichen Farbstoffe werden aus nachwachsenden Rohstoffen gewonnen. Man unterscheidet zwischen trockenem Pflanzenmaterial wie Kanadische Goldrute, Färberkamille, Krappwurzeln, Holunderschlempe, Rinde, Zwiebeln, Walnussschalen bzw. feuchten Materialien wie Fisolen, Weintrebern oder rote Rüben. Dem Einsatz von Pflanzenfarben sind jedoch in vielen Bereichen noch Grenzen gesetzt. Viele Kunstfasern lassen sich nicht färben, die Farbpalette ist eingeschränkt, Pflanzenfarbstoffe können im großen Maßstab in der Textilindustrie noch nicht marktgerecht eingesetzt werden. Das französische Label SONG färbt z. B. seine Kollektionen nach alter vietnamesischer Tradition mit Auszügen aus Blumen, Wurzeln und Tee.

Phase Change Materials Es handelt sich dabei um winzig kleine Wachskügelchen (drei Millionen pro cm²), die durch eine dünne Kunststoffhülle geschützt sind und in Fasern eingesponnen werden. Beim Aufheizen (Schwitzen) nehmen sie eine bestimmte Wärmemenge auf und verflüssigen, beim Herunterkühlen in den festen Zustand wird Wärme abgegeben. Man findet sie in allen Arten von Bekleidungstextilien.

Pilling Bis zu zwei Millimeter große, knötchenartige Faserzusammenballungen auf Textilien aus Wolle und Synthetik werden als Pilling bezeichnet. Sie entstehen durch Scheuerbeanspruchung beim Tragen oder durch das Verletzen der Einzelkapillaren. Die Verhinderung dieser unerwünschten Eigenschaft kann u. a. mit einer Antipillingausrüstung erreicht werden.

Popeline Dichtes leinwandbindiges Gewebe mit leichten Querrippen, sehr strapazierfähig und mit guten Wascheigenschaften. Die häufigst verwendete Mischung besteht aus 65% Polyester und 35% Baumwolle.

Rat für Nachhaltige Entwicklung Er besteht aus 13 Personen des öffentlichen Lebens und wurde im April 2001 von der Bundesregierung berufen. Der Rat entwickelt Beiträge für die Umsetzung nationaler Nachhaltigkeitsstrategien wie z. B. Empfehlungen zur Eigenverantwortung bei unternehmensbezogener Nachhaltigkeit und Möglichkeiten zur Corporate Social Responsibility (CSR). www.nachhaltigkeitsrat.de

Reaktivfarbstoffe Diese synthetischen Farbstoffe stellen die verbreiteste Farbstoffgruppe dar. Sie werden hauptsächlich für die Färbung von Wolle, Seide und Baumwolle eingesetzt. Der Farbstoff zeichnet sich durch gute Gebrauchsechtheiten und geringe humantoxikologische Belastungen aus. Durch eine kovalente Bindung ist die Farbe fest an die Faser gebunden. Ein späteres Herauslösen

Viele Hollywoodstars wie Cameron Diaz oder Alicia Silverstone tragen die Designerkollektionen des Fashion-Labels SONG, das ausschließlich umweltverträgliche Materialien wie Biobaumwolle, Hanf, Leinen, Seide, Bambus, Ramie oder Wolle verarbeitet. Vietnamesische Textiltradition wird in Pariser Chic aufgenommen.

ist unmöglich. Weder besteht für den Verbraucher eine Gefahr, noch entsteht eine Abwasserbelastung während des Waschprozesses.

Rohbaumwolle Aus 100 kg Rohbaumwolle erhält man etwa 35 kg Fasern, 62 kg Samenkörner und 3 kg Abfall. Baumwollsamenöl findet, nach der Entfernung des Giftes Gossypol in großen Mengen Verwendung in der Nahrungsmittelindustrie (Frittierfett, Margarine), als Viehfutter oder als Treibstoff für Dieselmotoren.

Schurwolle Schurwolle ist nach dem Textilkennzeichnungsgesetz das vom lebenden Tier gewonnene und erstmalig verarbeitete Haar. Reine Wolle kann auch recycelte Reißwolle enthalten.

Schweiz Basierend auf repräsentative Konsumentenbefragungen des WWF und des Center for Corporate Responsibility der Universität Zürich, gaben nirgendwo auf der Welt Menschen mehr für Bioprodukte aus als in der Schweiz. 4,7% aller verkauften Lebensmittel waren Bioprodukte. Auch bei Textilien aus Biobaumwolle liegt die Schweiz im internationalen Vergleich an erster Stelle.

Schwermetalle Während der verschiedenen Verarbeitungsstufen wie Schlichten, Weben, Stricken, Vorbehandlungen, Färben, Drucken und Ausrüstung, können Textilien mit vielen Schwermetallen in Berührung kommen. Kupfer, Nickel und Chromverbindungen erhöhen etwa die Licht- und Waschechtheit der Farbstoffe bei Baumwolle oder Wolle und werden aktuell am häufigsten eingesetzt. Zinksalze werden zum Ätzen benutzt, um Fehlfärbungen zu vermeiden. Schwermetalle sind zum Teil hochgiftig und nicht abbaubar. Sie sind oft Ursache allergisch bedingter Krankheiten der Atemwege und der Haut. In Deutschland gelten strenge Grenzwerte, metallhaltige Farben kommen seltener und in geringen Konzentrationen zum Einsatz und werden häufig durch neue Färbemethoden ersetzt. Für einige Stoffe wie Cadmium und Quecksilber besteht in Deutschland ein Verwendungsverbot.

Smart Clothes Sammelbegriff für intelligente Kleidung, die denken und handeln und seinen Träger schützen kann. So können zum Beispiel Sensoren in der Kleidung den Gesundheitszustand des Trägers feststellen und im Ernstfall automatisch einen Notruf senden. Sie bieten Funktionstextilien einen noch höheren Mehrwert.

Stonewashed Ein besonderer Auswascheffekt bei Jeanswaren. 80 bis 100 Jeans werden mit rauen Bimssteinen in einer Lauge mit Bleichmitteln in großen Waschtrommeln behandelt. Die Hosen erhalten ihre typisch abgewetzte Optik, der Stoff wird durch die Behandlung weicher.

Strapazierfähig Für verschiedene Tätigkeiten und Berufe benötigt man Materialien mit speziellen Anforderungen an die Scheuer- und Reißfestigkeit. Bei Prüfung der Scheuerfestigkeit nach Martindale wird der Stoff mit definiertem Druck gegen einen Kammgarnstoff gerieben, um Verschleiß zu simulieren.

Streichgarn Die Bezeichnung Streichgarn kommt vom Kratzen/Streichen, durch das die Fasern zum Spinnen vorbereitet werden und ist ein Produkt aus ungekämmter Wolle und Wollmischungen.

Sweatshops Ein Schlüsselbegriff der Kleiderproduktion sind Sweatshops, eine abwertende Bezeichnung für Fabriken in Entwicklungsländern, in denen unter miserablen Arbeitsbedingungen produziert wird. Dazu zählen Kinderarbeit, Niedriglöhne zum Teil unter dem Existenzminimum, lange Arbeitszeiten, Diskriminierungen und Gewalt, keine Tarifverträge und katastrophale Sicherheitsstandards. Sweatshops sind meist im Besitz lokaler Subunternehmer der großen Textilkonzerne, in denen Bekleidung schnell und billig für den globalisierten Markt produziert wird. Sweatshop frei werden z. B. die zertifi-

Außergewöhnliche T-Shirts aus Sweatshop freier und umweltfreundlicher Produktion mit politischem Statement. Beliebte Motive bekannter Street Artists zieren die Shirts in limitierter Auflage des Berliner Labels 500 Godz.

zierten Shirts des Berliner Labels 500 Godz hergestellt. Alle Zulieferer sind Mitglieder der niederländischen Organisation Fair Wear Foundation, die sich für die Verbesserung der Arbeitsbedingungen in der Textilindustrie einsetzt.

Tenside   Waschaktive Substanzen, welche die Oberflächenspannung des Wassers herabsetzen, wodurch die Faser und Schmutz besser benetzt werden können. Sie zersetzen den Schmutz in kleine Teilchen, so dass er abgeschwemmt wird und verhindern gleichzeitig ein Wiederbelagern des Schmutzes. Industriell hergestellte Tenside sind biologisch abbaubar und werden für Waschmittel verwendet.

Textile Kette   Sie umfasst alle Stationen von der Fasergewinnung bis zum Endverbrauch, die sich im Detail folgendermaßen zeigen:
A) Rohstoffgewinnung der Naturfasern (Anbau, Pflanzenschutz, Düngung, Ernte, Entkörnung, Reinigung) oder Produktion der Chemiefasern (aus zellulosehaltigen Rohstoffen sowie Polymere aus Erdöl, Erdgas und Kohle) oder aus langkettigen Stärkemolekülen (z. B. Mais).
B) Spinnerei (Produktion von Garnen).
C) Weberei/Strickerei (Herstellung von Flächen- und Strickgeweben).
D) Veredelung (Vorbehandlung, Färben, Drucken, Ausrüstung).
E) Konfektionierung (Zuschneiden und Nähen, Finishen, Verpacken).
F) Transport.
G) Gebrauch.
H) Entsorgung.

Textilexporte   Im Jahr 2007 hatte China einen Weltmarktanteil an Bekleidungsexporten von 34% (ca. 135 Mrd. Dollar), die EU 30%, Türkei 4%, Bangladesch 3%, Indien 3%, Vietnam 2%, Indonesien 2%, Mexiko, Hongkong und USA je 1%, Rest der Welt 19%. Die großen Verlierer der letzten vier Jahre waren: Südafrika -75%, Südkorea -61%, Dominikanische Republik -48%, Mexiko -30% und Rumänien -28%. Die großen Gewinner waren: China +73%, Mazedonien +56%, Indien und Kambodscha +45%, Indonesien +30%, Bangladesch +28%.

Im Frühjahr 2010 stand bei H&M eine romantische Frühjahrskollektion aus nachhaltigen Materialien wie Biobaumwolle, Leinen, recyceltem Polyester und Tencel im Mittelpunkt. Mit knalligen Farben, Blüten und Blättern, inspiriert vom Flowerpower-Hippiechic der Siebziger.

Top Ten der größten Abnehmer von Biobaumwolle   Im Jahr 2008 waren dies:
1. Wal-Mart,
2. C&A (7.500 Tonnen = 12,5 Mill. Textilien),
3. Nike,
4. H&M (2.000 Tonnen),
5. Zara,
6. Anvil Knitwear,
7. COOP,
8. Pottery Barn,
9. Greensource,
10. Hessnatur.

Tragekomfort   Der Tragekomfort von Kleidungsstücken ist keine subjektive Größe, sondern objektiv mess- und bewertbar. Er deckt die Wärmeisolation, Atmungsaktivität, hautsensorische Aspekte wie weich, anschmiegsam, kratzend, anklebend und den ergonomischen Komfort eines Textils ab. Die Hohensteiner Institute haben in diesem Zusammenhang die sogenante Tragekomfortnote von 1 (sehr gut) bis 6 (ungenügend)

entwickelt, die auf einer Reihe von Messwerten basierend, errechnet wird. Diese Bewertung wird zunehmend auf Textiletiketten mit angegeben.
Transitional Cotton Der Umstellungsprozess vom konventionellen zum ökologischen Anbau dauert in der Regel drei bis vier Jahre, da die Ackerböden Pestizidrückstände und Kunstdünger nur langsam abbauen. Während dieser Periode fallen die Ernten häufig geringer aus, was mit wirtschaftlichen Risiken für die Bauern verbunden ist. Um die Landwirte zu unterstützen, wird die Übergangsbaumwolle (Transitional Cotton) von Textilproduzenten häufig mit einem Preisaufschlag abgenommen.
Transport von Baumwolle Für den Transport der Rohbaumwolle auf LKW's und in Schiffen werden die Fasern in große Ballen gepresst. Damit die Fasern während des Transports vor Schädlingen, Schimmel und Stockflecken geschützt sind, werden sie mit hoch toxischen Konservierungsmitteln wie Formaldehyd gespritzt.
Umsatzzahlen von Ökotextilien Der Gesamtumsatz mit Textilien aus Biofasern verzeichnete in den letzten Jahren ein rasantes Wachstum: 2005 = 0,5 Mrd. Dollar, 2006 = 1,1 Mrd. Dollar, 2007 = 1,9 Mrd. Dollar, 2008 = 3,2 Mrd. Dollar, 2009 = 4,0 Mrd. Dollar, 2010 (geschätzt) = 5,3 Mrd. Dollar.
Vegetabile/pflanzliche Gerbung Wirkstoffe in der pflanzlichen Gerbung sind die Tannine als Polyphenole der Gallussäure. Diese werden von Pflanzen eingelagert, um Fressfeinde fernzuhalten, deren Verdauung durch Tanninaufnahme negativ beeinflusst wird. Gerbstoffe aus nachwachsenden Früchten sind z. B. Algarobilla, Tara oder Valonea. Gerbstoffe aus der Rinde von Bäumen etwa Mimosa, Quebracho, Kastanie, Eiche, Fichte, Birke, Mangrove oder Weide, aus Blättern z. B. Sumach oder Gambir und aus Wurzeln die Rhabarberwurzel, Badan oder Kermek. Das Taschenlabel RoyalBLUSH aus der Schweiz gerbt sein ausgesuchtes Leder für seine multifunktionalen Taschen schonend mit verschiedenen Pflanzen und Wurzeln.
Verlagerung von Produktionskapazitäten in der Textilindustrie In den 1960er Jahren verlagerten sich aufgrund billiger Arbeitskräfte und Produktionsmöglichkeiten erstmals Textilbetriebe aus den westlichen Industrienationen in die Länder Taiwan, Südkorea, Hongkong, Singapur und Tunesien. In den 1980er Jahren wurde noch preiswerter auf den Philippinen, Sri Lanka, Malaysia, Bangladesch, Thailand und Indonesien produziert. In den 1990er Jahren wanderten die Produktionsstandorte weiter nach Osteuropa und in die Türkei und anschließend auch nach Kambodscha, Laos und Burma. Seit der Jahrtausendwende gibt es mit China einen großen Gewinner. Innerhalb weniger Jahre stieg das Land weltweit zum größten Hersteller und Exporteur von Textilien auf. Aber auch die Nachbarländer Pakistan und Vietnam konnten in den letzten Jahren vom Aufschwung profitieren.
Vorappretur Das Sengen/Abflämmen/Gasieren ist ein Veredelungsverfahren für Garne, Zwirne und Gewebe, wobei bei Baumwollgeweben überstehende Härchen über einer Gasflamme abgesengt werden. Das Textil erhält dadurch eine glatte, feine und klare Optik, die Pillingbildung wird reduziert, die Ware wirkt griffiger.

Je älter, umso schöner werden die Ringe von RoyalBLUSH. Das vegetabil gegerbte Leder und das Messing dunkeln beim Tragen nach, die so entstehende Patina lässt das Schmuckstück zu einem unverwechselbaren Unikat werden.

Vorbehandlung Unter Vorbehandlung versteht man in der Textilveredelung das Vorbereiten der Textilien für die nächsten Prozessschritte. Sie umfasst folgende Bereiche: Grobreinigung, Vorappretur, Entschlichtung, Beuchen, Saure Vorbehandlung, Bleichen, Mercerisieren, Ammoniakbehandlung, optische Aufheller, Thermofixierung von Synthesefasern.

Wachsimprägnierung Unter Wachsimprägnierung versteht man das Beschichten von Textiloberflächen mit Parafinwachsen. Durch die glatte Oberfläche werden beschichtete Textilien schmutz- und wasserabweisend.

Wassersäule Die Dichte des Gewebes wird anhand der Wassersäule gemessen, wobei die Außenseite des Materials Wasser ausgesetzt wird. Als wasserdicht gilt ein Kleidungsstück laut DIN-Norm ab einem Druck von 1.300 mm. Hersteller von guter Outdoor-Bekleidung bezeichnen diese erst ab 5.000–10.000 mm als wasserdicht. Beim Sitzen auf feuchtem Untergrund wird ein Druck aufgebaut, der 2.000 mm Wassersäule entspricht, beim Knien drücken schon knapp 5.000 mm auf die Kleidung.

Wearable Electronics In Textilien integrierte Mikroelektronik-Systeme werden auch als »Interactive Wear« bezeichnet. Jacken mit Lautsprechern im Kragen bieten nach Einklinken eines iPods ungestörten Musikgenuss, Laufhosen messen anhand von eingearbeiteten Drucksensoren die Muskelaktivität, deren Daten zur Auswertung per Funk an einen Computer geschickt werden können. Jacken besitzen ein eingebautes Lüftungssystem, Solarzellen auf den Oberarmen der Jacke laden eingenähte Akkus für Handy, Mp3-Player etc. auf.

Weichmacher Durch chemische Behandlungen beim Bleichen, Färben oder Ausrüsten verlieren Textilien oft ihren weichen geschmeidigen Griff. Dieser wird durch das Aufbringen von Weichmachern wiederhergestellt, die jedoch häufig Allergien auslösen.

Wolle Wollfasern sind ähnlich aufgebaut wie Menschenhaare, sie bestehen aus Eiweißmolekül-Ketten (Keratin). Sie sind von Schuppen umgeben, im Faserinneren winden sich Verbände dieser Keratine spiralförmig umeinander. Wärme und Feuchtigkeit bewirken eine unterschiedliche Quellung der Fasern, die zu einer Formveränderung führt. Die gekräuselte Faser kann viel Luft einschließen. Sie ist temperaturausgleichend und gibt überschüssige Körperwärme nach außen ab. Bis zu einem Drittel ihres Eigengewichts kann sie an Feuchtigkeit aufnehmen, ohne sich feucht anzufühlen. Wassertropfen perlen wegen ihres hohen Lanolingehalts, der die Wolle vor äußerer Nässe schützt, ab.

Zwiebelprinzip Mehrere dünne Schichten, die dafür sorgen, dass der Schweiß von Schicht zu Schicht weitergegeben wird. Diese müssen gut miteinander harmonieren. Als Beispiel wird auf der Haut atmungsaktive Unterwäsche getragen, die für den Weitertransport des Schweißes verantwortlich ist. Ein zweites Textil dient der Wärmeisolation und transportiert den Schweiß weiter. Eine dritte, meist dünne Schicht, schützt vor Regen und Wind und gibt den Wasserdampf nach außen ab. Moderne Softshell Jacken vereinen die Funktionsweise der zweiten und dritten Schicht in einem Textil.

Zwirn Fäden, bei denen mindestens zwei Garne miteinander verdreht sind, nennt man Zwirn. Je mehr Garne miteinander verdreht werden, desto besser ist die Reißfestigkeit. Effektzwirne sind auf Spezialmaschinen aus verschiedensten Komponenten hergestellte Zwirne mit Raupen-, Schlingen- und anderen Effekten.

3D-Textil Textilien, die eine räumliche Struktur aufweisen, entstehen durch Fadenarchitektur oder durch die Textilarchitektur. Gewebedecklagen oder Gestricke werden durch senkrechte Stehfäden oder Fasertropfen auf Abstand gehalten.

100% Baumwolle Durch die Ausrüstungsstoffe in den Textilien wie Kunstharze, optische Aufheller, Weichmacher und Farben, die auf den Etiketten nicht angegeben werden müssen, bestehen die Stoffe oft nur zu rund 75% aus Baumwollfasern.

Kapitel XII

Eco-Kriterien

Definierte, durch einfache Symbole gekennzeichnete Eco-Kriterien machen es dem Verbraucher leicht, auf einen Blick zu erkennen, wie »grün« die Label wirklich sind.

Der Begriff Eco Fashion oder Ökomode ist ein sehr allgemein gehaltener Ausdruck, der sich einer exakten Definition entzieht. So gibt es unterschiedliche Sichtweisen, ab wann von Eco Fashion gesprochen wird. Wir verstehen darunter nachhaltige, hautverträgliche Textilien, die fair gehandelt, umweltfreundlich und sozialverträglich aus Naturfasern produziert oder aus recycelten Materialien hergestellt werden. Dabei kann nicht jedes Modelabel alle aufgeführten Kriterien erfüllen. Um Designer und Brands im folgenden Kapitel hilfreich zu beschreiben und die Möglichkeit zu geben, mit einem Blick zu zeigen, welche Ökostandards die Labels erfüllen, verwenden wir eigene Symbole/Kriterien. Eigene Symbole deshalb, weil nicht alle Modelabels nationale oder internationale Zertifizierungen beantragen wollen, obwohl sie den geforderten Standards entsprechen, weil sie eigene Prüfungs- und Kontrollmechanismen entwickelt haben oder weil die Kosten für neu gegründete Modefirmen mit kleinem finanziellem Budget einfach noch zu hoch sind. Aber auch, weil es trotz der Einführung des weltweit anerkannten Global Organic Textile Standards (GOTS) im Jahr 2006, der insgesamt acht Standards harmonisierte, so viele Zertifizierungen mit unterschiedlichen Bewertungskriterien gibt, die aus Mangel an Transparenz eine Bewertung für den Verbraucher nahezu unmöglich machen. Mit den zehn entwickelten Symbolen decken wir all die Kriterien ab, die für ein Öko-Label relevant erscheinen und geben dem Verbraucher ein überschaubares und leicht verständliches Instrument an die Hand.

Animal-free Vegane Produkte, die ohne Verwendung von Leder oder anderen tierischen Stoffen hergestellt werden. Dazu gehören hauptsächlich Schuhe und Taschen aus »vegetarischem Leder« wie Canvas, Bast, Biobaumwolle, Kautschuk, Kork, Holz oder recycelten Materialien.

Biobaumwolle Hierbei handelt es sich um Baumwolle, bei deren Wachstum auf den Einsatz von toxischen und persistenten (nicht abbaubaren) Pestiziden und Düngemitteln beim Anbau verzichtet wird, so dass Böden und Grundwasser nicht kontaminiert werden. Untersagt ist auch die Verwendung gentechnisch veränderter Organismen. Während des gesamten Produktionsprozesses, von der Ernte über das Spinnen, Färben und Veredeln bis zum fertigen Textil, dürfen keine giftigen Schadstoffe verwendet werden. Biobaumwolle stellt mit über 80% den bislang größten Anteil der Naturfasern aus kontrolliert biologischem Anbau dar.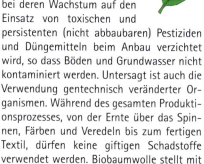

Fairtrade Kontrollierter Handel, bei dem die Erzeugerpreise für die gehandelten Produkte üblicherweise über dem jeweiligen Weltmarktpreis angesetzt werden, um den Bauern ein höheres und verlässlicheres Einkommen zu ermöglichen. Auch in der Produktion werden den Mitarbeitern sozial gerechte Arbeitsbedingungen und Bezahlung garantiert, humane Arbeitszeiten festgeschrieben, Kinderarbeit und Diskriminierungen verboten sowie weitere internationale Sozial- und Umweltstandards eingehalten.

Eco-Kriterien

Handmade Alte traditionelle Handwerkstechniken werden weitergeführt und gepflegt. Kleinere Produktionszusammenschlüsse, Werkstätten, Heimarbeit und Kooperativen können so gefördert werden. Der Käufer hat die Möglichkeit, ein individuell gefertigtes und nicht aus der Massenproduktion stammendes Produkt zu erwerben.

Klimafreundliche Produktion
Dazu zählt die Reduzierung der CO_2-Emissionen durch die Umstellung von fossilen Brennstoffen auf regenerative Energien wie Windkraft oder Solarstrom bei der Herstellung von Textilien, Reduzierungsmaßnahmen für den Verbrauch von fossilen Brennstoffen, Verzicht auf Transporte per Luftfracht, Aufbereitung von Schmutz- oder Regenwasser und der Einsatz anderer umweltfreundlicher Produktionsmethoden.

Lokal Der ökologische Anbau von Naturmaterialien sowie die Herstellung der Kleidung und Accessoires, liegt im gleichen Land oder Gebiet oder die Herstellung und der Vertrieb befinden sich räumlich nah beieinander. Dadurch wird viel CO_2 eingespart, das sonst beim Transport der Ware emittieren würde.

Naturmaterialien Als Naturmaterialien werden u.a. Seide, Wolle, Alpaka, Cashmere, Leinen, Hanf, Bambus, Soja und Baumwolle aber auch Kork, Kautschuk, Holz und Leder bezeichnet. Aussagen über Anbau- und Behandlungsmethoden werden allerdings nicht getroffen. Die Naturmaterialien können jedoch aus kontrolliert biologischem Anbau oder kontrolliert biologischer Tierhaltung kommen.

Projekte Unternehmen entwickeln eigene Projekte in der Dritten Welt aber auch in Industrieländern, um die Lebensbedingungen für Menschen und Mitarbeiter zu verbessern. Dazu gehören z.B. die Hilfe bei der Umstellung auf kontrolliert biologischen Anbau, Unterstützung kleiner Werkstätten und Familienbetriebe, die Verbesserung der ärztlichen Versorgung oder die Förderung der Schulausbildung. Andere Unternehmen fördern mit einem Teil ihres Umsatzes bestehende und anerkannte Organisationen/Hilfsprojekte.

Recycling Textilien und Accessoires werden aus recycelten Materialien wie alten Fallschirmen, Postsäcken, Fahrradschläuchen, Decken, PET-Flaschen und LKW-Planen hergestellt, bzw. die Textilien selbst werden durch spezifische Prozesse zerlegt und einem Wiederverwertungsprozess zugeführt.

Vintage/Second-Hand
Getragene, ausrangierte Kleidung wird von anderen Personen weitergenutzt oder abgelegte Textilien werden beispielsweise in Bahnen zerschnitten und aus den Einzelteilen neue Kleidungsstücke designt und geschneidert.

Kapitel XIII

Die 444 besten Eco-Fashion-Designer

*Kurzbeschreibung der angesagtesten
Eco-Fashion-Labels weltweit,
Bewertung anhand von Eco-Kriterien,
Nennung offizieller Zertifizierungen.*

Anhand von eigenen, definierten Eco-Kriterien sowie der Auflistung offiziell erhaltener Zertifizierungen und Mitgliedschaften, mit Symbolen versehen und in den vorherigen Kapiteln ausführlich beschrieben, werden im Folgenden die 444 weltweit besten und interessantesten Eco-Fashion-Designer und Labels aufgelistet, bewertet und kurz skizziert. In übersichtlicher Form lässt sich erkennen, wie »grün« die Brands wirklich sind.

Natürlich konnten wir für die Beschreibung und Bewertung der Labels nur recherchieren und nicht kontrollieren. Diese aktuelle Übersicht wird auf dem Weg durch das Labyrinth der Grünen Mode sehr hilfreich sein.

Die Symbole der Öko-Kriterien wurden hier in grünem Linienrahmen, die Symbole der Zertifikate und Mitgliedschaften in schwarzem Linienrahmen zusammengestellt.

Abteil
D-70180 Stuttgart, Römerstraße 50
www.abteil.com
Taschen aus alten Fußbällen, PVC-Planen, Postsäcken, Bundeswehrdecken.

Ada Zanditon
GB-London W1F8SU, 60 Berwick St.
www.adaz.co.uk
Haute Couture, sensationelle Kollektionen.

Adler
D-63808 Haibach, Industriestraße 1–7
www.adlermode.com
Adler ist die erste Textileinzelhandelskette in Deutschland, die in ihrem Sortiment dauerhaft auf Fairen Handel setzt.

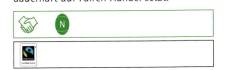

Affentor
D-60311 Frankfurt am Main, Fahrgasse 23
www.affentor.de
Ausgefallene Tages-, Abend- und Laptoptaschen mit gutem Gewissen.

A-Freak-A
FR-64100 Bayonne, 52 Rue Victor Hugo
www.a-freak-a.com
Knallige Farben, freche Schnitte. Die Bade- und Freizeitmode wird in Afrika produziert.

Ailin
USA-New York
www.ailin.com
Sport- und Freizeitmode aus Bambus und recycelten PET-Flaschen.

Erläuterungen der Symbole finden sich in den Umschlagklappen

Airbag Craftworks
D-64823 Darmstadt,
Schlierbacherstraße 14
www.airbagcraftworks.com
Farbenfrohe, rechteckige Kult-Taschen
hergestellt aus alten Luftmatratzen,
Schlauchbooten oder Sicherheitsgurten.
Jedes Teil ein Unikat.

Ajna
USA-10012 New York, 150 Spring Street 3
www.ajnacollection.com
Leichte, elegante Damenkollektion aus
edlen Naturfasern wie Cashmere und
Alpaka.

Akaaro
Indien-110074 New Delhi,
a6 asola Farms Beri
www.akaaro.com
Indische Haute Couture. Eine innovative
topaktuelle Mode aus »grünen« Materialien.

Alila
Österreich-1050 Wien, Krongasse 20
www.alila.at
Aus recycelten Kimonos entstehen neue
Kleider, Gürtel und Clutches.

Alkena
CH-4143 Dornach, Gempenstraße 42a
www.alkena.com
Bequemer und schicker, gut kombinierbarer Casual Look für die Frau. Aus Seide, Biobaumwolle und anderen Naturmaterialien.

Alta Rosa
I-5029 Firenze, Via San Gallo 84
www.altarosa.it
Weibliche, attraktive Designerbekleidung aus Hanf, Bouretteseide und Biobaumwolle.

Amana
GB-London NW69FL, PO BOX 57539
www.amanalondon.com
Kleines, exquisites Londoner Label.
Die Kleidung wird in Marokko gefertigt.

Amazon Life
I-50018 Scandicci, Via di Casselina 61 D
www.tyresonfire.com/amazonlife.com/
Gürtel, Taschen, Portemonnaies aus
Bambus, Jute, recycelten Armee-Uniformen,
Decken und Naturkautschuk.

Die 444 besten Eco-Fashion-Designer   165

American Apparel
USA-Los Angeles, Ca 90021,
747 Warehouse St.
www.americanapparel.com
American Style, Jeans, Shirts, Hemden und Unterwäsche. Sweatshop frei in Los Angeles produziert.

Amira
GB-London W11 1LR, Portobello Road 261
www.amirawear.com
Freche Kleider, sexy geschnittene Badeanzüge.

Ana Livni
Uruguay-Montevideo, 25 de mayo 280
www.analivni.com
Couturige Kollektionen aus Naturfasern. Ana Livni gilt als eine der Vorreiterinnen des Slow-Fashion-Gedankens.

Anatomy
GB-Dartmouth S. Devon TQ6 9EF,
165 Victoria R.
www.anatomyfashion.co.uk
Indische Biobaumwolle wird in kleinen englischen Manufakturen zu schicker Streetwear verarbeitet.

Andes Made
FR-75015 Paris, Rue Mademoiselle 7
www.andes-made.com
Schals, Mützen, Plaids aus hochwertigem Alpaka in Bolivien produziert.

Anne Linnonmaa
FI-16301 Orimattila, Kankaantie 13
www.annelinnonmaa.fi
Feminine Kollektion, Vorreiterin Grüner Mode in Skandinavien, viele internationale Preise.

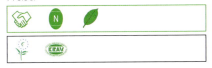

Ann PureNature
SE-11324 Stockholm, Dalagatan 52 B
www.purenature.com
Farbige, ansprechende Damenkollektion aus Leinen, hoher Tragekomfort, pflegeleicht.

Anvil
D-67678 Kaiserslautern, Abtstraße 25a
www.anvilknitwear.com
Anvil gehört zu den sechs größten Abnehmern von Biobaumwolle. Sportliche Shorts, Shirts, Caps und Henleys für die ganze Familie.

Erläuterungen der Symbole finden sich in den Umschlagklappen

Aranel
FR-67460 Souffelweyersheim,
3 Rue Calmette
www.declencheuse-de-reve.com
Stilvolle, feminine Hochzeits- und Cocktailkleider aus Seide, Biobaumwolle, Ananas,
Hanf und Leinen.

Aravore Babies
GB-London N8 8TE, 31 Park Road
www.aravore-babies.com
Süße Kinderbekleidung mit ausgefallenen
Applikationen bestickt, nach traditioneller
Handwerkskunst genäht.

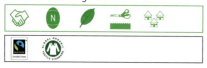

Armedangels
D-50672 Köln, Bismarkstraße 30
www.armedangels.de
Angesagte, hippe Streetwear-Kollektion.

Armor Lux
FR-29556 Quimper Cedex 9,
21 Rue Louison Bobet
www.armorlux.com
Jeder kennt das Ur-Piratenshirt aus
der Bretagne mit den marinen Querstreifen,
viele haben es.

Art d'Eco
FR- katell@artdecodesign.com
www.artdecodesign.typepad.com
Das Label wurde von der Umwelt- und
Menschenrechtsaktivistin Katell Gelebart
gegründet. Sie verwertet weltweit Müll und
Reststoffe zu Mode.

Art for the Common Man
DK-1660 Kopenhagen, Dannebrosgade 51
www.artforthecommonman.com
Young Fashion T-Shirts nach dem
Screenprinting Verfahren bedruckt.

Artgerechtes
D-36039 Marburg, Neue-Kasseler-Str. 3
www.artgerechtes.de
Fair gehandelte Young-Fashion-Mode.

Article 23
FR-Paris 11e, 102 Rue Amelot
www.articel23.org
Modische Damen- und Herrenkollektionen.
Das Label unterstützt mehrere Hilfsprojekte.

Ashley Watson
USA-90401 Santa Monica, 500 Broadway
www.ashleywatson.net
Anspruchsvolle und praktische Taschen,
Gürtel und Portemonnaies aus recyceltem
Leder.

Aski
D-87781 Ungershausen, Bahnhofstraße 21
www.aski-leder.de
Bio-Naturledertaschen, Gürtel, Accessoires,
vegetabil gegerbt, mit Pflanzenfett
durchtränkt.

Audas
Kanada-Montreal
www.audas.ca
Ausgefallene Taschen aus recycelten
Kunstfellen und Lederimitationen.

AuH$_2$O
USA-New York 10003, 84 E. 7th St.
www.auh2odesigns.com
Schicker Retro-Look aus New York.

AvantgardeGreen
D-50667 Köln, St. Apernstrasse 13
www.olcaykrafft.com
Sensible Designer-Luxus-Fashion.
Ein Hauch von Tüll und Chiffon,
aus Seide und Biobaumwolle.

Babygod
GB-London SW8 2PD, 13 Priory Grove
www.babygod.co.uk
Fair gehandelte Herrenunterwäsche aus
angenehmer Biobaumwolle.

Bagir
Israel-82101 Kiryt Gat, Pollack Road 44
www.bagir.com
Topmodische Herrenanzüge aus Biobaumwolle und recycelten PET-Flaschen,
maschinenwaschbar.

Bahar Shahpar
USA-New York 10013, 286 Spring Street
www.baharshahpar.com
Die Kleider erinnern an den Stil der 1970er
und 1980er Jahre. Eine figurbetonte
Damenkollektion.

Banda de Rodadura
Spanien-08024 Barcelona,
c/Marti 132, local
www.bandaderodadura.com
Taschen aus alten Gummischläuchen von
Autos, Fahrrädern und LKW's, wobei Ventile
oder Reifenflicken optisch integriert
werden.

Banuq
D-10437 Berlin, Stargarder Straße 10
www.banuq.com
Zeitlose, langlebige Teile wie legere
Trenchcoats, Blazer, schmale Hosen,
bequeme Röcke.

Barbara Speer
D-41460 Neuss, Anton-Kux-Straße 2
www.barbaraspeer.de
Avantgardistische Mode, bequem zu tragen,
aus Naturfasern wie Leinen und Biobaumwolle.

Batata
D-10439 Berlin, Erich-Weinert-Str. 24
www.batata.de
Schicke Kindermode aus Biobaumwolle.

Bauer
D-68642 Bürstadt, Beinestrasse 11-13
www.bauer-muetzen.de
Mützen- und Schalkollektion mit
UV-Schutz.

Beaumont Organic
GB-Stockport SK7 1JU, 5 Mayfield Road
www.beaumontorganic.com
Junge, elegante Strickmode. Das Label war
2008 Gewinner des Natural und Organic
Award für die besten Organic Textil
Produkte in England.

Beau Soleil
USA-New York 10010,
915 Broadway Suite 1007
www.shopbeausoleil.com
Biobaumwolle, Leinen und Bambus sind
die bevorzugten Naturmaterialien der
eleganten, jungen Damenkollektion und
Accessoires.

Bee Bee
GB-London W8 6TN, 17 Iverna Gardens
www.beebee-world.com
Weich und wohlig ist die Kleidung für
Babys und junge Mädchen aus fair
gehandelter Biobaumwolle.

Begoodesigns
Uruguay-Montevideo 11300,
Requena 1193
www.begoodesigns.com
Stylische Schuhe genäht aus alten Autositzen, Ledersesseln und Dekorationsstoffen.

Belle & Dean
GB-Berkshire RG1 5HL, 22 The Mount
www.belleanddean.co.uk
Kleines englisches Kindermode-Label.

better dressed
D-96164 Kemmern, Im Wiesengrund 13
www.better-dressed.com
Bedruckte Shirts aus fair gehandelter Biobaumwolle.

Beyond Skin
GB-East Sussex BN3 1FL,
59 Landsdowne Place
www.beyondskin.co.uk
Hochwertige, vegane Schuhmode ohne Verwendung tierischen Materials.

Bibico
GB-Bath BA2 4QD, 14 Park Avenue
www.bibico.co.uk
Eine schicke Streetwear-Mode aus fair gehandelter Biobaumwolle.

Bionat
FR-67730 Chatenois France,
1Rue de L'Industrie
www.bionat.fr
Die Sohlen bestehen aus reinem Latex, das Leder wird pflanzengegerbt und -gefärbt. Die Schuhe werden in eigenen Werkstätten lokal gefertigt.

Blackspot Shoes
Kanada-Vancouver BCVH61B7,
Weat 7th Avenue
www.adbusters.org
Die Stiefel und Sneakers der kanadischen Marke haben in kurzer Zeit Kultstatus erreicht. Die Sohlen bestehen aus recycelten Autoreifen, das Obermaterial wird aus Hanf gefertigt.

Bleed Clothing
D-95233 Helmbrechts, Bacchusweg 19
www.bleed-clothing.com
Junge, sportliche Funktionskleidung aus Bambus, Soja, Biobaumwolle und recyceltem Material.

Blushless
D-10439 Berlin, Wichertstraße 48
www.blushless.com
Atemberaubende, aktuelle Hochzeitskleider. Frech, ungezogen und sexy.

Boa Design
Türkei-80840 Istanbul, Umraniye 27/15
www.boastudio.org
Schicke Bio-Klamotten aus Istanbul.

BoBelle
GB-Oxford OX5 1PW, 174 Woodstock Road
www.bobelle.co.uk
Die Handtaschen aus superweicher Aalhaut, in einem aufwändigen Verfahren gereinigt und veredelt, sind einzigartig und strapazierfähig.

Bodkin
USA-New York 10002, 123 Norfolk St.
www.bodkin.us
Grüne Mode, die verdammt gut aussieht. Gefärbt mit Brennnesseln, Artischocken, Spinat, roten Zwiebeln, Kochbananen und Auberginen.

BonHom
D-79588 Efringen-Kirchen, Basler Straße 8
www.bonhom.de
Clevere Shirts mit klarer Aussage für Idealisten, Rebellen und Randgestalten.

Bo Weevil
NL-3852 AD Ermelo, Harderwijkerweg 38a
www.boweevil.nl
Seit Ende der 80er Jahre produzieren die Holländer Textilien aus Biobaumwolle. Mit dem Verkauf werden Hilfsprojekte in Uganda unterstützt.

Brainshirt
D-36043 Fulda, Florengasse 24
www.brainshirt.eu
Das erste klimaneutrale Herrenhemd, welches komplett aus Biobaumwolle genäht wird.

C & A
D-40468 Düsseldorf, Wanheimer Straße 70
www.cunda.de
Großes Sortiment, mit 18.000 Tonnen zweitgrößter Abnehmer von Biobaumwolle weltweit in 2009.

Camilla Norrback
SE-11341 Stockholm, Noorbackagatan 60
www.camillanorrback.com
Hochwertige Designermode aus Schweden. Materialien: Biobaumwolle, Bambus und pflanzengefärbtes, -gegerbtes Leder.

Carmina Campus
I-00186 Rom, Via Fontanella Borghese 40
www.carminacampus.org
Unglaubliche Taschen aus venezianischen Jalousien, Lampenschirmen, Vorhängen u. v. a., in Verbindung mit italienischer Handwerkskunst.

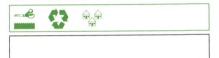

Caro E.
D-10249 Berlin, Kochhannstraße 21
www.caro-e.de
Handgefertigte Strickkleidung und Accessoires aus Alpaka, Seide, Cashmere und Merino.

caYambe
D-Berlin, Friedrich-Junge-Straße 5
www.cayambe.de
Textilien und Hüte aus Schafs- und Baumwolle, im Walkverfahren hergestellt.

Celine Faizant
FR-75018 Paris, 43 Rue de Simplon
www.celinefaizant.fr
Eine der großen Öko-Designerinnen. Jedes Textil ist mit einer Identitätskarte versehen, auf der die Beschaffenheit des Materials und die einzelnen Produktionsstufen beschrieben werden.

Chikethic
FR-92270 Bois-Colombes, 8 Villa du Bois
www.chikethic.fr
Bonbonbunte Taschen und Accessoires aus recycelten Materialien, frech bedruckt.

Chopper Couture
Kanada-Toronto ONMSV2M6,
66 Portland Street
www.choppercouture.com
Eine junge Mode in Anlehnung an die Chopper-/Bikerkultur, aus Naturfasern genäht.

Christine Mayer
D-10115 Berlin, Große Hamburger Straße 1
www.mayer-berlin.com
Feminine Kleider aus recycelten Militärstoffen, Wolle, Seide und alten Seesäcken.

Christopher Raeburn
GB-London EC2A 3EY, 29 New Inn Yard
www.christopherraeburn.co.uk
Der neue Shootingstar der britischen
Eco-Fashion-Szene. Seine bekanntesten
Kreationen sind die aus alten Militärfall-
schirmen genähten Parkas.

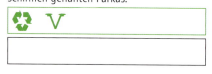

Ciel
GB-Hove East Sussex BN3 2BE,
45 Church Road
www.cielshop.co.uk
Gewinner des Ethical Fashion Award 2007.
Eine tolle Kollektion aus Biobaumwolle und
Alpaka.

Cocon Fritzsch
D-61184 Karben, Max-Planck-Straße 25
www.cocon-seide.com
Die Seide der Damenkollektion kommt aus
kontrolliert biologischer Tierhaltung.

Collection of Hope
D-10997 Berlin, Görlitzer Straße 51
www.collectionofhope.com
Junge Modedesigner der ESMOD-Mode-
schule entwerfen aus ökologischen Stoffen
die »Collection of Hope«. Der Erlös wird
gespendet.

Coll.part
FR-1004 Lausanne, Rue de la Tour 16
www.collpart.com
Aus alten farbigen 25-kg-Säcken, die in
Kambodscha zur Verpackung von Fischfutter
und Reis dienten, entstehen erstklassig
verarbeitete Taschen und andere
Accessoires.

Comazo
D-72461 Albstadt, Martin-Luther-Str. 1
www.comazo.de
Super angenehm, perfekter Sitz.
Das Wäschesortiment aus Naturfasern
für Sie und Ihn.

Consequent
D-67808 Imsweiler, Alsentzstraße 15
www.consequent.info
Junge, lässige, feminine Damenmode mit
Fairtrade Gedanken.

Continental-Clothing
D-13407 Berlin, Kopenhagener Straße 37
www.continentalclothing.de
Einer der größten Anbieter von
Shirts & Co weltweit. Aus zertifizierten
Naturmaterialien.

COOP
CH-4002 Basel, Postfach 2550
www.coop.ch
Der siebtgrößte Abnehmer von Biobaumwolle, die Schweizer COOP, hat über 450 verschiedene Textilien seiner Hausmarke Naturaline für die ganze Familie im Angebot.

Cosilana
D-72351 Geislingen, Tegernbacherstraße 5
www.cosilana-waesche.de
Federleichte Wohlfühlwäsche in hochwertiger Qualität u. a. aus Biobaumwolle und Seide.

Cotton People organic
D-64404 Bickenbach,
Darmstädter Straße 63
www.alnatura.de
Kindertextil-Label aus Biobaumwolle der Firma Alnatura.

Covet
Kanada-Montreal QCH2N2G1, 353 Chabanel Qst.
www.covetthis.com
Urbaner, lässiger Chic für Männer und Frauen.

Cri de Coeur
USA-New York, 275 Mott St
www.cri-de-cœur.com
Niemals zuvor waren ökofreundliche Schuhe so stylisch. Pfiffige Details, pfeffrige Farben.

Cyclus
FR-75005 Paris, 67 Rue Saint Jaques
www.cyclus.fr
»Tägliche Begleiter« aus recycelten Materialien. Taschen, Schuhe, Accessoires in peppigem Design.

Deborah Lindquist
USA-North Hollywood, CA 91602,
5567 Lankershim Blvd
www.deborahlindquist.com
Die amerikanische Designerin hat sie alle eingekleidet. Demi Moore, Paris Hilton, Gwen Stefani u. v. a. Eine außergewöhnliche Kollektion.

Deerberg
D-29582 Hanstedt, Velgen 35
www.deerberg.de
Seit den 1980er Jahren bietet Deerberg mit seinem Komplettangebot ökologische Kleidung für die ganze Familie an.

Deero
D-74343 Sachsenheim, Hauptstraße 24
www.deero.de
Lauflernschuhe für unsere Kleinsten, pflanzlich gegerbt und gefärbt, in vielen Farben.

DEM Collective
SE-41124 Göteborg, Storgatan 11
www.demcollective.com
Das schwedische Label zeigt wie man eine angesagte Kollektion mit nachhaltiger Herstellung verbinden kann.

Deploy
GB-London W1U 2QX, 34 Thyer Street
www.deployworkshop.com
Die Kollektion besticht durch ihr Wechselspiel zwischen femininem, teils romantischem Charme und kühl wirkender Weiblichkeit.

Deux Filles en Fil
FR-49300 Cholet, 38 L'Orée des Bois
www.deuxfillesenfil.fr
Taschen, die sich knöpfen und wieder zusammenlegen lassen, von Materialresten der Lederindustrie, aus einem Stück gefertigt.

Diane Kennedy
Kanada-Vancouver V6A 1A4,
343 Railway St.
www.dianekennedy.ca
Die figurschmeichelnde Kollektion aus Soja, Bambus und Biobaumwolle gibt es in der breiten Größen-Palette von S–3XL.

Didymos
D-71638 Ludwigsburg, Alleenstraße 8
www.didymos.de
Tragetücher für Babys und Kinder von Ökotest mit »Sehr Gut« bewertet.

Disana
D-72805 Lichtenheim, Rosenstraße 26
www.disana.de
Eine bunte, fröhliche Kollektion aus Seide und Biobaumwolle für Babys und Kinder.

Dita & Bella
Kanada-Montreal, 251 Rue Bernard Quest
www.ditabella.com
Junger, flippiger Streetwear-Look mit vielen liebevollen Details aus Naturfasern.

Dita Sandico Ong
Philippinen-San Juan, 35 Wilson St. Greenhills
www.ditasandicoong.ph
Trendige Farben und gecrashte Stoffe in neu interpretierter Wickeltechnik aus Bananenfasern und anderen einheimischen Gewächsen.

Donkey
USA-New York 11101, 23St Long Island City
www.donkeyny.com
Coole Taschen für echte Großstadtfreaks aus alten Reklameplakaten.

Duckfeet
DK-7120 Vejle, Karl Bjarnhofsvej 15
www.duckfeet.com
Als dänische Entenschuhe bekannt, steht das Label für beste Naturmaterialien und gediegenes Handwerk.

Dunque
D-72820 Sonnenbrühl, Steigstraße 63
www.dunque.de
Ein Pionier im Naturtextilbereich. Mützen und Schals u. a. aus hochwertiger Merinowolle.

Duns
SE-41305 Göteborg, Prinsgatan 6
www.dunssweden.se
Kleider, Hemden und Shirts für unsere Kleinen, mit lustigen Apfel-, Birnen- und Möhrchenmotiven oder einem ganzen Gemüsegarten, bunt und fröhlich.

Eco-Boudoir
GB-London NW2 6AZ, Anson Road
www.eco-boudoir.com
Elegante Lingerie-Kollektion aus Hanf, Seide und Biobaumwolle, umweltfreundlich produziert.

Ecoist
USA-Miami Fl 33127, 2628 NW 2nd Ave
www.ecoist.com
Unter Fairtrade Bedingungen werden die Patchwork-Taschen aus recycelten Materialien in Süd- und Mittelamerika hergestellt.

Ecolution
USA- (EU-Zentrale Rumän., 400141 Cluj, Piata 1)
www.ecolution.com
Seit 1990 stellt das Label zeitlose Basics und Accessoires aus Hanf, Biobaumwolle und anderen Naturmaterialien her.

Ecomaco
Japan-Tokyo 103-8001
www.ecomaco.com
Leichte, transparente Kleider aus Soja,
Bambus, Mais und Seide, natürlich gefärbt,
CO_2-neutral hergestellt.

EcoSkin
USA-Los Angeles CA90048,
8391 Bev. Blvd. 315
www.ecoskincollections.com
Fließende, schmeichelhafte Schnitte
verbunden mit gedeckten Tönen.
Eine elegante Damenkollektion.

Ecozona
Peru-09 Lima, San Patricio 295
www.ecozona.tk
Organic Cotton und Organic Alpaka werden
zu trendigen, sportiven Textilien für die
ganze Familie verarbeitet.

Edgart
CZ-46362 Hejnice, Lázně Libverda
www.edgart.cz
Eine schlichte, klassische, handgenähte
Leinenkollektion in dezenten Natur- und
Erdfarben.

Edun
Irland-Dublin 2,
30-32 Sir John Rogersons Quay
www.edunonline.com
Das irische Label wurde 2005 von U2-Sänger Bono und Ali Hewson gegründet. Die Kollektion wird in Afrika produziert und dortige Projekte und fairer Handel auf diesem Weg unterstützt.

Eisenhans
D-22885 Barsbüttel, Fahrenberg 9
www.eisenhans.biz
Ein Urgestein in der Naturtextilproduktion. Seit mehr als 30 Jahren zeigt das Label ein Damen- und Kindersortiment aus reiner Baumwolle.

Eka
GB
www.ekawear.com
Bezaubernde Mützen und passende Handschuhe mit liebevollen Applikationen bestückt. Eine neue Version der Laptoptasche findet sich in der gehäkelten Variante.

Eliza Gabriel
FR-29100 Douarnenez,
Rue de Croas Talud 15
www.elizagabriel.com
Taschen und Gürtel wie man sie noch nicht gesehen hat. Die in Brasilien fair produzierten Kreationen bestechen durch ihre Farbgebung und Dreidimensionalität. Eyecatcher im Alltag.

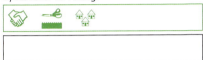

Eloise Grey
GB-Farnham GU9 7PB,
20 Downing Street
www.eloisegrey.com
Very British und traditionell. Hochwertige Tweedstoffe aus Biobaumwolle und Wolle, designt in Anlehnung an Modetrends der 1930/1940er Jahre.

Elsom
Australien- info@elsom.com.au
www.elsom.com.au
Urbane Sportlichkeit verbunden mit cooler Eleganz. Eine High-Fashion-Collection unter Fairtrade-Bedingungen hergestellt, für Sie und Ihn.

Elwood
USA-Los Angeles, CA 90021 US,
1211 Long Beach Av
www.elwoodclothing.com
Kleidungsstücke, die nicht mehr in Ordnung sind, können zur kostenlosen Reparatur an den Hersteller zurückgeschickt werden. Sportlicher Casual Street Look für Sie und Ihn.

Emily Katz
USA-Portland OR 97214, 8
11 East Burnside
www.emilykatz.com
Biobaumwolle und Hanf sind die bevorzugten Naturfasern dieser jungen Casual Mode für Sie.

Enamore
GB-Batheaston Ba1 7PA,
207 Catherine Way
www.enamore.co.uk
Für Frauen, die provozieren wollen. Körperbetonte Röcke, Kleider und sexy Unterwäsche.

Engel
D-72764 Reutlingen, Albstraße 38
www.engel-natur.de
Bereits seit 1982 produziert Engel seine komplette Baby- und Kinderausstattung sowie das Wäscheprogramm für Jung und Alt aus zertifizierten Naturfasern.

English Retreads
USA-Boulder, Colorado 80306,
PO Box 2366
www.englishretreads.com
Stylish und hipp sind die aus alten Fahrzeugpneus gefertigten Accessoires.

Environmental Justice Foundation
GB-London EC1R 1UL, 1 Amwell Street
http://ejfoundation.org
»Protecting People and Planet« heißt das Motto dieser englischen Organisation, die mit dem Verkauf ihrer T-Shirts, von namhaften Designern kreiert, unterschiedliche Projekte unterstützt.

Epona
GB-London SW9 8BJ,
241-251 Ferndale Road
www.eponaclothing.com
Die bunten Shirts und Sweater werden unter Fairtrade Bedingungen in Indien produziert.

Escama
USA-Newberg, Oregon 97132,
Sunnycrest Rd.
www.escamastudio.com
Clutches, Shopper u. a. Taschen werden aus recycelten Getränkedosenverschlüssen zu echten Hinguckern. Fairtrade in Brasilien produziert.

Ethic Wear
BE-1000 Brüssel, 171 Rue Antoine Dansaert
http://marie-cabanac.com
Pfiffige Kollektionen mit schrägen Schnitten, effektvollen Abnähern und unverwechselbarem Stil.

Ethletic
D-75359 Riegel, Hauptstraße 25
www.fairdealtrading.de
Fuß-, Hand-, Basketbälle, Sneakers und Zubehör. Alle Produkte sind mit dem Fairtrade Siegel zertifiziert.

Ethos
FR-94220 Charenton,
12 Rue Marius Delcher
www.ethosparis.com
Pariser Chic in Frankreich designt und ethisch fair in Indien produziert. Eine Damenkollektion voll tougher Weiblichkeit.

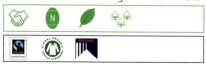

Eyos
FR-30170 Monoblet,
Atelier de Gréfeuilhe
www.eyos.fr
Eine edle Lingeriekollektion für Frauen und Männer aus reiner Seide.

Fairliebt
D-22765 Hamburg, Gaußstraße 19b
www.fairliebt.com
Das kleine Hamburger Label fertigt wunderbar bedruckte Shirts und Sweater mit großem ethischen Anspruch für Sie und Ihn.

Fastnet
Irland-Doohoma, Co. Mayo
www.fastnetoutfits.ie
In sorgfältiger Handarbeit entsteht aus Merinowolle eine schlichte elegante Kollektion.

Feuerwear
D-50677 Köln, Zugweg 12
www.feuerwear.com
Kultige Taschen aus alten Feuerwehrschläuchen.

Fin
NO-0177 Oslo, Fredensborgveien 24a
www.finoslo.com
Luxuriöse, elegante und stylische Mode aus Oslo. Aus handgesponnener Wildseide, Alpaka, Milch und Biobaumwolle.

Fizzy Lemon
D-50895 Köln, Eva-Hesse-Straße 29
www.fizzy-lemon.com
Zeitlose, farbenfrohe, pfiffige Babymode.

Flomax
D-72813 St. Johann-Gächingen, Braikeweg 6
www.flomax-natur.de
Oberbekleidung für die ganze Familie nach strengen sozialen und ökologischen Richtlinien hergestellt.

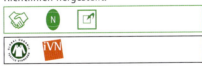

Foster Naturkleidung
D-35037 Marburg, Barfüßerstraße 53
www.foster-natur.de
Großes Sortiment hochwertiger und strapazierfähiger Naturfasern für die ganze Familie.

Frau Wagner
D-10963 Berlin, Tempelhofer Ufer 32
www.frauwagner.com
Aus Herrenschlipsen wird ein schwingender Damenrock, aus abgelegten Polizeiuniformen ein Corsagenkleid. Vintage wird zu Haute Couture.

Freitag
CH-8005 Zürich, Klosterwall 9
www.freitag.ch
Inspiriert vom Schwerverkehr schneidern die Schweizer aus alten LKW-Planen über 120.000 Kult-Taschen pro Jahr.

Friendly Trade Fashion
BE-9750 Ouwegem, Beertegemstraat 21
www.ftfshop.com
Basics aus Biobaumwolle mit tollen Prints.

G=9.8
FR-92140 Clamart, Rue de la Gaité
www.g98.fr
Eine sportlich sinnliche Lingerie- und Stockinglinie.

Ganterie
D-76889 Kapellen-Drusweiler, Hauptstraße 51
www.ganterie.de
Handschuhe, Schals, Kopfbedeckungen.

Gardeur
D-41063 Mönchengladbach, Alsstraße 155
www.gardeur.com
Seit mehr als 80 Jahren erfüllt Gardeur mit jeder Kollektion das Versprechen von Stilsicherheit ohne modische Übertreibung.

Gary Harvey
GB- garyharveycreative@hotmail.com
www.garyharveycreative.com
Der Multimedia-Designer und Ikone des Refashion verlängert mit seinen sexy geschnürten Öko-Couture Kleidern das Leben alter, getragener Kleidung und gibt dieser eine neue Bestimmung.

Gesine Gammert
D-10439 Berlin, Schonensche Straße 10
www.gesinegammert.de
Gesine Gammert ist hochwertiges Strick-Design aus Berlin mit grünem Anspruch.

Give it Bag
D-22767 Hamburg, Otzenstraße 25
www.give-it-bag.com
Bunte Taschen aus recycelten Transportsäcken. Durch eine Nummer wird jede Tasche zu einem Unikat, jeder Käufer kann dadurch nachvollziehen, wofür er sich engagiert hat. Unter give-it-bag.com kann er von seiner guten Tat berichten.

Global Woman
NL-2031 Haarlem, Emrikweg 25a
www.globalwoman.nl
Figurbetonte Blazer, T-Shirts und sportlich geschnittene Blusen, in denen man sich wohlfühlt.

Glücksstoff
D-70806 Kornwestheim, Traifelbergstraße 18
www.gluecksstoff.de
Ökologische Kleidung unter fairen Bedingungen produziert. Für Sie und Ihn.

Goodone
GB-London N1 3JJ, 3-4 Southgate Road
www.goodone.co.uk
Das preisgekrönte Label zeigt, wie man Altkleider durch Upcycling zu neuem Leben erweckt.

Gottstein
Österreich-6460 Imst, Bundesstraße 1
www.gottstein.at
Walk- und Filzprodukte aus Imst in Österreich auf höchstem Nievau.

Göttin des Glücks
Österreich-1030 Wien, Fasanengasse 20/26
www.goettindesgluecks.com
Raffiniert geschnittene Oberteile, Röcke, Hosen, Shirts und Mützen sind farblich kombinierbar und ergeben als Ganzes ein ausgefallenes Outfit.

Grand Step Shoes
D-65843 Sulzbach, Otto-Volger-Straße 7c
www.grandstep.de
Modisch up to date. Eine Vielfalt an Schuhen aus pflanzlich gegerbtem Leder, Gummistiefeln aus Naturkautschuk und Schuhen aus Hanf.

Greenality
D-71546 Aspach, Blumenstraße 4
www.greenality.de
Zwei Euro pro verkauftem Shirt werden an eine gemeinnützige Organisation gespendet. Was gibt es Schöneres als coole Klamotten zu shoppen und dabei ein gutes Gewissen zu haben.

GREENbay
D-95448 Bayreuth, Ottostraße 2
www.greenbay-olympia.de
Die sexy Bikinis waren mal eine Einwegflasche.

Green Cotton
DK- info@green-cotton.dk
www.green-cotton.dk
Fröhlich bunte Baby- und Kinderkollektion mit tollen Schnitten und entzückenden Details.

Greenpeace
D-22767 Hamburg, Große Elbstraße 145d
www.greenpeace-magazin.de
Im »Kleinen Warenhaus« des Greenpeace Magazins kann man eine ausgesuchte Basic-Kollektion der Schweizer Textilfirma Remei erwerben.

Gudrun Sjöden
D-90513 Zirndorf, Fürther Straße 33
www.gudrunsjöden.de
Raffinierte Kollektionen mit schicken, kleinen Details.

Gypsy 05
USA-Los Angeles 90023,
3200 Union Pacific Ave.
www.gypsy05.com
Die in L.A. lebenden Stars lieben die bunten, fröhlichen Kreationen des kalifornischen Labels.

H & M
SE-10638 Stockholm,
Mäster Samuelsgatan 46
www.hm.com
H & M gehört zu den 5 großen Abnehmern von Biobaumwolle weltweit. Kleidungsstücke aus Organic Cotton sind in allen Abteilungen erhältlich.

Hack Taschen
D-73728 Esslingen, Mittlere Beutau 71
www.hack-taschen.de
Alte Werbeplakate, Sicherheitsgurte oder Autoreifen werden zu hippen Taschen fürs Büro, Einkauf oder einen netten Abend zusammengenäht.

Haugland Collection
DK-8830 Lovel, Tinggade 23
www.haugland-collection.dk
Skandinavischer Chic aus Dänemark. Eine unkonventionelle Damenkollektion aus Flachs.

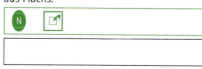

Helen Riegle
USA-Marblehead 01945, 19 Orne Street
www.her-design.com
Ein breites Taschensortiment aus Hanf, Leinen, Wolle und Biobaumwolle.

HempAge
D-91325 Adelsdorf, Industriestraße 9
www.hempage.com
Großes Bekleidungssortiment und Accessoires aus Hanf für Sie und Ihn.

Hessnatur
D-35510 Butzbach, Marie-Curie-Straße 7
www.hessnatur.de
Eine der weltweit größten »grünen« Kollektionen für die ganze Familie. Highlight ist die Designerkollektion des Stardesigners Miguel Adrover.

Hetty Rose
GB-Esses CM1 2AF, 129 Swiss Avenue
www.hettyrose.co.uk
Ein Must Have für jeden Schuhfreund sind die handgefertigten Objekte aus alten Kimonos. Stylish und sexy.

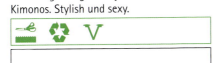

Hirsch Natur
D-48366 Laer, Königstraße 43
www.hirsch-natur.de
Bereits 1928 wurde die Strumpffabrik gegründet. Hochwertige Strümpfe aus naturbelassenen Materialien.

Howies
GB-Cardigan Sa43 1JY, Bath House Road
www.howies.co.uk
Peppige Kollektion für junge Leute, die es bequem, aber nicht langweilig mögen.

Hut up
D-10117 Berlin, Oranienburgerstraße 32
www.hutup.de
Bezaubernde Accessoires aus handgefertigtem und bearbeitetem Filz.

Ica Watermelon
D-10119 Berlin, Alte Schönhauser Straße 31
www.icawatermelon.com
Eine gelungene Damenkollektion aus Nachhaltigkeit und High Fashion.

Icebreaker
Neuseeland-Wellington 6011,
7-11 Dixon Street
www.icebreaker.com
Hochwertige Outdoor-Bekleidung aus besten Merinofasern.

Ideo
FR-75011 Paris, 172 Rue de Charonne
www.ideocollection.com
Junge Mode aus Frankreich für die ganze Familie. Ideo engagiert sich in vielen Hilfsprojekten in Peru, Indien, Tibet und Kambodscha.

Idom
Kanada-Portland Oregon,
827 NW 23rd Avenue
www.idomdesigns.com
Eine Designerkollektion, die durch zurückhaltende Schnittführung mit harmonisch abgestimmten Farben und Mustern überzeugt.

Ignes
Uruguay- (Handel London W1J 7JY, Sheperd Mkt.7)
www.ignesbags.com
Super trendy, super stylisch sind die Taschen des südamerikanischen Labels Ignes, die in kleinen Werkstätten in Handarbeit hergestellt werden.

Illuminati II
DK-1552 Kopenhagen, Rysensteensgade 1
www.noir.dk
Eine atemberaubende Stoffkollektion des Stardesigners Peter Ingwersen, die sich im High-Fashion-Bereich positioniert.

Imps & Elfs
NL-1058 HE Amsterdam, Sloterkade 41-44
www.imps-elfs.nl
Eine besinnliche Kindermarke ohne Extravaganz und Schnickschnack, aus Fairtrade Biobaumwolle.

IndiaFling
D-80637 München, Fuetererstraße 28
www.india-fling.de
Eine Ready to Wear Kollektion, die man mit gutem Gewissen kaufen kann.

Indigenous
USA-Santa Rosa 95407, 2250 Apollo Way
www.indigenousdesigns.com
Eine junge, sportliche, sehr feminine Kollektion.

Inka Koffke
D-85057 Ingoldstadt, Spretistraße 9
www.inkakoffke.com
Die Verbindung von Daily Couture mit nachhaltig produzierten Naturmaterialien ist das Markenzeichen von Inka Koffke.

Inti
NL-5216 Hertogenbusch, Havenstraat 7H
www.intiknitwear.com
Die Blazer, Jacken und Mäntel sind puristisch auf Figur geschnitten. Eine zeitlose, schicke Damenmode.

Intoxia
NL-1094 KT Amsterdam,
1ste Atjeh Straat 122-2
www.intoxia-jeans.com
Für ihre Damen- und Herrenkollektionen experimentieren die Niederländer mit Bambus, Kapok, Teppichgarn, recyceltem Papier und Biobaumwolle.

Itsus Eco
Kanada-Montreal H4P 1M7,
5760 Rue Ferrier
www.itsus.ca
Wunderschön bedruckte Shirts und Kleider aus zertifizierter Baumwolle.

Ivana Basilotta
GB-London W11 4UH,
152 Holland Park Avenue
www.ivanabasilotta.co.uk
Kreative, modische Kollektionen der aufstrebenden sizilianischen Modedesignerin.

Izzy Lane
GB-Richmond DL10 4TQ, The Old Bakery
www.izzylane.com
Ein klassisches, dezentes Sortiment an Pullovern, Strickjacken, Mänteln, Mützen und Schals aus bester schottischer Shetland-Cashmere Wolle.

Jackpot
DK-1434 Kopenhagen,
Danneskiold Samsoes A.55
www.jackpot.dk
Eine tolle kombinierbare Mode für die moderne Frau, harmonierende Farben, feminine Schnitte.

Jack + Jones
DK-7330 Brande, Fredskovvej
www.jackjones.com
In über 600 Stores weltweit zeigt das Label topaktuelle Kollektionen für Männer.

Jael a des ailes
FR-75020 Paris, Boulevard Davout 126
www.jaeladesailes.com
Provokante und gleichzeitig poetisch ausgefallene Damenkollektion mit asymmetrischen Schnitten. Produziert aus Hanf, Flachs und Biobaumwolle.

Jenny Duarte
Peru-Yanahuara Arequipa,
Cuesta del Angel 305
www.jennyduarteperu.com
Haute Couture in Verbindung mit traditioneller Kleidung des Andenhochlandes.

John-W-Shoes
D-33142 Büren, Kapellenstraße 8
www.john-w-shoes.com
1608 wurde die Schuhmacherei gegründet. Seitdem werden die Schuhe aus pflanzlich gegerbtem und gefärbtem Leder von Hand gefertigt.

Jooloomooloo
Österreich-1060 Wien,
Hofmühlgasse 17/2/25
www.jooloomooloo.com
Kinderkleidung, die Lust aufs Anziehen und Spaß beim Tragen macht.

Julia Starp
D-10969 Berlin, Ritterstraße 16
www.juliastarp.de
Individuelle, exklusive und hochwertige Damenmode aus nachhaltigen Naturfasern.

Junky Styling
GB-London E1 6RF, 91 Brick Lane
www.junkystyling.co.uk
Schicken Sie ihre getragenen Textilien, an denen Erinnerungen hängen, nach London. Junky Styling schneidert daraus neue, individuelle und kreative Kleidung nach ihren Wünschen.

Jux
NL-1094 RS Amsterdam,
Minahassastraat 1-110
www.studiojux.com
Nachhaltige Mode umweltverträglich hergestellt. Jedes Textil erhält eine individuelle Nummerierung, aus der hervorgeht, wann, wo und von wem das Kleidungsstück genäht wurde.

Kanthaka
Chile-Arica, Baquedano 1036
www.valeskaravlic.com
Traditionelle Textilien aus der Andenregion verbunden mit Trends der aktuellen Mode.

Kanz
D-72419 Neufra, Gammertinger Straße 30
www.kanz-babybekleidung.de
Hoher Tragekomfort und Qualität zeichnet diese aktuelle Kindermode aus.

Katharine Hamnett
GB-London N5 2EA, 22-24 Highbury Grove
www.katherineHamnett.com
Seit vielen Jahren zeigt uns die Londonerin wie sich Fairtrade, Biobaumwolle und frischer Style, in Verbindung mit sozialem Engagement, in Einklang bringen lassen.

Katrinelli
D-86453 Dasing, Paarstraße 24
www.katrinelli.de
Eine bezaubernde Baby- und Kinderkollektion. Aufgewertet durch Applikationen und Aufnäher.

Katvig
DK-1411 Kopenhagen K, Langebrogade 6F
www.katvig.dk
Eine der führenden Marken für Kindermode in Skandinavien. Farbenfrohes und unkonventionelles Design mit hoher Qualität.

Keep
USA-Los Angeles, 523 N. Fairfax-Ave
www.keepcompany.com
Obstmuster auf den Schuhen in Verbindung mit viel Kariertem. Die veganen Hingucker werden aus Canvas und Biobaumwolle, die Sohlen aus vulkanisiertem Gummi gefertigt.

Keero Design
Peru-Lima 14, 728-730
www.keero-design.com
Exklusive Kollektionen von klassischen Basics bis zum neuesten Modetrend, aus hochwertigen Naturgarnen wie Alpaka und Biobaumwolle.

Kelly Lane
USA-Pittsburgh PA 15201,
Stanton Court West
www.kellylanedesign.com
Ein Karussell der bunten Farben, mit einem Auge auf Nachhaltigkeit geworfen, zeichnet die Bekleidungslinie des amerikanischen Labels aus.

Ketchup & Majo
D-60487 Frankfurt, Konrad-Broßwitzstr. 50
www.ketchupundmajo.de
Aus alten Betttüchern, Vorhängen und Lufthansa-Decken werden in aufwändiger Handarbeit peppige Kleider, Röcke und Hosen genäht.

Kidscase
NL-1018 SK Amsterdam, Blankenstraat 376 C
www.kidscase.com
Anspruchsvolle, funktionale Kleidung für unsere Jüngsten, auf nachhaltige Weise produziert.

Kik Kid
NL-1087 HW Amsterdam,
Krijn Taconiskade 340
www.kik-kid.nl
Einfach und tragbar, aber mit viel Farbe. Die Kindermode wird fair und transparent aus Naturfasern wie Biobaumwolle hergestellt.

Kikoy
Kenia-00100 Nairobi, Ithanji Road
www.kikoy.com
Bademoden, Shorts und Kleider für die ganze Familie, mit wunderschönen Farben. In einer Lebendigkeit wie sie nur in Afrika zu finden ist.

Kitty Cooper
GB-London W11 3JE, 22 Notting Hill Gate
www.kitty-cooper.co.uk
Eine freche, elegante Schuhmode aus pflanzlich gegerbtem und gefärbtem Leder.

Knopf Budke
D-75031 Eppingen, Pestalozzistraße 8
www.knopf-budke.com
Über 10.000 verschiedene Knöpfe aus vielen Naturmaterialien wie Edelstein, Steinnuss, Kokosnuss, Leder, Filz und recycelten Materialien.

Knowledge Cotton Apparel
DK-7400 Herning, Nystedvej 11
www.knowledgecottonapparel.com
Basics bestehend aus Hemden, Shirts und Pullovern für den Mann.

Kolam
FR-75014 Paris, 2 Rue des Plantes
www.kolamcollection.com
Schicker Street Look für Sie und Ihn.

Die 444 besten Eco-Fashion-Designer   189

Komodo
GB-London NW3 3QU,
77c King Henrys Road
www.komodo.com
Verspielte Damenkollektion mit floralen Mustern und vielen eleganten Details. Komodo unterstützt Hilfsprojekte in Indien, Peru und Nordafrika.

Kontiki
Österreich-1160 Wien,
Grundsteingasse 12/18
www.kontiki.or.at
Kontiki haucht Dingen Leben ein, deren Ende beschlossen war. So simpel, so ökologisch. Taschen aus recycelten Materialien.

Kultbag
D-45470 Mühlheim, Heinrichstraße 37
www.kultbag.de
Ungewöhnliche, zweckentfremdete Materialien wie Luftmatrazen, Reissäcke, Cabriodächer, Surfsegel und Autoschläuche definieren die Kulttaschen.

Kunayala
D-21039 Hamburg,
Neuengammer Hausdeich 338
www.kunayala.de
Stylisch, zeitlos, exotisch und ethisch präsentieren sich die Shirt-Kollektionen des Hamburger Labels.

Kusikuy
USA-Marlboro 05344,
314 Upper Houghton Rd.
www.kusikuy.com
Kollektion für die ganze Familie aus Biobaumwolle und Alpaka. Kusikuy gehört zu den Gründern der Slow-Fashion-Bewegung.

Kuyichi
NL-2032 BJ Haarlem, Hendrik Figeeweg 5L
www.kuyichi.com
Jeans und Streetwearmode mit Kultstatus aus Soja, alten PET-Flaschen, Biobaumwolle, Leinen, Hanf, Bambus, Lenpur und aus Kartoffeln gegerbtem Leder.

Lalesso
USA- live@lalesso.com
www.lalesso.com
Farbenfrohe, verspielte und luftige Damenkollektion aus Kenia.

Erläuterungen der Symbole finden sich in den Umschlagklappen

LamuLamu
D-53604 Bad Honnef, Drachenfelsstraße 23
www.lamulamu.de
LamuLamu ist ein einzigartiges Konzept ökologisch produzierter und sozial fair gehandelter Kleidung.

Lana
D-52074 Aachen
www.lana-naturalwear.de
Ansprechende Damen- Kinder- und Babykollektion aus Naturfasern in bester Qualität.

Lanius
D-50677 Köln, Rolandstraße 63
www.lanius-koeln.de
Ausgefallene, selbstbewusste Damenmode, mal farbenfroh und sexy, mal schlicht und dezent.

La Tribbu
FR-69600 Oullins, 141 Rue du Perron
www.la-tribbu.com
Eine himmlisch süße Kinderkollektion.

Lav & Kush
Kanada-Vancouver V6B 5T1,
1001 Homer St.
www.lavandkush.com
Jedes Kleidungsstück ist ein Stück Luxus, gefertigt aus Biobaumwolle, Bambus, Soja oder Hanf.

Leanne Marshall
Kanada-Portland
www.leanimal.com
Trendige, beeindruckende Schnitte im Mix mit frischen Farben, Raffungen und Falten wirken provokant wie auch wunderschön poetisch.

Le Big
NL-1062 HG Amsterdam,
Koningin W.plein 1
www.lebig.com
Bunt, frech und süß. So zeigt sich die Baby- und Kinderkollektion des niederländischen Labels.

Leela Cotton
D-28199 Bremen, Georg-Wulf-Straße 15
www.leelacotton.de
Naturtextilien seit 1994 für Kids und Erwachsene aus Biobaumwolle.

Leila Hafzi
Norwegen-4008 Stavanger, Lokkeveien 27
www.leila-hafzi.com
Haute Couture in Vollendung, in Kombination mit ökologischer und ethischer Verantwortung.

Lemonfish
D-73655 Plüderhausen, Im Rank 10
www.lemonfish.de
Aus gebrauchten Seesäcken und Bundeswehrtaschen werden »hinter Gittern« schicke Accessoires genäht.

Les Racines du Ciel
FR-29000 Quimper, 3Rue Jules Simon
www.les-racines-du-ciel.com
Die Kollektion zeigt französischen Charme, gepaart mit ökologischen und ethischen Gesichtspunkten.

Liegelind
D-90579 Langenzenn,
Karlsbader Straße 12
www.liegelind.de
Hoher Wohlfühleffekt in Verbindung mit farbenfrohem Design macht diese kindgerechte Kleidung aus.

Lilli Pilli
D-97295 Waldbrunn, Eisinger Straße 6
www.lillipilli.de
Eine süße Kinderkollektion auf Bali in traditioneller Handwerkskunst fair produziert.

Linda Loudermilk
USA- production@lindaloudermilk.com
www.lindaloudermilk.com
Die beeindruckende High-Fashion-Mode besticht durch kühlen Upperclass Chic und sexy Style. Materialien sind Biobaumwolle, Bambus, Ingeo SeaSilk (Algen), Washi (Maulbeerbaum) und Soja.

Lindjan
D-22869 Hamburg, Eimsbütteler Straße 111
www.lindjan.de
Handgenähte Babyschuhe, Krabbelschuhe, Lauflernschuhe. Pflanzlich gegerbt und gefärbt, dermatologisch getestet.

Little Feet
NL-4921 Made, Watertorenstraat 4
www.littlefeet.eu
Die süße Kinderkollektion kombiniert farbenfrohes Design mit bequemen Schnitten für die Kleinsten.

Little Green Radicals
GB-London SW9 8BJ, 241-251 Ferndale R
www.littlegreenradicals.co.uk
Superweiche Strampler, Shirts und Lätzchen aus zertifizierter Biobaumwolle.

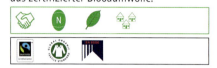

Little Shrimp
GB-Hertfordshire CM23 3SA,
13 Newtown Road
www.littleshrimp.com
Kuschelige Strampler, Jacken, Hosen und Kleidchen mit lustigen Streifenmotiven für unsere Kleinsten.

Living Crafts
D-95152 Selbitz, Schlesier Straße 11
www.livingcrafts.de
Langlebige, funktionale Basics für die Familie.

Lizzie Parker
USA-Issaquah WA 98027,
Gilman Blvd, Suite 41
www.lizzieparker.com
Ein Mix aus europäischen Trends und alltäglichen Basics. Ein kühler Upperclass Chic für die Frau.

Lodenwalker
Österreich-8972 Ramsau am Dachstein
www.lodenwalker.at
Seit 1434 produziert Lodenwalker in aufwändiger, schonender und sorgfältiger Verarbeitung aus reiner Schurwolle Janker, Anzüge, Mäntel, Kostüme etc.

Loints
NL- sales@loints.com
www.loints.com
Mit diesen Schuhen erleben Sie das Gehen neu. Pflanzlich gegerbtes und gefärbtes Leder, anatomisch geformtes Fußbett.

Lola Bon Heure
FR-75011 Paris, 26 Rue de Crussol
www.lolabonheure.com
Feminine, verspielte Kleider und Blusen mit zarten Prints und aparten Raffungen.

Loomstate
USA-Bohemia NY 11716, 180 Orville Drive
www.loomstate.org
Gründer und Surfer Rogan und Scott Hahn entwerfen eine lässige Streetwear Kollektion mit hohem Designanspruch, inspiriert vom klassischen amerikanischen Casual-Style.

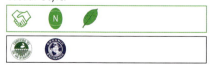

Lotties

D-93354 Biburg, Ortsstraße 50
www.lotties.de
Wenn man seinen Kindern etwas Gutes tun will, kommt man an Produkten von Lotties nicht vorbei.

Loud + Proud

D-91230 Happurg, Mosenhof 9
www.loud-proud.com
Die Babykollektion zeigt, dass aus unbelasteten Materialien produzierte, funktionelle Mode Spaß machen kann.

Loyale Clothing

USA-Winston-Salem NC27103,
Knollwood St 202
www.loyaleclothing.com
Die Damenkollektion ist geprägt von subtiler Eleganz, betonten Schnitten und urbanem Chic.

Luzifer

D-10967 Berlin, Graefestraße 27
www.luzifer.com
Hochwertige Naturfasern wie gewalkte Schurwolle, Leinen, Hanf, Seide und Baumwolle kennzeichnen eine Kollektion, die nicht nur für eine Saison entworfen wird.

Maas

D-33334 Gütersloh,
Werner-von-Siemens-Str. 2
www.maas-natur.de
Ein großes Sortiment anspruchsvoller Naturmode für die ganze Familie. Produktionsstandorte sind vorwiegend Deutschland und Europa.

MAC

D-93192 Roßbach, Industriestraße 2
www.mac-mode.com
MAC Hosen sind bekannt für hohe Qualität, perfekte Passform und Stil.

Machja

FR-20200 San Martino,
9 Chemin du Fiumicellu
www.machja.com
Sportlich chic und funktional zeigt sich das korsische Modelabel. Fairtrade produziert aus Milch, Proteinfasern und Biobaumwolle in Indien, Senegal, Mali und Tunesien.

Madness

D-21261 Welle-Kampen, Moorweg 12
www.madness-online.de
Tragbare, legere Kleidung aus natürlichen Materialien für Sie und Ihn.

Maedchenwald
Österreich-1120 Wien, Tivoligasse 69/19
www.maedchenwald.at
Süße, wohlig weiche Babykollektion,
aufgepeppt durch zauberhafte Stickereien
und Applikationen.

Magdalena Schaffrin
D-12043 Berlin, Ganghoferstraße 2
www.magdalenaschaffrin.com
Eine der Top-Adressen ist das Label der
Berliner Modedesignerin. Öko-Luxus, feine
ökologische Stoffe werden zu hochwertigen
Textilien verarbeitet.

Mandala
D-80469 München, Morassistraße 4
www.mandala-fashion.com
Wohlfühlmode mit trendgerechten
Passformen, feminin und sinnlich.

Manon
D-08491 Netzschkau,
Herrmann-Löns-Straße 2
www.manondesign.de
Niveauvolle Damenmode aus edlen
Naturfasern.

Mark Liu
GB- mark@markliu.co.uk
www.markliu.co.uk
Einer der angesagtesten jungen Modedesigner, der einen anderen Weg der Nachhaltigkeit geht. Durch intelligente Schnittführung beim Schneiden von Stoffbahnen werden 15% Stoffmenge eingespart, die er als Applikationen in seiner Kollektion verarbeitet.

Matieres a Reflexion
FR-75003 Paris, 19 Rue de Poitou
www.matieresareflexion.com
Alte Lederjacken aus Armeebeständen
werden zu schicken Handtaschen
umgewandelt.

Matt + Nat
Kanada-Montreal H2N 2C9,
225 Chabanel West
www.mattandnat.co.uk
Taschen, Weekender und IT-Bags aus
recycelten Materialien gefertigt, frei von
tierischen Produkten.

MaxJenny
DK-1208 Kopenhagen, Kompagnistraede 29
www.maxjenny.com
Eines der am heißest gehandelten Modelabels in Skandinavien. Innovative Street-Skulpturen, eine Mischung aus Kunst und Outdoor-Bekleidung.

Mayi
Österreich-1070 Wien, Zollerngasse 12
www.mayi.at
Mayi steht für Nachhaltigkeit, Innovation, Umweltfreundlichkeit und soziales Engagement. Eine bezaubernde und sinnliche Damenkollektion.

Mediterranea
D-80799 München, Türkenstraße 33a
www.walk-naturtextilien.de
Schurwolle von Weideschafen der nordgriechischen Hochlandalpen, die nur durch den starken Druck natürlich fallender Bergwasser gewalkt wird.

Merunisha Moonilal
NL- info@merunishamoonilal.com
www.merunishamoonilal.com
Recycelte Saris werden in wunderschöne Kleider, Röcke und Tops umgewandelt.

Meyer
D-51580 Reichshof, Hauptstraße 30
www.meyer-hosen.com
Klassische Hosenkollektion mit klaren Schnitten und perfekter Passform aus Leinen, Baumwolle oder Kapok, der leichtesten Naturfaser der Welt, gefertigt.

Mija t. rosa
Österreich-1150 Wien, Rüdigerstraße 13/2
www.mija-t-rosa.com
Die Designerin Julia Cepp entwirft Kollektionen jenseits des saisonalen Denkens. Ein Spagat zwischen Mode und Kunst.

Mika
USA-New York 9176866585
www.mikaorganic.com
Feminine, asymmetrische Schnitte. Blusen, Röcke und Kleider mit bezaubernden Drucken sind asiatisch geprägt und verschmelzen mit westlichem Mode-Chic.

Miksa
GB-Swansea SA1 6EF, 20 Seaview Terrace
www.miksa.co.uk
Eine kleine aber feine, fair gehandelte Bio-Kollektion für die Frau.

Milch

Österreich-1160 Wien, Yppenplatz 5
www.milch.mur.at
Aus getragenen, in Streifen geschnittenen Herrenhemden wird ein neues Kleid. Ausgemusterte Ware wird durch Upcycling wieder verwertbar gemacht.

Mim-Pi

NL-1861 Bergen, Mosselenbuurt 16
www.mim-pi.nl
Hochwertige Kinderkollektion, textile Feinkost.

Minna

GB-London SE5 9LN, 1 Halsmere Road
www.minna.co.uk
Feine schottische Spitzenkleider aus Seide, Wolle, Krepp, Organic Cotton und recycelten Materialien.

Misericordia

FR-75017 Paris, 25 Avenue de Wagram
www.missionmisericordia.com
Sportliches Design, lässiger Chic. Eine komplette Kollektion aus den Anden für Sie und Ihn.

Mociun

USA- info@mociun.com
www.mociun.com
Zeitlos elegante, modisch gestreifte, mit tollen Mustern bedruckte Kollektion aus Biobaumwolle und Hanf.

Modulab

Chile-3030 Santiago, Mall Alto las Condes
www.modulab.com
Trendige Taschen aus recycelten und bedruckten PVC-Planen und Filmplakaten.

Monkee

D-90429 Nürnberg, Bärenschanzstraße 63
www.monkeeclothing.com
Eine tragbare Streetwear-Fashion für Kletterer aus Biobaumwolle, Bambus und Hanf.

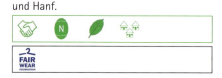

Monsieur Poulet

FR-75010 Paris, 102 Rue du Faubourg
www.monsieurpoulet.com
Die coolsten T-Shirts mit den flippigsten Prints kommen aus Paris.

Mood Street
NL-4921 Made, Watertorenstraat 4
www.moodstreet.nl
Farbenfrohe Stoffe werden miteinander gemischt und ergeben einen spannenden und überraschenden Stil für Kinder, der perfekt ins Stadtbild passt.

More Ethics
D-19273 Vockfey, Elbstraße 10
www.moreethics.de
»Feel Good Fashion«. Eine kleine Basic-Kollektion für die ganze Familie.

Moyi Ekolo
FR-annabel@moyiekolo.fr
www.moyiekolo.fr
Ausgesuchte Materialien, pflanzengegerbtes und -gefärbtes Leder werden in Verbindung mit Natursohlen zu modischen Schuhen verarbeitet.

Mr. Larkin
USA-Los Angeles 90036, 5619 W.4th St 6
www-mrlarkin.net
Textilien aus Milchfasern, mit Ahornblättern gefärbter Seide, Biobaumwolle oder Bambus. Es scheint, als wollten alle in diesen Tagen ein Kleidungsstück von Mr. Larkin.

My Bag Cares
USA- info@mybagcares
www.mybagcares.com
Für jede verkaufte Tasche wird ein Baum gepflanzt.

Mycoanna
Kanada-Quebec G1N 1C6,
615 St-Vallier Quest
www.mycoanna.com
Für Frauen, die Spaß an der Mode haben, aber nicht auf abgedroschenen Mainstream Look stehen.

Nahui Ollin
USA-Eatontown NJ 07724,
22 Meridian Road 22
http://europe.nahuiollin.com
Aus Kerzen-, Kaugummiverpackungen oder Flaschenetiketten werden in aufwändiger Handarbeit tolle Taschen kreiert.

Nancy Dee
GB-London, N5 1PT, 50 Melgund Road
www.nancydee.co.uk
Ob schwungvolle Pencilkleider oder feminine Bustierkleider, der Stoff besteht aus einer Mischung aus Biobaumwolle und Soja.

Nanso
FI-37101 Nokia, Box4
www.nanso.ft
Ein Mix aus Klassik und moderner Stilrichtung. Der führende Textilproduzent des Landes möchte in den nächsten Jahren seine gesamte Kleiderproduktion auf Biobaumwolle umstellen.

Natural Style
D-81547 München, Reginfriedstraße 3
www.natural-style.com
Seit 1976 produziert das Label hochwertige Jacken, Ponchos, Pullover und Caps in ausgefallenen Farben.

Naturapura
Portugal-4705-322 Braga,
Rua das Australias 1
www.naturapura.pt
Hochwertige Babykleidung und Heimtextilien aus kontrolliert biologischem Anbau.

Naturevsfuture
USA-New York 10001, 606 W 26th St.
www.naturevsfuture.com
Eine Verschmelzung zwischen Naturmaterialien wie Biobaumwolle, Soja oder Bambus und neuen High Tech Materialien. Skulpturales, cooles Design.

Nau
USA-Portland 97209, 710 NW 14th
www.nau.com
Eine klassische Kollektion für den Indoor und Outdoor-Bereich. Puristisch und sportlich.

Neutral
DK-2820 Gentofte, Postbox 20
www.neutral.com
Nach eigenen Angaben das Öko-Label mit den weltweit meisten Zertifizierungen.

Nicole Bridger
USA- info@nicolebridger.com
www.nicolebridger.com
Eine Balance aus aufregend femininen und nachhaltig praktischen Kleidungsstücken, gefertigt aus Biobaumwolle, Seide und recycelten Materialien.

Night Delight
D-70178 Stuttgart, Sophienstraße 15
www.nightdelight.net
Ökologische Stoffe, bequeme Schnitte und sexy Details sorgen bei dieser Nachtwäsche für einen gesunden Schlaf.

NKD
D-95463 Bindlach, Bühlstraße 5-7
www.shop.nkd.com
Der Textildiscounter setzt auf trendige und farbenfrohe Basics und gehört zu den großen deutschen Abnehmern von Biobaumwolle.

Nikster
USA- info@niksters.com
www.niksters.com
Alles für den Strand. Badeanzüge, Strandtaschen und Bikinis aus Soja, Bambus oder Biobaumwolle.

Nixie Clothing
GB-London
www.nixieclothing.com
Ein farbenfroher Mix aus Mustern und Stoffen kennzeichnet die individuellen Mädchenkleider.

Noharm
USA-Connecticut Old Saybrook, Clinton Road
www.noharm.co.uk
Exklusive Herrenschuhe pflanzlich gegerbt und gefärbt, in Handarbeit in Italien genäht.

Noir
DK-1552 Kopenhagen, Rysensteensgade 1 st.tv.
www.noir-illuminati2.com
Eine atemberaubende Designerkollektion, die sich im High-Fashion-Bereich positioniert.

Nu
FR-75002 Paris, 50 Rue Etienne Marcel
www.le-jeans-nu.com
Eine kleine Jeanskollektion und Unterwäsche.

Nudie
SE-41116 Göteborg, Södra Larmgatan 14
www.nudiejeans.com
Nudi ist eine angesagte Jeansmarke aus dem hohen Norden, mit strengen eigenen ökologischen Statuten.

Numanu
FR-75004 Paris, 8Rue de Turenne
www.numanu.com
Ein Mix aus Klassik und Business Look, klare Schnitte, perfekte Passform. 2006 erhielt das Label den begehrten Ethical Fashion Show Price in Paris.

nur die
D-48432 Rheine, Birkenallee 110–134
www.nurdie.de
Für jeden Anlass die richtigen Strümpfe aus Biobaumwolle und Bambus.

Oba
FR- info@oba-ethic.net
www.oba-ethic.net
Oba steht für witzige, schicke Taschen und Gürtel aus den Aluminiumverschlüssen von Getränkedosen. In Paris designt, in Brasilien Fairtrade hergestellt.

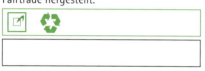

O'C On Challenge
CH-6343 Rotkreuz, Lettenstraße 9
www.oconchallenge.ch
Wer Mode trägt, kann auch Verantwortung tragen. Eine topaktuelle Kollektion aus der Schweiz.

ODD
USA-New York 10018,
209 West 38th Street
www.organicdesigndose.com
Aus den Proteinfasern von Sojabohnen und Milch, in Verbindung mit Cashmere, wird diese anschmiegsame und leichte Kollektion gefertigt.

Ology
Kanada-Ontario L4W 4X5,
2800 Matheson Blvd.
www.ology.ca
Naturmaterialien wie Bambus, Soja, Milch, Perlmutt, Mais und Biobaumwolle werden zu einer angesagten Damenkollektion verarbeitet.

olsenHaus
USA-New York 10013, Desbrosses Street 12
www.olsenhaus.com
olsenHaus räumt durch Kreativität und cooles Design mit dem Vorurteil auf, dass modische Schuhe nur unter Verwendung von Leder produziert werden können.

Onagono
GB-London E8 2EZ, 26 Shacklewell Lane
www.onagono.com
Sexy Pencilkleider, harmonierende Farben, körperbetonter Look. Eine gelungene Kollektion des englischen Modelabels Onagono.

One Green Elephant
D-31180 Giesen, Kampstraße 16
www.onegreenelephant.com
Das trendige Modelabel hat es in den letzten Jahren geschafft, zu einer der beliebtesten Jeansmarken zu werden.

Openmind
D-28201 Bremen, Kolberger Straße 42
www.openmind-design.de
Hanf, Seide, Baumwolle, Leinen, Cashmere, Walk und Reliefwirk werden durch raffinierte Schnitte in hochwertige Oberbekleidung umgesetzt.

Organic Stereo
GB- info@organicstereo.com
www.organicstereo.com
Urbaner Retro-Style gemixt mit femininem Vintage-Flair.

Organics for Kids
GB-London OX4 1BA, 26 Cave Street
www.organicsforkids.com
Eine bezaubernde Babykollektion, in der sich Babys bestens aufgehoben fühlen.

Osklen
Brasilien-Sao Paulo,
Rue Oscar Freire 645
www.osklen.com
Eine der angesagtesten Fashionadressen. Sozialverträgliche und umweltgerechte Herstellung der Lifestyle Kollektionen.

Ospop
Hong Kong-Wan Chai, 181 Johnston Road
www.ospop.com
Typische chinesische Arbeitsschuhe aus Canvas und Naturgummisohle.

Otto
D-22172 Hamburg, Wandsbeker Straße 3-7
www.otto.de
2007 startete Otto die Kollektion »Cotton made in Africa« mit dem Ziel, nachhaltig produzierter afrikanischer Baumwolle bessere Absatzmöglichkeiten zu schaffen.

Pachacuti
GB-Ashbourne DE6 1GF, 19 Dig Street
www.pachacuti.co.uk
Fair gehandelte Kleider und Accessoires aus Peru, Ecuador und Bolivien.

Pact
Kanada-Berkeley 94704,
46 Shattuck Square
www.wearpact.com
Slips, Boxer, Bikinis und Shorts hergestellt mit einer großen Portion ökologischer und sozialer Verantwortung.

Pagabei
Österreich-1080 Wien,
Josefstädter Straße 20
www.pagabei.at
Freche, farbenfrohe, ökologische Kindermode.

Pamoyo
D-10997 Berlin, Forsterstraße 46
www.pamoyo.com
Sich keinem Trend anschließen und trotzdem gut aussehen mit Elementen des Retros und der Subkultur.

Panda Snack
USA-New York 10018,
255 West 36th Street
www.pandasnack.com
Eine hochwertige Kollektion ausschließlich aus Bambus hergestellt.

Pants to Poverty
GB-London RG1 8XR, PO Box 2656
www.pantstopoverty.com
Angesagtes Wäschelabel, das mit ausgefallenen Aktionen auf Missstände in der Textilwirtschaft aufmerksam macht.

Papiina
FI-40270 Palokka, Saarijärventie 75
www.papiina.com
Eine Mischung aus finnischer Tradition und individueller Kreativität. Eine hochwertige Kleidung aus Filz und Seide.

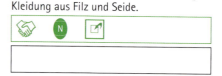

Patagonia
USA-Reno, 8550 White Fir St.,
PO Box 32050
www.patagonia.com
Das Label, einer der großen Sportmodehersteller, engagiert sich für mehr soziale Gerechtigkeit und bessere Bezahlung bei seinen Partnerbetrieben in der Dritten Welt.

Pat & Patty
D-52393 Hürtgenwald-Straß,
Maubacherstraße 4
www.patundpatty.de
Fantasievolle Kinderkleidung, an der auch Eltern ihre Freude haben.

Peace4you
D-27568 Bremerhaven,
Anton-Schumacher-Str. 31
www.peace4you.net
Die Taschenmanufaktur für schicke Bags aus recycelten Decken, Kleidersäcken, Postsäcken und Lederjacken aus alten Armeebeständen.

Peau Ethique
FR-42400 Saint Chamond, La Croix Mazenod
www.peau-ethique.com
Unterwäsche, Nachtwäsche und Strümpfe.

Pelli Cha
USA- info@pellicha.com
www.pellicha.com
Eine junge, klassische, mit exklusiven Details besetzte Abendgarderobe.

Peligrosa
USA-Los Angeles 90057,
2404 Wilshire BLvd.
www.peligrosaknits.com
Klare Schnitte und eine perfekte Passform machen das Sortiment zu einem schicken Alltags-Look.

People Tree
GB-London EC2A 3HZ,
91-93 Great Eastern St.
www.peopletree.co.uk
Eine komplette Ready to Wear Kollektion für die ganze Familie.

Peter Müller
CH-contakt@petermuellerfashion.com
www.petermuellerfashion.com
Extravagante, tragbare, zeitlose Mode.

Petra Mark
D-80331 München, Damenstiftstraße 11
www.petramark.de
Nicht die moralische Schiene fahren, sondern durch Stil und Design überzeugen. Aus alten Lederjacken, Röcken und recycelter Fallschirmseide werden neue ästhetische Hingucker.

Piccalilly
GB-N.Yorkshire BD24 9HR,
Unit 10b Com. Yard
www.piccalilly.co.uk
Hochwertige, fair hergestellte Baby- und Kinderkleidung, trendig und praxistauglich.

Pickapooh
D-22525 Hamburg, Kleine Bahnstraße 8
www.pickapooh.de
Eine tolle Kindermützenkollektion mit hohem UV-Schutz.

PID
D-61276 Weilrod, Am Lindenbaum 1a
www.pid-info.de
Die Kreationen der Designerin Ina Graf kennzeichnen einen ausgesprochen kreativer Stil. Aus besten Naturfasern in Einzelanfertigung hergestellt.

Pololo
D-14129 Berlin, Teutonenstraße 27
www.pololo.com
Handgefertigte Lauflernschuhe und Hausschuhe für die ganze Familie, aus pflanzengegerbtem Leder.

Ponchisimo
Ecuador-Lima, contact@ponchisimo.com
www.ponchisimo.com
Beeindruckende Interpretation eines Ponchos.

Portocolonia
D-50996 Köln, Uferstraße 17
www.portocolonia.com
Eine hochwertige ökologische Mode für die Frau, mit anspruchsvollen Details und perfekter Passform.

Po-Zu
GB- sven@po-zu.com
www.po-zu.com
Für die Schuhe wird die Borke des Mutuba Baumes genauso verwendet wie Hanf, Wolle, Kokosfaser, Latex oder pflanzengegerbtes Leder.

Prophetik
USA-Franklin TN 37064, 212 East Main St.
www.prophetik.com
Enganliegend und körperbetont zeigt sich die aus Biobaumwolle und recycelten Materialien bestehende Kollektion.

Pure
NL-1012 JS Amsterdam, Dam 1
www.debijenkorf.nl
Eco Label der niederländischen Kaufhaus-Kette De Bijenkorf.

Purebaby
Australien-Collingwood VIC 3066, Cromwell St.
www.purebaby.com.au
Modische Kleidung für unsere Kleinsten, ohne Kompromisse bezüglich sozialer und ökologischer Verantwortung.

Pur Natur
D-49324 Melle, Denkmalsweg 15
www.marlies-mithoefer.de
Eine Damenkollektion aus sorgfältig ausgesuchten Naturfasern, zeitlos schön.

Pyua
D-24148 Kiel, Wischhofstraße 1-3
www.pyua.de
Der erste Sportbekleidungshersteller, dessen Sortiment ausschließlich aus Textilien besteht, welche aus recycelten Materialien gefertigt sind und auch wieder vollständig recycelt werden können.

Quechua
FR-59665 Villeneuve d'Ascq,
4bd de Mons BP 299
www.quechua.com
Eine süße Bergsportkollektion für Kinder aus recycelten Materialien und Biobaumwolle vom Fuße des Mont Blanc.

Queen and Princess
D-49716 Meppen, Stadtheidestraße 33
www.queenandprincess.de
Das Kinderlabel verbindet auf innovative Weise Luxus und grünes Denken.

Raffauf
D-50935 Köln, Raumerstraße 2
www.raffauf.de
Regenmäntel und Regenjacken für Sie und Ihn aus Biobaumwolle mit Bienenwachsbeschichtung, Abaca und Maiswattierung.

Rag Bag
NL-1019 DG Amsterdam, Veenmarkt 234
www.ragbag.eu
Schräge Taschen und Accessoires aus alten Autositzen, recyceltem PVC oder alten Saris.

Raiz da Terra
Brasilien-Belo Horizonte, Rua Atenas 125
www.raizdaterra.com
Bezaubernde Kollektion aus Biobaumwolle, Bambus oder AmazonTex, dem Butterextrakt des Capuacu Samens, einer Frucht aus dem Amazonas Regenwald.

Rapanui
GB-Lake Isle of Wight, 107 Sandown Road
www.rapanuiclothing.com
Shirts, Tops, Jacken, Jeans und Unterwäsche. Junger, lässiger Casual Look für Damen und Herren.

Rawganique
USA-Denman Island BC VoR1To, Ltd Box 81
www.rawganique.com
Sportliche, stylische und bequeme Basics für die ganze Familie aus Biobaumwolle, Hanf und Leinen.

Recycle your Jeans
USA-Cumbria LA16 7AN, Duddon Road
www.recycleyourjeans.com
Haben Sie noch eine alte Jeans im Schrank? Schicken Sie diese an das englische Label und lassen sich daraus eigene, individuelle Sandalen mit gesundem Fußbett herstellen.

Red Dog Sportswear
Kanada-Richmond 94804,
19th Street 833 S
www.reddogsportswear.com
»Grüne« Unterwäsche, cool, modern, sportiv.

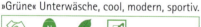

Reet Aus
Estland-10140 Tallin, Mürivahe 19
www.reetaus.com/en/
Aus textilen Abfallstoffen Neues kreieren. Eine fantastische, in Handarbeit genähte Kollektion.

Reiff Strickwaren
D-72770 Reutlingen, Weiherstraße 19
www.reiff-Strick.de
Von der Mustererstellung bis zum fertigen Produkt wird seit 25 Jahren alles selbst im Haus erstellt.

ReinStyle
D-21522 Hittbergen, Im Kamp 18
www.reinstyle.com
Mit den robusten und funktionalen Taschen aus Auto-Sicherheitsgurten kann Ihnen so schnell nichts passieren.

Remei
CH-6343 Rotkreuz, Lettenstraße 9
www.remei.ch
Einer der großen Hersteller von Textilien aus Biobaumwolle. Zu den Kunden gehören COOP, REWE, Greenpeace und Monoprix.

Revamp
GB-London
www.revampfashion.co.uk
Eine ausgefallene Designerkollektion aus Vintage/Second Hand und recycelten Materialien.

Rianne de Witte
NL-4811 XA Breda, Reigerstraat 5
www.riannedewitte.nl
Tragbare, elegante Mode mit einem Schuss exklusiven Charakter.

Rickshaw Bagworks
USA-San Francisco 94197, 904 22nd Street
www.rickshawbags.com
Es wurde eine Tasche entworfen, bei deren Produktion keine Materialreste übrig bleiben. Ermöglicht durch minimalistisches Design und ohne unnötige Verzierungen.

Righteous Fashion
SE-Malmö, Norra Vallgatan 64B
www.righteousfashion.se
Das Label hat ein Gespür für scharfes und starkes Design in Kombination mit ökologischen und ethischen Produktionsmethoden.

RiotCreations
D-68159 Mannheim, Hafenstraße 49
www.riotcreations.com
Stylische T-Shirts mit höchstem Ethik- und Ökofaktor.

Room to Roam
D-81667 München, Johannisplatz 21
www.room-to-roam.com
Eine in Deutschland produzierte Premiumkollektion, die neugierig macht.

Royah
Afghanistan-Kabul, info@royah.org
www.royah.org
Italienisches Design, Fairtrade in Kabul produziert, inspiriert von der Kultur Afghanistans.

RoyalBlush
CH-4127 Birsfelden, Rüttihardstraße 3/1
www.royalblush.ch
Eine fantastische, exklusive Taschenkollektion, schonend mit Rinden und Wurzeln pflanzlich gegerbt und von Hand genäht.

Samant Chauhan
Indien-New Dehli 110049,
421-A Shahpur Jat
www.samantchauhan.net
Einer der angesagtesten Newcomer der letzten Jahre. Haute Couture in Vollendung. Provokant und wunderschön poetisch für Sie und Ihn.

Sanetta
D-72469 Meßstetten, Sanettastraße 1
www.sanetta.de
Als Hersteller und Marktführer für Kinderkleidung steht Sanetta seit über 50 Jahren für modische Kompetenz, Qualität und Verantwortung.

Sans Soucie
Kanada-Vancouver,
Downtown 604.716.1531
www.sanssoucie.ca
Designermode und Accessoires aus recycelten Materialien wie Nylonstrümpfen in Verbindung mit Seide und Baumwolle.

Sari
GB-Covent Garden WC2H 9DJ,
Monmouth St. 65
www.saricouture.com
Aus recycelten Saris werden in aufwändiger Handarbeit neue Jacken und Handtaschen.

Sartuul
Mongolei-Darkhan Uul aimag, Haus 12-17
www.sartuulwoolens.com
Unbehandelte und ungefärbte Accessoires, Jacken und Pullover aus Yak-Cashmere und Kamelwolle.

Satoshi Date
GB- admin@satoshidate.com
www.satoshidate.com
Extravagante Schnitte, skulpturale Kreationen und expressive Farben zeichnen die originellen Kollektionen des Japaners aus.

Sawaco
CH-6930 Bedano, Via dÀrgine 7
www.sawaco.ch
Bequeme Wohlfühlwäsche für die ganze Familie.

Schuhwerk
D-66484 Riedelberg, Hauptstraße 18
www.schuhwerk.de
Ökologisch konsequent, orthopädisch durchdacht, glaubwürdig produziert. Komplett aus pflanzlich gegerbtem Leder mit Naturkork-Fußbett.

Sea Bags
USA-Portland ME 04101,
24 Custom House Wharf
www.seabags.com
Aus gebrauchten Segeln werden originelle Taschen.

Seasalt Cornwall
GB-Penzance TR18 2ES, 2 Adelaide Street
www.seasaltcornwall.co.uk
Eine unkomplizierte, bequeme Freizeitmode für die ganze Familie.

Sebola
FR-59000 Lille, 38 Rue Princesse
www.sebola.fr
Sportliche Basics aus Biobaumwolle.

Selana
CH-9443 Widnau, Lindenstraße 56
www.selana.com
Eine süße, pflanzengefärbte Kollektion aus Leinen, Merinowolle, Seide, Hanf und Biobaumwolle.

Sense Organics
D-60318 Frankfurt, Gleimstraße 1
www.sense-organics.com
Tolle Muster und Farben, flotter Casual Look für die ganze Familie, aus umweltfreundlichen Mischgeweben und Bioaumwolle.

Serendipity
DK-2930 Klampenborg, Dyrehavevej 10
www.serendipity.de
Süß, frech und kuschelig ist die Kollektion des dänischen Kindermodelabels.

Sey-Fashion
D-63500 Seligenstadt, Spessartstraße 128
www.sey-fashion.com
Eine High-Fashion-Jeanskollektion für Damen mit viel Liebe zum Detail sowie ökologischen und sozialverträglichen Ansprüchen.

Shanghaistandard
D-80469 München, Frauenstraße 6
www.shanghaistandard.com
Die asiatische und europäische Kultur trifft aufeinander und heraus kommt eine legere feminine Kollektion aus feinem Cashmere, Seide und Biobaumwolle.

Sharka Chakra
GB- info@jeans4menandwomen.com
www.jeans4menandwomen.com
Von Hand gewebter Denimstoff, von Hand pflanzengefärbt, von Hand genäht. Jede Jeans ist ein Unikat.

Shirts of Bamboo
USA-Gulfport FL 33707, 6860 Gulfport Blvd
www.shirtsofbamboo.com
Unkomplizierte, sportliche Basics aus Bambus.

Silkroad
D-29378 Wittingen, Bahnhofstraße 24
www.silkroad.de
Seide, Bambus, Leinen und Ramie finden Verwendung in der zeitlosen, bequemen Damen-Kollektion.

Simple Shoes
GB-London SW1Y5LU, 11-12 Pall Mall
www.simpleshoes.com
Umfangreiches Angebot vom Sneaker bis zur Sandale aus recycelten Fahrrad- und Autoreifen, Teppichen, Plastikflaschen, Kork, Kokosnuss, Bambus und Biobaumwolle.

Simu Nordic
SE-95731 Övertornea, Matarengivägen 28
www.simunordic.se
Hochwertige Naturmaterialien wie Leinen und Merinowolle werden zu klassischen Caps, Jacken, Ponchos, Westen und Accessoires verarbeitet.

Siroc
D-48149 Münster, Malmedyweg 8
www.siroc-fashion.de
Sportive Streetwear-Kollektion für die Familie.

Sirri
DK-2500 Valby, Valby Langgade 45
www.fantacia.dk
Nach alter Tradition wird die Wolle von Schafen auf den Farörinseln gewebt, so dass die Kleidung wind- und wasserabweisend wird.

si:su
GB- sisu.info@gmail.com
www.si-su.com
Die romantisch verspielten Kollektionen werden aus Vintage-/Second-Hand-Kleidung hergestellt.

Skank
SE-11120 Stockholm, Gamla Brogatan 23
www.skank.com
Beeinflusst von den Klängen des Reggaes entsteht eine rebellische Mode aus Skandinavien.

Skunfunk
Spanien- 48300 Gernika, Goikoibarra 25
www.skunkfunk.com
Hochgeschnittene Hosen, frech geschnittene Blusen, taffe Muster.

Sling and Stones
USA- info@slingandstones.com
www.slingandstones.com
Die Luxus-Jeans werden aus US-Biobaumwolle gefertigt. Der Clou sind die mit 24 Karat Gold überzogenen Knöpfe und Logoschilder.

Slippely
NL-1060 Amsterdam,
Konigin Wilhelminaplein 13
www.slippely.nl
Modischer Alltags-Look, körperbetont geschnitten.

Slowmo
D-10245 Berlin, Liebauerstraße 16
www.slowmo.eu
Designerware in klarem Stil, mit außergewöhnlicher, detailverliebter Schnittführung, die zum Wohlfühlen einlädt.

Slowmotion
SE-5412 51 Göteborg, Underasgatan 8B
www.slowmotionshop.com
Kreative und junge Modelinie aus Schweden.

Smiley Connection
GB-London SE1 3ER, 11/13 Weston Street
www.smileycollection.net
Unter dem Markenzeichen des weltbekannten Emblems wird eine sportliche Kollektion für die ganze Familie produziert.

Snipe
D-83024 Rosenheim,
Marienberger Straße 31
www.snipe.com
Sportliche Schuhmode aus pflanzlich gegerbtem, Leder, Sohlen aus Naturgummi, Schnürsenkel aus Baumwolle und recycelten PET-Flaschen. Spanische Kulttreter.

SONG
Vietnam-Saigon,
Ho Chi Minh City P.O Box 910
www.asiasongdesign.com
Lifestyle-Label aus Vietnam mit französischem Chic.

Sonnenleder
D-78351 Bodman, Mühlbachstraße 20
www.sonnenleder.de
Rein pflanzlich gegerbtes und gefärbtes
Rindsleder aus Deutschland, das in solider
Handarbeit zu Taschen und Accessoires
verarbeitet wird.

Sonya Kashmiri
GB- info@sonyakashmiri.com
www.sonyakashmiri.com
Die aus recyceltem oder neuem pflanzlich
gegerbten Leder hergestellten Taschen
erinnern an das gute alte Reisegepäck,
das ein Leben lang gehalten hat.

Sosume
Australien-Surry Hills 2010,
Buckinham St. 11
www.sosumeclothing.com
Kreative Basics aus Buchenholzfasern und
Eukalyptus-Zellstoff.

Sparrow
USA-Victoria V8T 1X9, 1286 Kings Road
www.sparrowhandbags.com
Handmade Taschen, vegan, organisch,
nachhaltig, recycled, mit einem umwerfen-
den Design.

Speak up
D-14057 Berlin, Spiegelweg 2
www.speakup-wear.com
T-Shirts für coole Babies, Kinder und
Erwachsene.

Speidel
D-72411 Bodelshausen, Hechinger Straße
www.speidel-lingerie.de
Spezialist für feine Damenunterwäsche.

Stef Fauser
D-10435 Berlin, Schönhauser Allee 150
www.stef-fauser.de
Mit der Verbindung von veredeltem Wollfilz
und gebrauchten Fahrradschläuchen ist der
Designerin Stefanie Fauser ein ziemlich
abgefahrener Mix für Taschen, Gürtel und
Portemonnaies gelungen.

Steinwidder
Österreich-1070 Wien,
Schottenfeldgasse 77
www.steinwidder.com
Gebrauchte Kleidung wird zerschnitten und
neu arrangiert. Daraus entstehen limitierte
Serien.

Stella McCartney
GB-Haywards Heath RH16 3DN, 34 Perrymount Rd
www.stellamccartney.com
Das Label vertreibt eine komplette »grüne« Haute Couture Damen-Lingerie, Schuh- und Taschenlinie.

Stewart + Brown
USA-Ventura, 93001, Front Street 955E
www.stewartbrown.com
Eine komplette Ready to Wear Kollektion.

Sturm
D-72770 Reutlingen,
Matheus-Wagner-Str. 37/40
www.sturm-strick-chic.de
Mode muß nicht Öko sein, Qualität jedoch Natur pur. Alles für Babies und Kleinkinder.

Stylisha
D-81667 München,
Innere Wiener Straße 26
www.stylisha.com
Exklusive, handgefertigte Stücke. Namhafte Kunden lieben ihre Kombination aus Kunst und Mode.

Sublet
USA-New York 10003, 13th Street, Suite 14
www.subletclothing.com
Vom engen Pencil Rock bis zum verspielten Hängerkleidchen. Eine junge, feminine Mode.

Suno
USA- info@sunony.com
www.sunony.com
Aufregende Shorts, Röcke, Kleider und Bikinis aus traditionellen ostafrikanischen Kangas (Wickelkleidern) gefertigt.

Sust
USA-Redwood City, 2128 Hillcrest Road
www.getsust.com
Eine schlichte, komfortable Kollektion, für zuhause und das Büro ebenso geeignet wie für einen Abend in High Heels und Perlenkette.

Swings
Österreich-6201 Seekirchen,
Gewerbestraße 2
www.wexla.wt
Die Sohle besteht aus robuster österreichischer Pappel, das Oberteil aus pflanzengegerbtem Leder.

Switcher
CH-1052 Lausanne,
Chemin du Petit Flon 29
www.switcher.com
Das Schweizer Label führt eine komplette
Kollektion für die ganze Familie.

Tamasyn Gambell
GB-London WC1N 2NP, Northing Street
www.tamasyngambell.com
Eine Schalkollektion, handbemalt in
fantastischen, harmonievollen Farben.

Tamman
GB-London, 16 Avenue Muse
www.tamman.co.uk
Damenoberbekleidung und Hochzeitskleider
aus hochwertigen Naturfasern, inspiriert
durch Farben und Details traditioneller
Kleidung Indiens.

Teich
USA-New York, 84 East 7th St, NYC
www.teichdesign.com
Teich Taschen made in New York City, aus
pflanzengefärbtem/-gegerbtem Hirschleder,
Organic Cotton und recycelten Materialien.

Terra Plana
USA-Covent Garden WC2H 9PQ,
64 Neal Street
www.terraplana.com
Modisch trendige Damen- und Herrenschuhe für die Freizeit und den Businessbereich.

Tgkp
D-12247 Berlin, Mergentheimer Straße 4
www.tgkpkids.com
Hochwertige und lässige Essentials für
unsere Kleinsten.

The Baand
DK-2200 Kopenhagen, Jaegersborggade 14
www.thebaand.com
Basics für die modebewusste Frau, die
täglich variiert werden können.

The Earth Collection
D-46395 Bocholt, Grüner Weg 2a
www.theearthcollection.de
Eine natürlich anziehende Mode für die
ganze Familie aus Seide, Hanf, Ramie und
Biobaumwolle.

Thieves
Kanada-Toronto M6J 1Js, 1156 Queen St W
www.thieves.ca
Feine asymmetrische Schnitte, klassisch tailliert, die der Körperform einer jeden Frau schmeicheln.

Thokk Thokk
D-81667 München, Breisacher Straße 3
www.thokkthokk.com
Fetzige Oberteile aus Fairtrade Biobaumwolle.

THTC – The Hemp Traiding Company
GB-London W38LX, 15A Princes Avenue
www.thtc.co.uk
Die Shirts werden von angesagten Szenegrafikern und Grafittikünstlern designt.

T.Luxe
USA-New York NY 100012,
2 Great Jones Street
www.t-luxe.net
Luxuriöse Unterwäsche aus pflanzengefärbtem Bambus, Organic Silk und Organic Cotton.

Toggery
USA-New Yorkc10018, 1411 Broadway
www.toggerycollection.com
Toggery verbindet intelligentes stilvolles Design mit nachhaltigen Materialien und Produktion. Eine ideale Mode für die selbstbewusste Frau.

Treches
D-10245 Berlin, Boxhagener Straße 112
www.treches.com
Ein kleines Streetwear-Label aus Berlin mit einer jungen trendigen Damenkollektion.

Trippen
D-12435 Berlin, Kiefholzstraße 2
www.trippen.com
Ökologisch aufrichtige und anatomisch sinnvolle Schuhe, die unabhängig von Modetrends getragen werden können.

Tudo Bom
FR-75004 Paris, 9 Rue de Rivoli
www.tudobom.fr
Die sportliche Streetwear Kollektion wird in Paris designt und in Brasilien sozial gerecht gefertigt.

Kapitel XIII

Turk + Taylor
Kanada-Calgary 119-1013,
17th Avenue SW
www.turkandtaylor.com
Trendige Szene-Shirts aus fair gehandelter Biobaumwolle.

Un Ete en Automne
FR-75013 Paris,
124 Boulevard Auguste Blanqui
www.uneteenautomne.com
Fair gehandelte Biobaumwolle wird in Indien zu einer eleganten, lebendigen Damenkollektion genäht.

Untouched World
Neuseeland-Christchurch 8540,
PO Box 29086
www.untouchedworld.com
Sportlicher Casual Look für die ganze Familie, chic und unkonventionell.

Uwe Harter Naturtextilien
D-72275 Alpirsbach, Gutleutweg 17
www.harter.de
Strümpfe, Strumpfhosen, Pullover und Strickjacken aus hochwertiger Biobaumwolle und anderen Naturfasern in zeitlosem Design.

Van Markoviec
NL-6822BJ Arnheim, Sonsbeeksingel 106
www.vanmarkoviec.com
Kühler Urban Chic. Für seine Designerkollektion verarbeitet das Label ausgesuchte Naturmaterialien wie Bambus, Hanf, Seide, Leinen, Biobaumwolle, aber auch recycelte PET-Flaschen, Metall und Papier.

Vapus
D-83727 Schliersee-Neuhaus,
Dürnbachstraße 9
www.vapus.org
100% biologische Yoga Bekleidung.

Vegan Queen
USA-New York 10019, 30 West 57th Street
www.veganqueen.com
Wer noch keine hat, will eine haben. Stylisch couturige Designerhandtaschen aus Naturfasern, Bio-Leder und recyceltem Kunststoff. La dolce vita.

Vegetarian Shoes
GB-Brighton, East Sussex,
12 Gardner Street
www.vegetarian-shoes.co.uk
Vegane Kult-Schuhe aus strapazierfähiger Mikrofaser.

Veja

FR- simon.dufour@veja.fr
www.veja.fr
Angesagte »grüne« Mainstream Sport- und Freizeitschuhkollektion für die ganze Familie.

Vilde Svaner

D-99423 Weimar, Trierer Straße 7
www.vildesvaner.com
Zeitlos schicke Mode aus recycelten Hemden, Nesselstoffen oder Biobaumwolle.

Viridis Luxe

USA-New York 10018, 275 West 39
www.viridisluxe.com
Ungewöhnliche Schnitte, ausgefallene Kreationen. Eine perfekte, exklusive Damen-Designerkollektion.

Vivien Cheng

USA- info@viviencheng.com
www.vivien.cheng.com
Aus ausrangierten Taschen zaubert Vivien Cheng neue, einmalig handbemalte Kreationen.

Vontum

D-90429 Nürnberg, Eberhardshofstraße 12
www.vontum.com
Premium-Lifestyle-Mode mit deutschen Stoffen in nachhaltiger, deutscher Handwerkstradition gefertigt.

Von Winckelmann

NL-1052 Amsterdam,
Van Oldenbarneveldtpl. 25b
www.vonwinckelmann.com
Lebendige und junge Kollektion mit Bodenhaftung für Sie und Ihn.

Waldland

Österreich-3533 Friedersbach,
Oberwaltenreith 10
www.waldland.at
Qualitätsleinen aus Österreich für eine angenehme Bekleidung in typischem Edelknitter-Look.

Waliki

D-31134 Hildesheim, Kramerstraße 1
www.waliki.com
Exklusive Bekleidung aus den Anden, aus heimischer Alpakawolle in aufwändiger Handarbeit komplett fully fashioned hergestellt.

Waschbär
D-79108 Freiburg, Wöhlerstraße 4
www.waschbaer.de
Seit vielen Jahren als einer der Pioniere auf dem Markt der Naturmode präsent, zeigt das Freiburger Label eine komplette Kollektion für Sie und Ihn.

Wayra
Peru-Lima 18, Tienda A 104
www.wayraperu.com
Handgefertigte, schmeichelnde Schals und Kinderbodys aus Biobaumwolle, Merinowolle, Baby-Alpaka und Leinen.

Wiebke Möller
D-22767 Hamburg, Poststraße 7
www.wiebkemoeller.de
Strickaccessoires und individuelle Lieblingsstücke aus feinster italienischer Merinowolle.

We3
Kanada-Vancouver, BC V5V3N6,
3671 Main st.
www.we3.ca
Lauter als viele Worte, stilvoll, ökologisch, mit dem Avantgarde-Design von morgen.

Worn Again
GB-London E1 6LA,
35-47 Bethnal Green Road
www.wornagain.co.uk
Taschen und Sneakers aus recycelten Sitzbezügen, Fahrradschläuchen und Sicherheitsgurten.

Wundervoll
D-10115 Berlin, Linienstraße 134
www.wundervoll.com
Unterwäsche aus reiner Seide und Organic Cotton. Mit klarem Design und edlen Details.

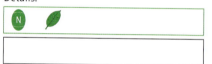

Zebratod
D-20259 Hamburg, Weidenstieg 18
www.zebratod.de
Angefangen hat alles mit einem alten Fiat Panda. Aus dessen ausrangierten Autositzen schneiderte das Label schicke Taschen. Mittlerweile konzentrieren Sie sich auf ihre »Strickmadame« Accessoire-Linie.

Zirkeltraining
D-45470 Mülheim, Heinrichstraße 37
www.zirkeltraining.de
Aus recyceltem Sportgeräte-Leder von Pferd, Bock, Kasten und Turnmatten fertigt das Label, nicht nur für Sport-Asse, verschiedene Kulttaschen.

Die 444 besten Eco-Fashion-Designer 219

Zoica Matei
USA-Dacula 30019, PO Box 2418
www.zoicamatei
Eine elegante, leichte Damenkollektion. Vom Anbau der Naturfasern bis zum fertigen Kleidungsstück finden alle Arbeitsschritte sozial verträglich in den USA statt.

ZooZoo2
GB-Weston SG4 7AD, 1Butts Green, Maidon Street
www.zoozoo2.com
Kult-Shirts für Surfing, Skiing, Snowboarding und Running.

500 Godz
D-10719 Berlin, Kurfürstendamm 36
www.500godz.com
Fetzige, angesagte T-Shirts in limitierter Auflage.

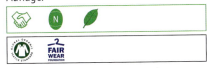

667 the baby of the beast
D-10961 Berlin, Gneisenaustraße 66/67
www.sixsixseven.net
667 steht für ethisch korrekt produzierte Kinder-Kollektionen, die nicht langweilig sind.

Literaturverzeichnis

Artise, B. (u.a.) (2008). Born-Again Vintage. New York: Potter Craft

Balzer, M. (2000). Gerechte Kleidung. Stuttgart: Hirzel

Bertenbreiter, W. (2007). Allianz zur Förderung des nachhaltigen Baumwollanbaus. Eschborn: GTZ GmbH

Bierhals, C. (2008). Green designed. Stuttgart: AV Edition

Black, S. (2008). Eco-Chic, The Fashion Paradox. London: Black Dog Publishing

Blanchard, T. (2008). Green is the New Black. London: Hodder & Stoughton

Boris, J. (2006). (Un)Fair Trade, das profitable Geschäft mit unserem schlechten Gewissen. München: Goldmann

Bothe, R. (u.a.) (4/2005). Schadstoffe in Textilien – Status quo und Ausblicke. Umwelt Medizin Gesellschaft

Brodde, K. (2009). Saubere Sachen. München: Ludwig

Bundesministerium für Bildung und Forschung Referat 423 (2000). Eine runde Sache – Naturfasern aus der Schmelze. Bonn

Bundesministerium für Verkehr, Innovation und Technologie (2009). Ecofashion – Mode mit Zukunft. Wien: Die Umweltberatung

Burmann, A. (2003). Baumwollanbau im Norden verschärft die Armut im Süden. Düsseldorf: CBG e.V.

Busse, T. (2006). Die Einkaufsrevolution. Konsumenten entdecken ihre Macht. München: Blessing

Deutsche Bundesstiftung Umwelt (2007). Umweltentlastende Verfahrenstechnik zur enzymatischen Baumwollvorbehandlung. Essen: DBU

Diekamp, K. (2008). Distanzierungsmuster zur Ökologie: »ökig will ich nicht sein«!. Saarbrücken: SVH

Fletcher, K. (2007). Sustainable Fashion & Textiles. London: Earthscan

Geisler-Kroll, C. (1995). Vorsorgender Umweltschutz in der Textilherstellung. Grenzen der Machbarkeit. Frankfurt: Deutscher Fachverlag

Geissler, S. (u.a.) (2003). Farb & Stoff. Wien: Bundesministerium für Verkehr, Innovation und Technologie

Gérard, F. (2009). Testgelände für Monsanto. Paris: LeMonde diplomatique

Grassegger, H. (2009). Biobaumwolle im Schweinezyklus. Zürich: Tagesanzeiger

Greenpeace Magazin (2009). Textil-Fibel. Hamburg: Greenpeace Media

Grimm, F. (2008). Shopping hilft die Welt verbessern. Der andere Einkaufsführer. München: Goldmann

Hethorn, J. (2008). Sustainable Fashion, Why Now? London: Fairchild Books

Internationaler Verband der Naturtextilindustrie e.V., Pressemitteilung (2010). Genmanipulierte Organismen in Biobaumwolle. Stuttgart

Kahlenborn, W. (2009). Internationalisierung von BVT. Umweltbundesamt

Kaiser, A. (1996). Ökologiebezogene Produktkennzeichnung. Entstehung, Hintergrund, Anforderungen. Dissertation. Kassel

Kleinedam, C. (u.a.) (2010). Baumwolle. Baden: Lars Müller Publishers

Kloos, D. (2009). Sozialökologische Mode auf dem Prüfstand. Siegburg: Südwind Institut für Ökonomie und Ökumene

Knieli, M. (2007). Ökotextilien – aus der Nische zum Trendprodukt, Projektbericht im Rahmen der Programmlinie Fabrik der Zukunft. Wien: Bundesministerium für Verkehr, Innovation und Technologie

Lee, M. (2008). Eco Chic, How to be Ethical and Easy on the Eye. London: Quadrille Publishing

Lehmann, D. (2007). Klimaneutralisierung von Switcher-Produkten. Basel: Compensate AG

Matheson, C. (2008). Green Chic, Saving the Earth in Style. London: Sourcebooks Inc

Maute-Daul, G. (2009). Mode und Chemie, Fasern, Farben, Stoffe. Berlin: Springer

Mönninghoff, W. (2006). King Cotton, Kulturgeschichte der Baumwolle. Mannheim: Artemis & Winkler

Musiolek, B. (1999). Gezähmte Modemultis. Frankfurt: Brandes & Apsel

Oakes, S. R. (2008). Style Naturally. London: Chronicle Books

Ober, S. (2009). Die Baumwolle – Von Natur keine Spur. Berlin: NABU-Pressedienst

Orsenna, E. (2009). Weiße Plantagen. Eine Reise durch unsere globalisierte Welt. München: Deutscher Taschenbuch Verlag

Otto Group (2009). Trendstudie 2009. Die Zukunft des ethischen Konsums. Hamburg: Trendbüro

Palmer, A. (u.a.) (2009). Old Clothes, New Looks. New York: Berg

Paulitsch, K. (2003). Am Beispiel Baumwolle. Flächennutzungskonkurrenz durch exportierende Landwirtschaft. Wuppertal: Wuppertaler Institut für Klima, Umwelt, Energie GmbH

Pilz, B. (2000). Zum Beispiel Fairer Handel. Göttingen: Lamuv

Prüfgemeinschaft Umweltfreundliche Textilien (2009): Oeko-Tex® Standard 1000, Oeko®-Tex International. Zürich

Rigos, A. (3/2004). Hightech auf unserer Haut. Hamburg: Greenpeace Magazin

Rivoli, P. (2006). Reisebericht eines T-Shirts. Berlin: Econ

Stieglitz, J. (2007) Fair Trade for All. Oxford: Oxford University Press

Uchatius, W. (2003). Im Takt von tausend Näherinnen. Hamburg: Die Zeit

Umweltbundesamt (1995). Stand der Abwassertechnik in verschiedenen Branchen. Berlin

Umwelt Perspektiven (2009). Nachhaltigkeit entlang der ganzen Wertschöpfungskette. Illnau

Wenzel, E. (u.a.) (2007). Greenomics. Wie der grüne Lifestyle die Märkte erobert. Kelkheim: Zukunftsinstitut

Werner, K. (u.a.) (2006). Das neue Schwarzbuch Markenfirmen. Berlin: Ullstein

Wick, I. (2009). Soziale Folgen des liberalisierten Weltmarkts für Textil und Bekleidung. Frankfurt: Otto Brenner Stiftung.

WWW

Apin, N.: Raus aus der Nische. taz.de. www.taz.de/1/berlin/artikel/1/raus-aus-der-nische-3/, eingesehen am 22.03.2010

Baier, A. (2005): Baumwolle, Pflanzenschutz ohne chemische Keule. PAN Germany. www.pan-germany.pdf, eingesehen am 01.02.2010

Baumwollanbau in Burkina Faso – Public Eye-Award für Hess Natur (2008). www.csrnews.net, eingesehen am 14.02.2010

Baumwolle, TransGen Lebensmitteldatenbank. www.transgen.de/features/printversion.php?dbase=2&id=21, eingesehen am 03.02.2010

BBE Retail Experts, Europäische Marktforschung: Schadstoffgeprüfte Textilien. www.bbe-retail-experts.de, eingesehen am 19.02.2010

Becker, M.: Schwellenland Indien. Mit Sonderwirtschaftszonen auf Wachstumskurs. www.dradio.de, eingesehen am 18.12.2009

Literaturverzeichnis

Bensmann, M.: Aufs Baumwollfeld statt zur Schule. taz.de. www.taz.de/1/zukunft/konsum/artikel/aufs-baumwollfeld-statt-zur-schule/, eingesehen am 24.02.2010

Brodde, K.: Jugendliche verweigern sich dem Öko-Trend. www.stern.de/lifestyle/lebensart/a-i/zukunftsforschung-jugendliche-verweigern-sich-dem-oeko-trend-1507010.html, eingesehen am 26.03.2010

BSCI Code of Conduct 2006 by Foreign Trade Association, Brussels. www.bsci-eu.org, eingesehen am 16.11.2009

Bundesministerium für Verkehr, Innovation und Technologie (2006): Trademark Farb & Stoff, Pflanzenfarben für die Textilindustrie, Fabrik der Zukunft. www.world-of-eco-fashion.de.pdf, eingesehen am 17.02.2010

CCC: Vier Schritte zu einer fairen Zulieferkette. www.cleanclothes.org, eingesehen am 13.01.2010

Christliche Initiative Romero: Erst abblocken dann angreifen? www.ci-romero.de/ccc_outdoor_tatonka/, eingesehen am 18.03.2010

Der hohe Preis des weißen Goldes in Usbekistan. Kinderarbeit bei der Baumwollernte. www.laif.de/de/article/20462.html?popup=1, eingesehen am 15.03.2010

Fairtrade –Baumwolle. www.transfair.org, eingesehen am 03.01.2010

Färbepflanzen. www.naturschutz-praxis.de/merkbl/29t.htm, eingesehen 14.04.2010

Ferenschild, S.: Verlierer und Gewinner, Soziale Konsequenzen der Liberalisierung im Textil- und Einzelhandel. www.linksnet.de/de/artikel/20963, eingesehen am 17.02.2010

financial.de: Rohstoffe extra/Baumwollpreise im Aufwärtstrend. www.financial.de/rohstoffe/rohstoffmarkt-aktuell/2009/12/07/rohstoffe, eingesehen am 03.01.2010

Freie Exportzonen. www.gute-arbeit-weltweit.de/indexphp?option=com_glossary, eingesehen am 14.03.2010

Future on Wings e.V.: Ökologischer Baumwollanbau macht zukunftsfähig. www.future-on-wings.net/konsum/biobaumwolle.htm, eingesehen am 13.01.2010

Gentechnisch veränderte Pflanzen, Anbaufläche weltweit. www.transgen.de/anbau/eu_international/193.doku.html, eingesehen am 04.01.2010

Germany Trade & Invest: Chinas Chemiefaserproduktion hat sich erholt. www.gtai.de/fdb-SE.MKT201002018007.Google.html, eingesehen am 18.02.2010

Glocalist Daily News: Erstes klimaneutrale Hemd. www.glocalist.com/news/kategorie/gutes-leben/titel/erstes-klimaneutrale-hemd/, eingesehen am 13.04.2010

Hohenstein Institut: Dem Schweiß auf der Spur. www.hohenstein.de, eingesehen am 24.02.2010

Hohenstein Institut: Nanotechnologie in der Textilindustrie – Chancen und Risiken. www.hohenstein.de, eingesehen am 22.02.2010

Hohenstein Institut: Oeko-Tex Zertifikatsausstellungen auf Rekordniveau. www.hohenstein.de, eingesehen am 22.02.2010

Hungeraufstand von 2000 Textilarbeiterinnen in Bangladesch. www.linkezeitung.de/cms/index.php?option=com_content&task=view&id=4349&itemid=199, eingesehen am 17.03.2010

ILO: Database of International Labour. www.ilo.org, eingesehen am 16.01.2010

Industrievereinigung Chemiefasern e.V.: Weltproduktion von Chemiefasern www.ivc-ev.de, eingesehen am 10.03.2010

Internationale Arbeitsorganisation ILO-Berlin. www.ilo.org/public/german/region/eurpro/bonn/index.html, eingesehen am 18.03.2010

Interstoff, Messe Frankfurt. www.interstoff.messefrankfurt.com/global/de/presse_news-detail.html, eingesehen am 26.02.2010

Internationaler Verband der Naturtextilindustrie e.V.: Naturleder IVN zertifiziert. www.naturtextil.com/handel/qualitätszeichen/naturleder.html, eingesehen am 27.03.2010

Internationaler Verband der Naturtextilindustrie, e.V.: Naturtextilien im Trend. www.suedwesttextil.de.pdf, eingesehen 11.03.2010

Kampagne für Saubere Kleidung. www.saubere-kleidung.de/ccc-60_wir/ccc-64-00_kodex.html, eingesehen am 18.03.2010

Kern, J. (2009): Klimakiller Textil? TextilWirtschaft www.textilwirtschaft.de/service/archiv/pages/show.php?id=731265&a=4, eingesehen am 06.03.2010

Kleine, H.: Textilien aus Bambus – Schein oder Wirklichkeit. European Bamboo Society Sektion Deutschland e.V. www.bambus-deutschland.de, eingesehen am 03.02.2010

Lenzing Fibers: Lebenszyklusanalyse von Fasern. www.lenzing.com, eingesehen am 06.01.2010

Liebrich, S.: Die Biobranche schrumpft. Öko-Müdigkeit. Süddeutsche Zeitung. www.sueddeutsche.de, eingesehen am 22.02.2010

Linard, A.: Cotton-Farmer und Baumwollbauern. www.eurozine.com, eingesehen am 14.12.2009

Luginbühl, C.: Erklärung von Bern. Clean Clothes Campaign Schweiz. www.evb.ch/p52.html, eingesehen 22.02.2010

Meding, J. (u. a.) (2008): Europäische Marktforschung schadstoffgeprüfter Textilien. BBE Retail Experts. www.oekotex.com.pdf, eingesehen am 24.01.2010

Ober, S.: Cotton made in Africa. www.gen-ethisches-netzwerk.de/gid/191/ober/cotton-made-in-africa, eingesehen am 18.01.2010

OE reports-Textile News Global: Organic Cotton Production grows 20% in 2009. www.organiceexchange.org, eingesehen am 22.02.2010

PAN Germany: Aktionen gegen Bayer-Pestizid Endosulfan erfolgreich. www.pan-germany.org/deu/news-845.html, eingesehen am 29.04.2010

PAN German Projekt: Der ökologische Landbau. www.pan-germany.org, eingesehen am 14.02.2010

Pay Fair Bündnis: Arbeitsrechtsverletzungen bei Adidas und Puma die Norm. www.verbraucherbildung.de/project01/d, eingesehen am 20.03.2010

Rautenberg O.: BT-Baumwolle, Hoffnung für Indiens Landwirte. www.novo-magazin.de/63/novo6328.htm, eingesehen am 01.02.2010

Remei AG, Schweiz: Daten & Fakten. www.remei.ch/de/produkte/bekleidung.html, eingesehen 11.03.2010

Richtlinie des Europäischen Parlaments und des Rates über die integrierte Vermeidung und Verminderung der Umweltverschmutzung. www.beck-online.beck.de/default.aspx?bcid=Y-100-G-EWG_RL_2008_1, eingesehen am 31.03.2010

Schweizer sind Bio-Weltmeister (2010). www.swissinfo.ch/ger/schweizer_sind_bio_weltmeister.html, eingesehen 14.03.2010

Siniawski, A.: Kampf gegen Kinderarbeit gefährdet. taz.de. www.taz.de/1/archiv/archiv/?dig=2003/09/26/a0082, eingesehen 16.03.2010

SKOPOS Studie (2009): Ökomode hat ein Imageproblem. www.skopos.de/newspresse/61-oekomode.html, eingesehen am 27.03.2010

Smartfiber AG: SeaCell – Das reine Vergnügen. www.smartfiber.de, eingesehen am 02.02.2010

sueddeutsche.de: EU-Förderung – Subventionierte Dürre. www.sueddeutsche.de/wirtschaft/51/308992/text/, eingesehen am 14.01.2010

The Guardian (2008): Working flat out the child labour behind your Egyptian cotton sheets. www.guardian.co.uk/society/2008/jun/08/childprotection.humanrights, eingesehen am 17.03.2010

TransFair: Baumwolle. www.transfair.org/produkte/baumwolle.html, eingesehen am 20.03.2010

TransFair. www.transfair.org/ueber-transfair/unsere-ziele.html, eingesehen am 21.03.2010

TÜV Süd: Liste eingeschränkt nutzbarer Substanzen (RSL). www.tuev-sued.de/softlines, eingesehen am 02.04.2010

Umweltbundesamt, cleaner production germany: Lanazym – Biologische Antifilzausrüstung www.cleaner-production.de, eingesehen am 07.02.2010

Umweltbundesamt, cleaner production germany: Anaerob gestützte Verfahren zum Wasserrecycling in der Textilveredelungsindustrie (TV2). www.cleaner-production.de, eingesehen am 07.02.2010

Umweltbundesamt, cleaner production germany: Entwicklung von schwermetallfreien Färb- und Gerbmitteln und –verfahren. Rohstoffaufbereitung und Extraktherstellung. www.cleaner-produktion.de, eingesehen am 07.02.2010

Umweltbundesamt, cleaner production germany: Entwicklung von Textilien mit extrem selbstreinigenden Lotus-Oberflächen. www.cleaner-production.de, eingesehen am 07.02.2010

Umweltbundesamt, cleaner production germany: Überkritisches Kohlendioxid als Extraktions- und Färbemedium in der Textilindustrie. www.cleaner-production.de, eingesehen am 07.02.2010

Umweltinstitut München e.V.: Konventionelle Kleidung. www.umweltinstitut.org/fragen-antworten/bekleidung/konventionelle_Bekleidung-678.html, eingesehen am 08.02.2010

Umweltmanagementsysteme: Eco Management and Audit Scheme. www.emas.de/ueber-emas/umweltmanagement, eingesehen am 24.02.2010

VDI Nachrichten: Biobaumwolle aus Indien im Verruf. www.vdinachrichten.de/, eingesehen am 30.01.2010

Was ist EMAS? Eco-Management and Audit Scheme. www.emas.de/ueber-emas/was-ist-emas/, eingesehen am 26.03.2010

Wassink, M.: Aufstieg der sozial korrekten Öko-Mode. Abendblatt. www.abendblatt.de/wirtschaft/article1170808/Aufstieg-der-sozial-korrekten-Oeko-Mode.html, eingesehen am 22.03.2010

Welthungerhilfe: Nachhaltige Produktion von Baumwolle für sicheres Einkommen in Afrika. www.welthungerhilfe.de/baumwolle_afrika.html, eingesehen am 22.01.2010

Wipikedia. http://de.wipikedia.org/wiki/bleichen, eingesehen am 14.03.2010

Wipikedia. http://de.wipikedia.org/wiki/gasieren, eingesehen am 09.01.2010

Wipikedia. http://de.wipikedia.org/wiki/Textile_Vorbehandlung, eingesehen am 17.03.2010

World of Eco Fashion. www.world-of-eco-fashion.de, eingesehen 23.12.2009.

Working Group on GOTS: Global Organic Textile Standard International. www.global-standard.org, eingesehen am 16.02.2010

WWF: Großfirmen wollen bessere Baumwolle. www.wwf.ch/de/result.cfm?uNewsID=1197, eingesehen am 14.02.2010

Personen- und Sachregister

Abaca 75, 85
Altkleider 48, 145
Amnesty International 130
Amsterdam Int. FW 138
Anne Linnonmaa 146, 151
Angora 86
Animal-free 160
Arboform 20
Armedangels 113, 115, 117
AvantgardeGreen 38, 41, 65, 167
Aralsee 56 f.
Aranel 74, 166
Arretz, Michael 82
Ausrüstung 14, 78, 83, 95, 100, 105, 126, 145, 150, 156, 158
Azofarbstoffe 94 f., 145

Bacillus thuringiensis 59, 62
Bagir 26, 167
Bambus 21, 26, 37, 75, 77 f., 87, 88, 161
Banani, Bruno 21
Baumgart 25
Baumwolle 16, 20, 55 ff., 71 ff., 84 ff.
Baumwollkapselbohrer 59 ff., 72
Baumwollpflanze 56, 107, 145
Baumwollproduzenten 55, 65, 145
BCI, Better Cotton Initiative 59 ff., 130, 136
Beschichtung 105, 145, 153,
Beuchen 145, 149, 158

Biobaumwolle 19, 38, 55 ff., 74 ff., 80, 82, 94 ff., 112 ff., 119, 145, 147, 152, 156, 160
Biobaumwollanbau 59 ff., 73, 145
BioFach 77, 138
BioRe 63, 121
Bio-Zuschlag 64
Blacksmith Institute 91
Blackspot Shoes 73 f.
Bleichen 84, 85, 146, 158
Blogroll 149
Bluesign 75, 96, 119, 121
Bluewashing 116, 146
BoBelle 29
Bobos 40
Bodkin 101, 170
Brennnessel 21, 36, 71, 74, 85, 101
BSCI, Business Social Compliance Initiative 130, 133
BT-Baumwolle 59 ff., 72, 147

C&A 65, 68, 96, 116, 156,
Carbon Footprint 80 ff., 127, 147
Carbon Trust 80, 127
Cashmere 19, 79, 86, 114, 161
CERES 130
Chemiefasern 71 ff., 87ff., 147, 156
Christoph Fritzsch 76
Chromgerbung 105

Clean Clothes Campaign 109, 113 ff., 130
Clean & Unique 131
CO_2-Emissionen 79ff, 82 121, 147, 148, 161
COC Runder Tisch 131
Coll.part 30, 172
Control Union 68, 122, 127, 131
Cotton made in Africa 60 ff., 121
Cradle to Cradle 25
Cri de Coeur 33, 173
CSR, Corporate Social Responsibility 93, 147
Cupro 88

Dahn, Christoph 113
Deborah Lindquist 19, 173
Demeter 122
Denim 21, 100, 148
Designers&Agents 138
Diggers Garden 74
Dispersionsfarbstoffe 95, 148
Dorner, Andreas 65
Drei-Phasen-Modell 8 ff.
Dtex 89, 148, 152

Ecocert 68, 122, 127
Eco-goes-Fashion-Phase 10 ff.
Eco-Kriterien 158 ff.
Ecomaco 21
Ecotece 131
ECOtrend 138
EDUN 17, 114, 134, 138, 176

EFTA, Europian Fair Trade Association 131, 132
Ekosteps 28
Elasthan 99, 124,
Enamore 48 f., 79
Endosulfan 58, 148
Energieverbrauch 62, 84, 89, 92, 148
Enzyme 78, 97, 146, 149
Esthetica 138
Ethical Fashion Show 139
Ethics in Business 122
ETI, Ethical Trading Initiative 110
Euroblume 77, 122, 151

Fabrik der Zukunft 98 ff.
Fair Dortmund 139
Fairtrade 16, 19 ff., 30, 60, 107 ff., 123, 131, 160
Fair Wear Foundation 37, 110 ff., 119, 123, 131, 156
Faserkunde 84 ff.
Fast Fashion 51
Fendi Venturini 29
Ferrigno, Simon 66
Feuerwear 28, 179
FINE 131, 132
FLA, Fair Labour Association 110, 132
FLO, Fairtrade Labbeling Organisation International 110 f., 132
FLO-CERT 112, 132
Formaldehyd 76, 95 ff., 157

Personen- und Sachregister

Forschungseinrichtungen der Textilindustrie 142 ff.
Freie Exportzonen 108, 149
Freitag 28, 148
Fruchtfolge 61, 64, 73, 145, 150
FSC, Forrest Stewardship Council 123, 131
FTA, Foreign Trade Association 132
Funktionstextilien 149, 153, 155

Global Player 23, 66
Göttin des Glücks 34, 35, 112, 181
Gossypium 56
GOTS, Global Organic Textile Standards 23, 32, 35, 68, 97 ff., 113, 120, 123, 160
Gottstein 76
Green Area 138, 140, 141
GREENshowroom 139
Greenwashing 23, 146, 149
Grüne Designer 19 ff., 163 ff.
Grüne Revolution 38, 57
Grüne Welle 9 f.

Hagen, Cosma Shiva 115, 117
Hamers B.V. 93
Hamnett, Katharine 19, 83, 187
Handmade 161
Hanf 13, 15, 21, 37, 49, 71 ff., 85, 101, 114, 147, 148, 149, 161
Harvey, Gary 45, 46, 47, 180
Heimann, Rolf 97
Hessnatur 23, 25, 63 ff., 97, 103, 110, 122, 150, 156, 183
Hetty Rose 47, 48, 183
High-Eco-Fashion 10, 13, 17
Hilfsmittel 76, 94 f., 105, 124 f.
H&M 15, 59, 65, 68, 96, 109, 116, 130, 156, 182
Hohmann, Patrick 63
Horx, Matthias 115, 152
Hybrides Baumwollsaatgut 150

ICAC, International Cotton Advisory Committee 55
ICEA, Instituto Certificazione Etica e Ambientale 124
IFOAM, International Federation of Organic Agriculture Movements 64, 68, 133
IGPN, International Green Purchasing Network 133
ILO, International Labour Organization 108, 109 ff., 123, 130, 133, 136
IMO CONTROL 133
Ingeo 21, 78
InNaTex 139
Ingwersen, Peter 17, 23, 38, 67, 184
Inka Koffke 103, 185

Institut Hohenstein 95, 119, 126, 128, 142, 156
Interstoff Asia Essential 119, 139
Intoxia 75, 185
IVN, Internationaler Verband der Naturtextilwirtschaft e.V. 69, 76, 105, 113, 119 ff., 127, 134

Japan Fashion Week 139
Joca, Japan Organic Cotton Association 120, 124, 127, 134
Jute 85

Katrinelli 35, 36, 187
KbA, kontrollierter biologischer Anbau 16, 124, 150
Kamelhaar 86
Kapok 21, 74, 75, 84
KbT, kontrolliert biologische Tierhaltung 151
Kero Design 76
Kimono 47, 48,
Klamottentauschparty 48, 151
Kleiderschrank 44, 48, 71
Klimafreundliche Produktion 161
Kloos, Dominic 113
Knüpfer, Julia 32, 33
Kokos 21, 75, 86
Krapp 98, 103, 153
KRAV 124
Krishna, Vamshi 60
Krumpfen 151
Künast, Renate 117
Kusikuy 52, 189
Kuyichi 21 f., 78, 114, 134, 189

Lagerfeld, Karl 45
Laugieren 151 f.
LBL, Labour Behind the Label 134
Lehl, Jürgen 53
Leinen 13, 15, 21, 71 ff., 85, 97, 101, 114, 146, 154, 156, 161
Lenzing Gruppe 65, 77, 153
Levi Strauss 16, 45, 100, 108, 148
Lin, Colin 28
LKW-Planen 26, 28, 161
Loden 152
LOHAS 12 ff., 36, 40, 115, 150, 152,
Lokal 30, 48, 52, 60, 101, 111, 161
Los Angeles Fashion Week 139

Made-By 77, 114, 134
Marci Zaroff 20
Mari, Francisco 145
Matei, Zoica 52, 219
Maulbeerseide 86
Max Havelaar 132, 134
McCartney, Stella 33, 213
Membran 152

Merino 152
Mercerisieren 152
Messen 138 ff.
Microfaser 89, 152
Mim-pi 114, 196
Mindestlöhne 111, 128, 153
Mischgewebe 74, 89, 153
Missoni, Margherita 45
Modal 77, 88, 153
MODEPALAST Wien 140
Modeschulen 141 ff.
Mohair 86
Mohrmann, Linda 116
Monsanto 57 ff., 107
Monsieur Poulet 23, 24
Mr. Larkin 101, 197
Multifaserabkommen 108
Munichfabricstart 140
MVTR, Moisture Vapour Transmission Rate 153

Nagarajan, Prabha 65
Nanopartikel 83, 95, 153
Nanotechnologie 83, 143, 153
NASAA, National Association for Sustainable Agriculture 125
Naturfarben 33, 75, 76, 100
Naturfarbstoffe 98 ff., 153
Naturfasern 23, 37, 52, 63, 71 ff., 114, 119, 120, 125, 139, 156, 160
Naturland 125
Naturleder IVN zertifiziert 105, 125, 134
Naturmaterialien 12, 50, 52, 101, 161
Natur Messe Basel 140
Naturstoffe 14, 21, 71 ff.
NaturTex 140
Naturtextil IVN zertif. BEST 105, 125, 134
Natürliche Feinde 45
Nettle World 74
Noir 17, 23, 38, 66, 67, 199
Nordic Swan 125
Norrback, Camilla 38, 39, 146, 171
Nudie 100, 110, 199

OCIA, Organic Crop Improvement Association 134
ODD, Organic Design Dose 78, 79, 200
Oekotex-Standard 75, 88, 119, 124 ff.,
Ökobewegung 10. 11
ÖkoRausch 140
Öko-Schlabberlook 11, 12
Ology 21, 200
OlsenHaus 34, 200
Ombudsstelle 113, 153
OneCert 127, 135
Optische Aufheller 76, 94, 153, 158

Organic Cotton Market Report 65
Organic Exchange 62 ff., 119, 126, 127, 131, 133, 135
OTA, Organic Trade Association 120, 127
Otto 25, 60, 65, 68, 75, 81, 110, 115, 122, 124, 126, 127
Otto Group Trendstudie 115
Outlast 83, 149

Pappelflaum 74, 84
Patagonia 20, 26, 77, 79, 96, 132, 202
Paul-Majumder, Pratima 108
People Tree 19, 21, 23, 115, 203
Perhonen, Minä 53
Pesticide Action Network, PAN 58, 135
Pestizide 38, 57 ff., 80, 84, 95, 97, 107, 126, 135, 150, 160
PET-Flaschen 21, 22, 26, 37, 66, 78, 105, 114, 161
Pflanzenfarbstoffe 153
Pflanzenschutzmittel 58 ff., 125, 145, 148
Pflaum, Maik 110
Piumafil 75
Polyamid 78, 84, 89, 99, 152
Polyester 14, 26, 34, 71, 78, 88, 89, 147, 148, 152, 156
Portland Fashion Week 140
Premium 140
Prins, Frans 114
Projekte 19, 21, 23, 64, 81, 112, 121, 143
Public Private Partnership 60, 121
Pure Wear 127
Pyua 25, 205

Raeburn, Christopher 27, 172
Ramie 71, 74, 85, 154
REACH 95, 96, 121
Reaktivfarbstoffe 154
Redesign 43 ff.
Reet Aus 48, 50, 206
Refashion 17, 43 ff.
Reformbewegung 14
Reiner, Waltraud 75
Remei 23, 25, 63 ff., 110, 121, 147, 206
Roberts, Julia 17, 40, 44
Rohbaumwolle 94, 154, 157
RoyalBLUSH 104, 157, 207

SA 8000 110, 119, 121, 127, 135
Safia Minney 19
SAI, Social Accountability International 110, 127, 135
Schädlinge 57 ff., 72 ff., 107, 157
Schafwolle 76, 86
Schlichtemittel 82, 148
Schoeller 83
Schuhwerk 96, 105

Schurwolle 26, 76, 86, 151, 154
Schwermetalle 91, 97, 126, 154
SeaCell 83, 88, 149
Second Hand 43 ff., 145, 161
Selana 101, 209
Selber machen 50
Shiva, Vandana 72
Sicherheitsgurte 28
Sisal 85
SKOPOS 114
Skunkfunk 37, 211
Slow Fashion 17, 43 ff.
Slowmo 32, 211
Smart Clothes 155
Smartfiber 83
Snipe 104, 105, 211
Soil Association 120, 123, 127, 134
Soja 21, 37, 49, 78, 114, 161
Som, Claudia 95
SONG 100, 101, 154, 211
Spremberger Tuche 101
Starp, Julia 34, 35, 76, 77, 186
Steinwidder, Anita 47, 49
Stonewashed 155
Subventionen 55, 109, 149
Supply Chain Management 25
Sweatshops 108, 116, 135, 147, 155
Swerea IVF 96 f.
Switcher 34, 93, 110, 214
Synthetische Fasern 72, 78, 88, 126
Systain Consulting 81 f.
Tencel 77, 79, 87, 147, 148, 156
Tenside 97, 105, 206
Textile Kette 63, 64, 83, 113, 116, 124, 156
Textilexporte 156
Textilfasern 62, 69, 83 f., 146
Textilhilfsmittelkatalog 94
TheKey.to 114, 117, 138, 141
ThokkThokk 37, 215
Thomas D 115
Tirupur 91, 93, 94
TITK, Thüringisches Institut für Textil- und Kunststoff-Forschung e.V. 82
Tox-Proof 128
Tragekomfort 153, 156
Transitional Cotton 65, 157
Treibgas-Emissionen 75
Trevira 83, 89, 149
Tschannen, Peter 65
USDA, US Departement of Agriculture 119, 128, 135, 143
UV-Standard 128
Vancouver Fashion Week 141
Van Gemmeren, Ulrich 74
Van Markoviec 101, 102, 131, 216
Vegane Mode 33
Vegetabile Gerbung 103, 104, 146, 157
Verhaltenskodices 111, 116
Verunreinigungen 58 f., 82, 146, 149
Vilde Svaner 35, 36, 217
Vintage 19, 42 ff., 161
Viskosefasern 76f., 87, 96
Vorbehandlung 148, 149, 151, 155, 156, 158
Wachsimprägnierung 154
Wassersäule 158
Watermelon, Ica 32, 33, 75, 76, 183
Watson, Emma 23, 115
WearFair 141
Weichmacher 76, 94, 158
Weltfaserbedarf 79
Westwood, Vivienne 44
WFTO, World Fair Trade Organization 136
Wizer, Ann 29 f.
Wolle 52, 71, 75 ff., 85, 86, 94, 99, 103, 147, 149, 152, 154, 158
WRAP, Worldwide Responsible Apparel Production 128
Wundervoll 21, 218
WWF, World Wide Fund for Nature 55, 59, 60, 122, 130, 136, 147, 154
Zanditon, Ada 38, 40, 163
Zellulosefasern 77, 84, 87, 98
Zirkeltraining 29, 31, 218

Bildnachweis

Wir danken folgenden Firmen für die freundliche Genehmigung des Bildmaterials:

Cover vorne	Ada Zanditon, Fotografie: Paul Persky
Seite 40	Ada Zanditon, Fotografie: Paul Persky
Seite 146, 151	Anne Linnonmaa
Seite 117	Armedangels, Fotografie: Falco Peters Photography
Seite 41, 65	Avantgarde Green by Olcay Krafft Fashion
Seite 26	Bagir-Ecogir
Seite 73	Blackspot Shoes
Seite 29	BoBelle
Seite 39, 146	Camilla Norrback, Fotografie: Anne-Katrin Blomqvist
Seite 26	Christopher Raeburn, Christopher Raeburn Studio, Fotografie: Sam Scott-Hunter
Seite 30	Coll.part
Seite 34	Cri de Coeur
Seite 49, 80	Enamore, Fotografie: David Betteridge
Seite 28	Feuerwear
Seite 29	Freitag
Cover hinten, Seite 46, 47	Gary Harvey
Seite 35, 112	Göttin des Glücks, Fotografie: Patricia Weisskirchner
Seite 66, 156	H&M
Seite 63	Hessnatur
Seite 48	Hetty Rose
Seite 33, 75	Ica Watermelon
Seite 103	Inka Koffke
Seite 35, 77	Julia Starp, Fotografie: Markus Wagner, Illustration: Lena Dejkowa, Haare&Make-up: Marianna Mukuchyan, Model: Leona Petereit, Britta Schmidt
Seite 19	Katharine Hamnett
Seite 36	Katrinelli
Seite 22	Kuyichi
Seite 24	Monsieur Poulet
Seite 38, 67	Noir
Seite 100	Nudie
Seite 79	ODD
Cover-KLappe vorne (unten), Seite 34	OlsenHaus
Seite 26, 79	Patagonia, Copyright Patagonia, Inc.
Seite 23	People Tree
Seite 50	Reet Aus
Cover-KLappe hinten, Seite 104, 157	RoyalBLUSH, Fotografie: Nicolas Henry
Seite 37	Skunkfunk
Seite 32	Slowmo, Fotografie: Basti Arlt
Seite 105	Snipe
Cover-KLappe vorne (oben), Seite 101, 154	Song
Seite 49	Steinwidder, Fotografie: Klaus Fritsch, Model: Svetlana, Stellamodels
Seite 93	Switcher
Seite 37	ThokkThokk
Seite 102	Van Markoviec
Seite 36	Vilde Swaner, Fotografie: Nina Röder, Model: Frank Trautmann,
Seite 31	Zirkeltraining
Seite 155	500 Godz
Seite 56	Aralsee, NASA Earth Observatory
Seite 80	Carbon Footprint, Systain Consulting GmbH
Seite 120	GOTS, World of Eco Fashion
Seite 71	Weltproduktion von Textilfasern, IVC e.V.